应用文写作

主　编　陈永生　熊小军
副主编　张　宇　任　蓉

合肥工业大学出版社

内 容 简 介

本教材紧密结合应用文写作的实际需要,科学地设置了针对性和实用性较强的六章内容:第1章为应用文基础理论知识,第2章为党政机关公文写作,第3章为职场事务文书写作,第4章为礼仪经济文书写作,第5章为法律信息文书写作,第6章为申论和综合应用能力。本教材旨在培养学生的应用文写作能力,为学生走向社会后的应用文写作实践打下基础。

本书可用于高职高专院校应用文写作课程教材,也可作为写作爱好者和社会工作者的参考用书。

图书在版编目(CIP)数据

应用文写作/陈永生,熊小军主编. —合肥:合肥工业大学出版社,2023.12
ISBN 978 - 7 - 5650 - 6570 - 5

Ⅰ.①应… Ⅱ.①陈… ②熊… Ⅲ.①汉语—应用文—写作 Ⅳ.①H152.3

中国国家版本馆 CIP 数据核字(2023)第 240351 号

应用文写作

陈永生 熊小军 主编   责任编辑 张 慧

出　版	合肥工业大学出版社	版　次	2023 年 12 月第 1 版
地　址	合肥市屯溪路 193 号	印　次	2023 年 12 月第 1 次印刷
邮　编	230009	开　本	787 毫米×1092 毫米　1/16
电　话	人文社科出版中心:0551 - 62903205	印　张	15.25
	营销与储运管理中心:0551 - 62903198	字　数	362 千字
网　址	press. hfut. edu. cn	印　刷	安徽联众印刷有限公司
E-mail	hfutpress@163. com	发　行	全国新华书店

ISBN 978 - 7 - 5650 - 6570 - 5   定价:54.80 元

前　　言

随着现代社会的发展，人们的生活方式正发生着巨大的变化，人际与社会交往的频繁性与多样性，越来越需要人们具有良好的文字表达水平，写作能力已经成了现代社会每个人必备的基本技能之一。

目前，高校大都开设了应用文写作课程，但针对高职高专教学、专业、学生特点的教材不多。高职高专学生对应用文写作的学习积极性普遍不高、兴趣不大，因此，怎样根据高职高专人才培养目标，结合当下应用文写作需求，对接高职高专应用文写作教学需要，编写一本具有高职高专特色的教材，成为当务之急。本教材的编写以提高高职院校高素质技术技能型人才的培养质量为宗旨，以培养学生应用文写作能力和语言沟通能力为目标，通过应用文基础知识的学习和写作实践的训练，能帮助学生掌握应用文写作方法并提高分析问题、解决问题的能力。

本教材突出提升写作能力，坚持以学生为中心，力求符合应用文写作教学规律、认知规律和实践规律，在读写讲研中提升写作能力；突出实践产出导向，顺应时代发展要求，遵循教育教学规律，突破了以往教材固定的学习模式，坚持人文性与技能性并重、理论性与实践性结合，以情境导入后的产出任务作为教学起点和终点，最终实现学用无缝对接；同时注重融入思政元素，注重立德树人，在潜移默化中强化学生的人文情怀、责任意识与职业道德。

本教材在编写过程中参考借鉴了现代应用文写作教学的最新经验和研究成果，一些参考内容和案例来源于网络，限于篇幅未能一一列出，在此一并表示感谢！由于水平有限，加之时间仓促，书中不足之处在所难免，真诚希望专家、同行及广大读者批评指正。

编　者

2023 年 10 月

目　　录

第 1 章   应用文基础理论知识

1.1   应用文的特点、作用和类型

1.1.1   应用文的特点

应用文以实用为目的，与文学作品相比，它在文体特征、写作特点、写作规律、写作方法、社会作用等多方面大不相同，是与社会生活、日常工作密切相关的各种系列应用文书的总称。

这里我们所谈的应用文的特点，主要是就其与文学作品的比较而言的。

1. 实用性

文学作品往往以作者的空灵思想，开启读者的诗性思维，启发读者的想象力，它具有让读者认识生活、陶冶性情的作用，审美功能是其一大特征。应用文写作则以实用性为其出发点和归宿。它"为用而作"，是人们为实现某种实际效用，达到某种实用目的、解决实际问题而运用的一种必不可少的手段、工具。因此，南北朝时期的著名文学评论家刘勰在《文心雕龙》中对应用类文章有"虽艺文之末品，亦政事之先务"之说。

2. 规范性

应用文体都有相对固定的写作格式。按照规范格式进行写作，是应用文的基本写作要求和最显著的特点，是应用文必不可少的组成部分。

首先，不同的文种具有不同的写作格式，这种要求不仅有利于区分不同文种，便于应用文的分类和管理，还可以提高工作效率。其次，规范格式本身就带有一定的权威性和严肃性。比如，国务院对国家机关法定公文规定了非常细致严格的格式，包括公文用纸、版面形式等，这些格式从外观上就给人以庄重、严整的印象。最后，相对固定的规范格式有利于应用文的作者根据文章的用途迅速厘清自己的思路，确定主题，选择材料，写出符合要求的文书，同时也有利于读者迅速抓住文章的主要精神，理解领会作者的写作意图，以便贯彻执行，落实工作。

3. 真实性

应用文是为办事而写的文章，现实效应是应用文的直接目的，因此，和文学作品允许虚构、强调艺术加工的创作要求不一样，材料真实，论据确凿，据实行文，是应用文写作

者所应具有的最基本的素质，也是应用文最基本的写作要求。否则，弄虚作假，材料不实，不仅不能解决实际问题，反而会误事、坏事，甚至会损害国家行政机关的公信力。

4. 针对性

针对性是指应用文的写作意图清楚，作者和受文者明确，行文目的指向单纯。应用文体一般来说都有明确的作者和受文者，如行政公文的作者是法定的作者，行政公文的读者是特定的行文对象。请示是写给上级机关的，批复是写给来请示的下级机关和单位的，因而其受文者往往是受限的，这也要求应用文要根据不同的文种、不同的受文者选择不同的写作内容和格式。此外，由于应用文是缘事而作的文体，撰文之前，其意图和目的就非常明确，这是不以作者和受文者的意志为转移的。

5. 时效性

应用文是为解决当下的具体问题服务的，指向明确，因而有很强的时效性。这种时效性表现为制文需及时，发文需迅速，否则会耽误工作，而一旦工作完毕，问题解决，其实用价值便不复存在。文学作品则不同，它往往是"十年磨一剑"写出来的，而且经典文学作品经得起时间的考验，如中国的"四大名著"、英国的莎士比亚的剧作都能够历经时间的考验而流传下来，成为我们代代相传的精神财富。这是两者之间的又一大不同之处。

1.1.2　应用文的作用

应用文的作用主要体现在以下几个方面。

1. 宣传教育作用

借助行政公文的法规制度，党的方针政策得以进行及时和权威的宣传，它们对个人组织作出道德和行为规范，以统一思想和行动；各级企事业单位也可以通过宣传类应用文使自己树立良好的社会形象；社会团体和人民群众则可通过报告等形式更好地贯彻执行党的路线、方针和政策。

2. 权威规范作用

应用文是行政管理的工具，党和国家的各级组织与各部门的组织系统以及企事业单位，从上到下都是通过公务文书传达法律规范、方针政策、意见办法，部署工作，实现领导职能。如下达的命令、决定、通知、批复、意见等，具有领导和规范作用。

3. 沟通协调作用

上级机关可以通过批复、命令等应用文下达指导；下级机关可以通过报告、请示等应用文报请有关事情；企事业单位和人民群众可以通过各种专用书信、启事、函件等应用文沟通思想、传递信息、加强联系。

4. 依据和凭证作用

应用文还是单位、团体履行职责、开展公务活动的真实记录，大部分文种在宣传政策、指导工作、规范行为、沟通信息的同时，也具有便于检查、监督的凭证和依据作用，一旦阅办完毕，便需立卷归档，以便查考。

1.1.3　应用文的类型

根据不同的类型标准，应用文有不同的类型。按应用文的性质和内容来分，可分为以下几类。

1. 公务文书

公务文书，简称公文。人们通常说的公务文书有广义和狭义两种理解。广义的公文指法定机关、社会团体、企事业单位在公务活动中形成的、具有规范格式的文书材料。其中包括行政公文、事务文书、各类专用文书等。狭义的公文，专指行政机关公文。行政机关的公文（包括电报，下同），是行政机关在行政管理过程中形成的具有法定效力和规范体式的文书，是依法行政和进行公务活动的重要工具，《2012 年党政机关公文处理工作条例》（中办发〔2012〕14 号）中列出的十五种公文包括：决议、决定、命令（令）、公报、公告、通告、意见、通知、通报、报告、请示、批复、议案、函、纪要。

2. 事务文书

事务文书是机关、团体、企事业单位为反映事实情况、解决问题、处理日常事务而普遍使用的文书，它具有很强的实用性、事务性和惯用格式。从广义上说，事务文书也是一种公务文书，目的是处理公务和传递信息，使用事务文书这一名称，是相对于正式公文而言的。常见的事务文书包括：计划、总结、调查报告、述职报告、简报、规章制度等。

3. 日常文书

日常文书是指机关、团体、企事业单位和个人在日常生活、工作和学习中所使用的，具有一定规范体式，能起交流思想、沟通感情、传递信息等作用的应用文书。常见的日常文书包括：书信、日记、条据、启事、对联、感谢信、表扬信、申请书、慰问信等。

4. 经济文书

经济文书是指国家机关、企事业单位、社会团体或个人在各种活动中涉及经济内容的应用文章。常见的经济文书包括：经济合同和经济合同协议书、市场调查报告、经济司法文书等。

5. 礼仪文书

礼仪文书是指国家机关、企事业单位、社会团体或个人在社会交往、礼仪活动和商务活动中常用的各类文书，是在各种不同场合，根据不同情况，遵循相应的习俗和人情所撰写的礼仪文字材料，如请柬、贺信、演讲稿、开幕词、主持词等。

6. 传播文书

传播是指为扩大政府、单位、人物、商品或某一事件的影响，向公众进行有目的的宣传的各种方式和手段的总和。而传播文书就是这种有目的宣传的专用文体。传播文书种类较多，如解说词、导游词、广播稿、新闻评论、新闻、通信、广告、海报等。

1.2　应用文的四要素

1.2.1　应用文的主旨

1. 应用文主旨的含义

对文学作品而言，有所谓"神""主题"的概念；对科学论著而言，有所谓"课题"的概念；对应用文而言，则有所谓"主旨"的概念。

应用文的主旨是指写作主体通过文章的全部内容所表现出来的贯穿全文的基本观点。它是写作主体对客观事物的观察、体认、理解、剖析、对策和设想的集中体现。

应用文文本写作有四项基本要素，即材料、主旨、结构和语言。在这四项要素中，主旨是居主导地位的要素。应用文材料的取舍、结构的划分与组合、语言风格的选择都必须受到主旨的制约，也即必须符合应用文的工具性或记录性的写作目的的要求。

2. 应用文主旨的产生

同所有类型的写作一样，应用文的主旨归根结底是从材料当中产生的。它不是由材料的简单堆砌而自动显示出的，它只能是通过写作者综合实际事件现状和行文目的，经过能动的思考才能产生，而主旨一旦确立下来反过来又会制约材料的最终选取。

（1）直接归纳法

在材料的倾向性十分明显时，多用直接归纳法获得主旨。这时，主旨是对材料进行定量分析的结果。

（2）间接归纳法

在材料的倾向性不明显时，多用间接归纳法获得主旨。这时，主旨是写作者对材料进行定性分析的结果。所谓对材料进行定性分析，是指写作者通过能动的思维过程，对只具有个别性的材料进行抽象化处理，使之获得普遍性意义。

（3）演绎推理法

演绎推理法指对材料进行逻辑推导。演绎的基本形式是三段论式（大前提、小前提和结论），也就是由具有普遍性的理论出发（大前提），去获得对个别性事物的认识（小前提、结论）。

（4）因果分析法

因果分析法是指依据事物之间前后相继、先因后果的客观规律去推断事物的原因或结果的一种思维方法。因果分析法在使用中存在两种不同的情形：一是执果索因型，即要求分析导致材料所述事实的原因；二是据因推果型，即分析材料所述事实会导致什么结果。利用因果分析法查找到问题产生的各种原因，深层挖掘问题可能引发的后果，是能够有针对性地提出解决问题的对策、措施的前提和关键；而只有提出解决问题的对策和措施，才能满足应用文写作的基本要求。

在进行因果分析时，要注意抓住事物的主要矛盾，即问题产生的主要根源；要注意分析问题产生的内因，还要注意分析问题产生的外因。同时，产生某个具体社会实践问题的原因往往是多方面的，如政治原因、经济原因、文化原因、社会原因等，因此，需要写作者进行多方位、多层次的缜密思考和分析。因果分析法是应用文主旨产生的多种方法中至关重要的一种。

（5）假说演绎法

假说演绎法是形成和构造科学理论的一种重要思维方法，指人们以现有的经验材料和已知的科学理论为指导，对未知的自然现象、社会现象产生的原因和运动规律所做出的推测性判断。

在应用文写作中，应用文的主旨也可通过假说演绎法确立，这时写作者在以往的社会实践经验和公认的科学理论的基础上设定任务目标以及完成任务的手段和措施，形成行文主旨。但这一主旨是否能够真正确立，尚需社会实践的检验。公务文书中的"计划"一类的文种就是运用假说演绎法确立主旨的典型代表。

1.2.2 应用文的材料

1. 材料的特点

应用文写作对材料十分依赖，表现主题需要搜集一系列材料或综合或舍取运用到写作之中，使主题真实立体地表现出来。

（1）材料的真实性

应用文在材料的选用过程中不准改变材料本身性质，必须保持材料的真实性，对材料的时间、地点、数据、事实过程及结果都不能任意改动，否则就会使材料本身的价值发生变异，导致歪曲事实的真相，不仅不能解决问题，反而于事无补。应用文要求的是"绝对的真实"，也就是说所有材料要确凿无误、持之有据。

（2）材料的新颖性

应用文写作主要的材料需选取能反映现实的新颖材料。所谓现实，是指围绕文章要解决的问题所存在的事实（数据）材料而非通过联想和推论得到的材料。

（3）材料的典型性

典型材料是指那些最能支持主题和说明问题的材料。典型材料可以是一个具体的事例，也可以是一些有说服力的数据和一些带有普遍性的现象。

2. 获取材料的方法

（1）直接获取

在实践中积累材料。在工作实践中做个有心人，时刻关注有价值的事件及数据，如在工作中对做了什么工作、采用了什么方法、取得了什么效果、有哪些人参与等信息及时记录收集。

（2）间接获取

应用文写作材料常常从有关文件、正式出版物以及会议资料中获取，作为写作具体文章之用。因此，大量查阅文献资料来获取材料，是应用文写作经常采用的方法。

3. 材料的使用

（1）材料要凸显主题

动笔之前，应当围绕主题，收集详尽而充实的材料；强调对感性材料的分析研究，不能停留在表面认识上，要挖掘材料能凸显主题的作用。

（2）材料要详略处理

使用材料时，要分清主次。对材料的加工整理，是为了突出文章的主题，加强应用文的表达效果。突出事件特征的材料要详写，一般材料可略写；处于主体地位的材料详写，处于从属地位、过渡的材料要略写。

（3）安排材料要注重条理

根据主题的需要，按照一定的组织形式，安排材料的先后顺序，在安排顺序时要考虑材料的主次、时间的先后、材料间的逻辑顺序、人们认识事物的规律、事物发展的过程等因素。

4. 材料要灵活运用

数字有时比文字材料更具体、准确，更能说明问题。例如，有两篇介绍乐山大佛的文字，其中一篇在介绍时用了这样一些数字："乐山大佛身高 71 米，头高 14.7 米，宽 10 米。"从上述数字材料来看似乎具体清晰，但比较抽象，大佛的高大这一主题没有凸显出来。如何通过数字显现大佛高大这一主题？下面一段文字这样写道："佛像有三十多层楼高，耳朵有四人高，每只脚背上可以停五辆解放牌汽车，脚大拇指上，可以摆一桌酒席。"这段文字采用文字叙述的方法，使抽象的数字形象了，大佛的高大形象仿佛就在眼前，极好地体现了主题。

在应用文写作中，对应用文主旨和材料把握的匠心独运，往往会产生意想不到的效果。

1.2.3 应用文的结构

结构是指对文章内容的组织安排。结构是所有文章必不可少的构成因素，就像主题是文章的灵魂、材料是文章的血肉一样，结构是文章的骨架。谋篇布局，安排好材料，才能使文章"立"起来，并使之言之有序。应用文写作的结构，也有其独特的一面。

1. 应用文结构的特点

应用文有较固定的写作结构，以适应实际工作需要，使写作更快速、阅读更便捷。特别是公文写作，其格式更规范，结构更固定。

写作要求思路严密，结构上要求清晰有条理。如写事件，就应按"开端—发展—结果"的顺序安排结构；写问题就应按"发现问题—分析问题—解决问题"的顺序安排结构。

凡文种都有相对稳定的结构样式，不同文体有不同的结构要求。如写合同就需要将合同的条款按标的、数量、质量、价款等内容分条列项地写清楚；写通知要按目的、依据、事项、执行要求的顺序安排结构。

2. 常见的应用文结构模式

（1）标题

应用文标题一般有四大类。

① 公文式标题。这类标题由文章制发者、主要事由、文种名称三大部分构成，在主要事由前加上"关于"一词。公文一般采用此类标题，如"重庆市人民政府关于加强烟花爆竹管理的通告"。

② 论文式标题。这类标题包括以论题为标题和以论点为标题两种。学术论文、调查报告等常用这类标题，如"四川地方煤矿水害危险性评价的研究""北京人最看好哪种职业""加强高职学生人文素质培养的思考"。

③ 新闻式标题。这类标题包括消息类与通讯类两种。消息类标题主要部分直接陈述事实，如"渝怀铁路建成通车"；通讯类标题一般包括正副两部分，正题点明主旨、揭示意义、烘托气氛，副标题标明内容、范围和文种等，如"扎根第二故乡创业致富——万州三峡库区移民新村调查"。

④ 文种式标题。以文种名称为标题。告启类文书和部分礼仪文书等常用这类标题，如"公示""启事""慰问信"。

（2）开头

开头是一篇文章的起笔，对全篇文章起到十分重要的作用。在应用文中，开头常被称为导言、导语、前言、引言等。常用的开头方式有如下几种。

① 缘由式。开篇交代事项的缘由、起因、目的、意义和依据。

② 引据式。通过引据（先引标题，再引发文字号），表明写作意图。

③ 概述式。简要叙述对象的基本情况，以让读者建立起总体印象。

④ 结论式。针对文章内容，作出总体评价，提出总体看法。

⑤ 问候式。社交礼仪等书信类文书常用此开头。

（3）主体

应用文的主体部分应注意段落与层次的安排以及过渡与照应，保证主体部分思路清楚，表意明确。

段落层次要体现出文章内容表达的逻辑次序，段落安排常见的形式有小标题式、标序式、条目式。过渡与照应是使文章前后连贯、一气呵成的手段，如"现将有关事宜通知如下""综上所述"等。

（4）结尾

应用文结尾应力求简洁明快，对主体起强调和补充作用。常见的结尾方式有如下几种。

① 执行要求式。公文中的下行文往往采用这种结尾方式，作者在结尾处向下级提出贯彻执行要求，如"请认真贯彻执行"。

② 模式用语式。应用文常用模式化的惯用语作结，如"特此通知""此复""专此函达，请予函复"。

③ 祈请企盼式。一般用于公文的上行文、平行文中，表示请求批准、批示，给予支持、帮助之意，如"盼复""希望给予大力支持""当否，请批示"。

④ 希望号召式。在结尾处发出号召，提出希望，如决定、决议、通报、会议纪要等多采用这种方式。

（5）落款

落款是指署名与日期，这是应用文生效的重要标志。

1.2.4　应用文的语言

应用文的内容是通过语言来表达的。与其他文章相比，应用文的语言有独特的风格，有特殊的规定与要求。

1. 语言的特点

（1）使用通用书面语体

应用文是处理公私事务、解决现实问题的工具，因此其语言以实用性为准则，一般不追求生动感人、形象逼真的表达效果。为了达到应用文的写作目的，必须使用得到社会认同的通用书面语体，以免造成阅读理解上的误解与偏差。应用文不使用个性化语言、方言俚语、口语以及生僻字词。

为了表达的庄重、简洁，应用文中还保留使用相当数量的文言语汇，如"拟""兹""予以""业经""为盼"等。这些文言词语的使用，使应用文的语言更具有书面语特征。

（2）沿用模式化语言

应用文在长期的使用过程中，形成了很多习惯用语。在应用文写作中，沿用这些模式化的词语与句式，可以保证应用文语言的凝练庄重、言简意赅。

① 开端用语：根据、查、兹、兹因、兹有、为了、关于、按照、前接、近查等。

② 称谓用语：本、我、贵、你、该等。

③ 经办用语：兹经、业经、即经等。

④ 引述用语：悉、近悉、惊悉、欣悉、收悉、前接、近接等。

⑤ 期请用语：即请查照、希即遵照、希、希予、请、拟请、恳请、务必、务求等。

⑥ 表态用语：照办、同意、可行、不宜、不可、不同意、遵照执行等。

⑦ 征询用语：当否、可否、妥否、是否可行、是否妥当、是否同意等。

⑧ 期复用语：请批示、请批复、盼复、请批准、请告之、请批转等。

⑨ 结尾用语：为要、为盼、为荷、特此通知、特此函达等。

⑩ 承接用语：为此、据此、综上所述等。

（3）运用书面辅助语言

应用文中，经常使用书面辅助语言来代替、补充文字语言，从而使表述更为直观、简洁。图形、表格、符号、公式等是应用文中最常见的书面辅助语言。

2. 语言运用的要求

应用文是处理具体事务、解决实际问题的工具，因而其语言运用应力求准确、简洁、朴实、得体。

（1）准确

应用文语言的准确性，是对应用文语言的第一要求。准确是指语言确切、周密，无歧义。

（2）简洁

应用文语言要求文字简短，表述直截了当、明白通畅，不累赘，不晦涩。

（3）朴实

应用文重在实用，要求语言平易、自然、朴素、实在，不言过其实，不堆砌辞藻，不用描述性语言，不用抒情性语言。

（4）得体

应用文有特定的读者，写作时应根据行文目的、受文者、场合情境，选择恰当的语体。上行文用语宜恭敬诚恳，下行文用语宜带有权威性、指令性，平行文用语宜委婉有礼，泛行文用语宜严肃明晰，学术科技文用语宜严谨缜密，礼仪文书用语宜端庄大方、情感适度。

1.3　应用文的表达方式

1.3.1　叙述

叙述的基本特点是在于陈述"过程"。人物活动的过程，事物发生、发展、变化的过程，前因后果，来龙去脉，构成叙述交代和介绍的主要内容。

　　叙述的方法有详叙和略叙。详叙就是把某一情况或事情的发展过程详细地叙述出来，如调查报告、情况报告等。略叙就是进行简略的叙述，如处理决定对事情的叙述、新闻中的导语、总结中的前言等。

　　叙述的方式有顺叙、倒叙、插叙、补叙等。在应用文写作中，以顺叙为主，按照事物或事件的发生、发展过程的先后顺序进行叙述，使表达的效果有头有尾、条理清晰。偶用倒叙，如工作总结、情况通报、新闻报道等，将事情的结局或最突出的效果提到前面，强调结局，突出重点。一般不用插叙、补叙。

　　叙述人称三种都可以运用。第一人称常用词为"本""我（我们）"，是作者或发文机关的自称；第二人称常用"你""贵"，是对受文者的称呼；第三人称常用"该""他们"或直述其名称。值得注意的是，当行文者与受文者非常明确时，可用无主句而省去人称。

1.3.2　议论

　　应用文写作常常用议论的方式进行评论、分析，探寻事物发展的规律，阐述主题。议论在应用文写作中有以下几个特点。

　　1. 重数据、重材料

　　与议论文的议论不同，应用文中的议论不是靠言论的雄辩，而是需要以无可辩驳的事实材料和数据为依据，正可谓"事实胜于雄辩"，应用文反对不切实际的议论。

　　2. 与说明、叙述等方式结合使用

　　夹叙夹议、叙议结合是应用文中议论的特点。应用文写作不单独进行完整的议论，议论依赖于所叙述的事实和所说明的现象，是在事实和现象的基础上进行议论。

1.3.3　说明

　　说明在应用文中与记叙相结合，能起到对客观事物真实介绍说明的作用。如说明书、报告、请示、合同、自荐书等都离不开说明。说明在应用文写作中表现出以下几个特征。

　　1. 说明客观、科学

　　通过说明真实客观地反映事物的真实面貌和本质特征，这就要求说明要客观、科学、严肃。

　　2. 多用数字进行说明

　　说明不但要客观真实，而且要做到准确无误，用数字进行说明就能起到这样的作用。特别是需要反映量的变化时，数字的作用就尤为突出。

　　3. 综合使用多种说明方法

　　在说明中，常常是多种方法结合使用。如数字说明和比较说明、定义说明和分类说明等结合运用，可以把事物说得更具体、准确。

示　例

中共重庆市委、重庆市人民政府慰问信

驻渝中国人民解放军指战员、武警部队官兵、军队文职人员、民兵预备役人员，全市烈军

属，退役军人和其他优抚对象：

值此新春佳节来临之际，市委、市政府代表全市人民，向你们致以诚挚的问候和美好的祝福！

2022年是党和国家历史上极为重要的一年。这一年，党的二十大立足新时代新征程的历史方位，吹响了全面建设社会主义现代化国家、全面推进中华民族伟大复兴的时代号角。市委、市政府团结带领全市人民坚持以习近平新时代中国特色社会主义思想为指导，深入学习贯彻党的二十大精神，全面落实习近平总书记对重庆工作的重要指示要求，成功召开市第六次党代会和市委六届二次全会，绘就了在新时代新征程全面建设社会主义现代化新重庆的美好蓝图。这一年，我们高质量发展之路越走越宽广，成渝双城经济圈建设成势见效，内陆开放高地建设实现新突破，山清水秀美丽之地建设迈出新步伐，创造高品质生活取得明显进展，有效应对大战大考，经济发展保持多重压力下的恢复态势，实现了稳增长稳就业稳物价的总体平衡。这些成绩的取得，得益于以习近平同志为核心的党中央的坚强领导，得益于习近平新时代中国特色社会主义思想的科学指引，离不开全市广大干部群众的团结奋斗，也离不开你们的尽忠职守和无私奉献！

一年来，驻渝部队深入贯彻习近平强军思想，坚决落实党中央、中央军委决策部署，团结带领广大官兵坚定举旗铸魂、聚力练兵备战、深化国防动员、加强军地协同，积极投身维稳处突、平安创建、抢险救灾、应急救援、乡村振兴等实践，有力支持重庆经济社会发展。特别是在抗旱救灾、扑灭山火、抗击疫情等重大考验中，人民子弟兵舍生忘死、冲锋在前、为保护人民生命财产安全作出了重大贡献。烈军属、退役军人和其他优抚对象坚守初心、牢记使命，在各自岗位上尽忠职守、奋勇争先，在各个领域发光发热续写新的辉煌。在此，向你们表示诚挚的感谢并致以崇高的敬意！

2023年是全面贯彻落实党的二十大精神的开局之年，是新时代新征程新重庆建设的起步之年。我们要始终牢记习近平总书记殷殷嘱托，深入学习贯彻党的二十大精神，坚决拥护"两个确立"、坚决做到"两个维护"，坚持稳中求进工作总基调，完整、准确、全面贯彻新发展理念，积极服务和融入新发展格局，更好统筹疫情防控和经济社会发展，更好统筹发展和安全，强化稳进增效、除险清患、改革求变、惠民有感的工作导向，奋力推进新时代新征程新重庆建设开好局、起好步。我们将坚定不移服务国防和军队改革大局，加强国防动员和后备力量建设，推动军民融合深度发展，用心用情做好拥军优属工作，不断巩固军政军民团结的良好局面。希望你们继续发扬拥政爱民光荣传统，积极参加和支援地方经济社会建设，努力为全面建设社会主义现代化新重庆作出新的更大贡献！

祝大家身体健康、工作顺利、阖家幸福！

中共重庆市委

重庆市人民政府

2023年1月20日

解　析

该例文是一封慰问信，文章从 2022 年所取得的成绩、慰问对象所作出的贡献、新的一年发展目标和对慰问对象的期望等几个方面表达对驻地解放军、武警官兵新春慰问这一主题。例文结构层次清晰，运用了叙述、说明、议论相结合的表达方式，语言简洁、庄重。

实战演练

一、单项选择题

（1）应用文就是国家机关、企事业单位、社会团体或个人，在处理（　　）事务、沟通相互关系的过程中，所使用的有着直接价值和惯用格式的实用性文章。

A. 公家　　　　　　B. 公私　　　　　　C. 私人　　　　　　D. 业务

（2）下列不属于应用文写作特点的是（　　）。

A. 实用性　　　　　B. 形象性　　　　　C. 时效性　　　　　D. 规范性

（3）应用文对主题的要求是（　　）。

A. 固定　　　　　　B. 单一　　　　　　C. 多样　　　　　　D. 隐晦

（4）"重庆市人民政府关于加强烟花爆竹管理的通告"这一标题采用的类型是（　　）。

A. 公文式标题　　　　　　　　　　B. 论文式标题

C. 新闻式标题　　　　　　　　　　D. 文种式标题

（5）下列不是应用文写作的语言要求的是（　　）。

A. 朴实　　　　　　B. 简洁　　　　　　C. 得体　　　　　　D. 生动

（6）应用文很少使用的表达方式是（　　）。

A. 议论　　　　　　B. 抒情　　　　　　C. 叙述　　　　　　D. 说明

（7）下列各组词语都属于"承接用语"的是（　　）。

A. 为此、据此、综上所述

B. 希望、恳请、妥否、承蒙

C. 责成、着即、特此、告知

D. 根据、按照、获悉、为了

（8）运用说明的要求是（　　）。

A. 客观　　　　　　B. 准确　　　　　　C. 科学　　　　　　D. 通俗

（9）下列应用文语句有语病的是（　　）。

A. 我科基本上已经全部完成了工作任务。

B. 同意你科所请，特此批复。

C. 此次调查，搞清楚了原来存在的问题，并初步拟订了解决问题的方案。

D. 你单位 2023 年 8 月 4 日的来函已收悉。

（10）填写专用词语。

你局关于××的请示（×字〔2023〕14 号）（　　），经市办公会议研究（　　）如下。

A. 收悉　　　　　　B. 已了解　　　　　C. 回答　　　　　　D. 批复

二、阅读分析题

阅读以下材料，请指出第二段材料写法上的问题，并加以改写。

材料一：市长信箱热心市民来信。

公租房为什么不建游泳池？

尊敬的人民政府领导：

公共租赁住房是由国家、政府专门面向中低收入群体出租的保障性住房、新型住房，因此公共租赁住房的建造、发展在国家特殊政策的支持下，解决了中低收入群体住房问题。这是人民政府为中低收入群体做的看得见的伟大政绩。但是，重庆在全国是有名的火炉城市，每年夏天都要连续高温达40°。中低收入群体公租房小区住户有5万、6万、7万人不等的特大小区，为什么都不修建游泳池？中低收入群体都不怕热吗？中低收入群体的孩子们就该热吗？井口美丽阳光家院住户多次向社区提出：为弱势群体孩子们作（着）想修建一个游泳池，夏天孩子也有去处。社区答复公共租赁住房的建造、发展由政府部门管。重庆年年高温达40°年年得过，为了孩子们身体健康，建造一座游泳池吧。在此强烈请求政府好事做到底。

　　此致

敬礼

材料二：政府部门答复热心市民。

来信人，您好。

××市长信箱〔2020〕1159号邮件已收悉，现将相关情况回复如下：

公租房是政府面向社会解决群众保障性住房的一项新举措，目的是让人民群众满足基本生活保障，共建小康。因规划公租房用地有限，无相关修建游泳池先例，如来信人对居住环境不满，建议您自行购买带有游泳池的高档小区住房，即可解决相关反映问题。

第 2 章 党政机关公文写作

2.1 党政机关公文概述

2.1.1 党政机关公文的特点

1. 鲜明的政治性

公文在内容上具有鲜明的政治性。我国是中国共产党领导下的社会主义国家，运行于我国各机关的公文，必须贯彻党和国家的路线、方针、政策，有利于巩固社会主义制度，维护人民的利益。

2. 有法定的作者和权威性

公文的法定作者是合法的制发机关单位及其负责人，而非执笔者个人。特定情况下，机关领导人也可以以个人名义制发公文，那是代表领导人所在的单位行使职权，仍是公事，不是私事。公文是代表机关单位发言的，具有执法机关的法定权威。公文一经制发，具有一定的强制性和约束力，有关的受文机关和人员就必须严肃认真地对待。

3. 有现实的时效性

公文皆为解决现实问题而制发，一般要求限期传达执行，紧急公文更强调它的现实执行性。公文总是在规定的空间范围内和时间效力范围内生效，一旦工作完成了，问题解决了，或新的有关公文制发出来了，原公文的效用也结束了。

4. 有特定的体式

公文是一种高度程式化的应用文体。公文在长期实践中形成了独特的写作格式和一套制发规范，并用党和国家法规予以规定，任何机关都不得另搞一套、各行其是。公文的规范化对提高行政机关工作效率、推动文书工作现代化有着重要的作用。

2.1.2 党政机关公文的种类

按使用范围，公文可分为通用公文和专用公文两大类。通用公文通行于各机关、企事业单位、社会团体，使用范围很广。《党政机关公文处理工作条例》中规定的公文均属于此类。专用公文是指由具有专门职能的机关，根据特殊需要而制定和使用的具有特定格式与内容的公文，如军事机关、外交机关、司法机关的公文，俱属此类。它们只能在一定的范围和领域使用，如外交机关制发的国书、照会、备忘录、条约、白皮书等，普通机关就不能使用。

2.1.3 党政机关公文的格式

在长期的工作实践中，为了能用最少的语言表达最多的内容和信息，党政机关公文逐渐形成了固定的格式和运行传递的制度。掌握公文的格式和运行要求，是做好公文处理工作的一个基本条件。

根据《党政机关公文格式》（GB/T 9704—2012）规定，党政机关公文格式主要有如下规范。

1. 公文用纸及排版

公文用纸采用 A4 型纸，其成品幅面尺寸为：210mm×297mm。

公文用纸天头（上白边）为：37mm±1mm。

公文用纸订口（左白边）为：28mm±1mm。

版心尺寸为：156mm×225mm（不含页码）。

如无特殊说明，公文格式各要素一般用 3 号仿宋体字。特定情况可以进行适当调整。一般每面排 22 行，每行排 28 个字，并撑满版心。特定情况可以进行适当调整。

2. 公文的普通格式

根据《党政机关公文处理工作条例》规定，公文一般由份号、密级和保密期限、紧急程度、发文机关标志、发文字号、签发人、标题、主送机关、正文、附件说明、发文机关署名、成文日期、印章、附注、附件、抄送机关、印发机关和印发日期、页码等组成。

一份完整的公文，通常分为眉首、主体、版记三部分。

（1）眉首

① 份号。公文印制份数的顺序号。份号是将同一文稿印制若干份时每份公文的顺序编号。如需标识份号，一般用 6 位 3 号阿拉伯数字编排在版心左上角第一行。编份号的目的是准确掌握公文的印制份数、分发范围和对象，所以，涉密公文应当标注份号。

② 秘密等级和保密期限。如需标识秘密等级和保密期限，一般用 3 号黑体字，顶格编排在版心左上角第二行，两字之间空一字；秘密等级和保密期限之间用"★"隔开，保密期限中的数字用阿拉伯数字标注。

秘密等级有三种："绝密""机密"和"秘密"。

保密期限是对公文密级的时效加以规定的说明。在此需要说明的是，如不标注保密期限，秘密等级两字之间应空一字距离；如需标注保密期限，则秘密等级的两字间不空一字距离，以使该字段不致过长。

③ 紧急程度。如需标识紧急程度，一般用 3 号黑体字，顶格编排在版心左上角，两字之间空一字；如需同时标注份号、密级和保密期限、紧急程度，按照份号、密级和保密期限、紧急程度的顺序自上而下分行排列。

紧急程度是对公文送达时限的要求。紧急程度分为"特急""急件""限时送达"。

④ 发文机关标志。由发文机关全称或者规范化简称加"文件"二字组成，也可以使用发文机关全称或者规范化简称。联合行文时，发文机关标志可以并用联合发文机关名

称，也可以单独用主办机关名称。

发文机关标志居中排布，上边缘至版心上边缘为 35mm，推荐使用小标宋体字，颜色为红色，以醒目、美观、庄重为原则。

联合行文时，如需同时标注联署发文机关名称，一般应当将主办机关名称排列在前；如有"文件"二字，应当置于发文机关名称右侧，以联署发文机关名称为准上下居中排布。如联合行文机关过多，必须保证公文首页显示正文。

发文机关标识即人们通常所称的"红头"。发文机关全称应以批准该机关成立的文件核定的名称为准。规范化简称应由该机关的上级机关规定。

⑤ 发文字号。由发文机关代字、年份、发文顺序号组成。联合行文时，使用主办机关的发文字号。发文字号编排在发文机关标志下空二行位置，居中排布。

机关代字一般由两个层次组成。第一个层次是发文机关代字，第二个层次是发文机关主办文件的部门的代字。如铁道部文件的机关代字有"铁办""铁财"等，"铁"代铁道部，"办""财"代主办这份铁道部文件的铁道部的办公部门、财务部门。

序号是发文的流水号。一般是按文件的形式统一编，即哪个部门主办的，只要是同一发文形式，就要统一按顺序编号。年份、发文顺序号用阿拉伯数字标注；年份应标全称，用六角括号"〔〕"括入；发文顺序号不加"第"字，不编虚位（即 1 不编为 01），在阿拉伯数字后加"号"字。

上行文的发文字号居左空一字编排，与最后一个签发人姓名处在同一行。发文字号与红色分隔线相距 4mm。

⑥ 签发人。上报的公文需标识签发人姓名，签发人由"签发人"三字加全角冒号和签发人姓名组成，编排在发文机关标志下空二行位置，平行排列于发文字号右侧。发文字号居左空一字，签发人姓名居右空一字；签发人用 3 号仿宋体字，签发人后标全角冒号，冒号后用 3 号楷体字标识签发人姓名。

如有多个签发人，签发人姓名按照发文机关的排列顺序从左到右、自上而下依次均匀编排，一般每行排两个姓名，回行时与上一行第一个签发人姓名对齐。

签发人标识仅在上报的公文中才出现。在上报的公文中标识签发人姓名，主要目的是让上级单位的领导人了解下级单位谁对上报事项负责。

（2）主体

① 标题。一般用 2 号小标宋体字，编排于红色分隔线下空二行位置，分一行或多行居中排布；回行时，要做到词意完整，排列对称，长短适宜，间距恰当，标题排列应当使用梯形或菱形。

② 主送机关。编排于标题下空一行位置，居左顶格，回行时仍顶格，最后一个机关名称后标全角冒号。如主送机关名称过多导致公文首页不能显示正文时，应当将主送机关名称移至版记，标识方法同抄送。

标识主送机关时应标明主送机关的全称、规范化简称或同类型机关的统称。同类型机关的统称如"各省、自治区、直辖市人民政府"。

③ 正文。公文首页必须显示正文。一般用 3 号仿宋体字，编排于主送机关名称下一行，每个自然段左空二字，回行顶格。文中结构层次序数依次可以用"一、""（一）""1."

"（1）"标注；一般第一层用黑体字、第二层用楷体字、第三层和第四层用仿宋体字标注。

④ 附件说明。如有附件，在正文下空一行左空二字编排"附件"二字，后标全角冒号和附件名称。如有多个附件，使用阿拉伯数字标注附件顺序号（如"附件：1.××××"）；附件名称后不加标点符号。附件名称较长需回行时，应当与上一行附件名称的首字对齐。

⑤ 发文机关署名、成文日期和印章。

加盖印章的公文：成文日期一般右空四字编排，印章用红色，不得出现空白印章。

单一机关行文时，一般在成文日期之上、以成文日期为准居中编排发文机关署名，印章端正、居中下压发文机关署名和成文日期，使发文机关署名和成文日期居印章中心偏下位置，印章顶端应当上距正文（或附件说明）一行之内。联合行文时，一般将各发文机关署名按照发文机关顺序整齐排列在相应位置，并将印章一一对应、端正、居中下压发文机关署名，最后一个印章端正、居中下压发文机关署名和成文日期，印章之间排列整齐、互不相交或相切，每排印章两端不得超出版心，首排印章顶端应当上距正文（或附件说明）一行之内。

不加盖印章的公文：单一机关行文时，在正文（或附件说明）下空一行右空二字编排发文机关署名，在发文机关署名下一行编排成文日期，首字比发文机关署名首字右移二字，如成文日期长于发文机关署名，应当使成文日期右空二字编排，并相应增加发文机关署名右空字数。联合行文时，应当先编排主办机关署名，其余发文机关署名依次向下编排。

加盖签发人签名章的公文：单一机关制发的公文加盖签发人签名章时，在正文（或附件说明）下空二行右空四字加盖签发人签名章，签名章左空二字标注签发人职务，以签名章为准上下居中排布。在签发人签名章下空一行右空四字编排成文日期。联合行文时，应当先编排主办机关签发人职务、签名章，其余机关签发人职务、签名章依次向下编排，与主办机关签发人职务、签名章上下对齐；每行只编排一个机关的签发人职务、签名章；签发人职务应当标注全称。

签名章一般用红色。

成文日期用阿拉伯数字将年、月、日标全，年份应标全称，月、日不编虚位（即 1 不编为 01）。

当公文排版后所剩空白处不能容下印章或签发人签名章、成文日期时，可以采取调整行距、字距的措施解决。

⑥ 附注。如有附注，居左空二字加圆括号编排在成文日期下一行。

附注一般是对公文的发放范围、使用时需注意的事项加以说明，如"此件发至县团级""此件可见报"等，不是对公文的内容作出解释或注释。对公文的注释或解释一般在公文正文中采取句内括号或句外括号的方式解决，这一点在使用附注时要加以注意。

⑦ 附件。附件应当另面编排，并在版记之前，与公文正文一起装订。"附件"二字及附件顺序号用 3 号黑体字顶格编排在版心左上角第一行。附件标题居中编排在版心第三行。附件顺序号和附件标题应当与附件说明的表述一致。附件格式要求同正文。

如附件与正文不能一起装订，应当在附件左上角第一行顶格编排公文的发文字号并在其后标注"附件"二字及附件顺序号。

（3）版记

版记中的分隔线与版心等宽，首条分隔线和末条分隔线用粗线（推荐高度为0.35mm），中间的分隔线用细线（推荐高度为0.25mm）。首条分隔线位于版记中第一个要素之上，末条分隔线与公文最后一面的版心下边缘重合。

① 抄送机关。如有抄送机关，一般用4号仿宋体字，在印发机关和印发日期之上一行、左右各空一字编排。"抄送"二字后加全角冒号和抄送机关名称，回行时与冒号后的首字对齐，最后一个抄送机关名称后标句号。

如需把主送机关移至版记，除将"抄送"二字改为"主送"外，编排方法同抄送机关。既有主送机关又有抄送机关时，应当将主送机关置于抄送机关之上一行，之间不加分隔线。

② 印发机关和印发日期。印发机关和印发日期一般用4号仿宋体字，编排在末条分隔线之上，印发机关左空一字，印发日期右空一字，用阿拉伯数字将年、月、日标全，年份应标全称，月、日不编虚位（即1不编为01），后加"印发"二字。

版记中如有其他要素，应当将其与印发机关和印发日期用一条细分隔线隔开。

（4）页码

一般用4号半角宋体阿拉伯数字，编排在公文版心下边缘之下，数字左右各放一条一字线；一字线上距版心下边缘7mm。单页码居右空一字，双页码居左空一字。公文的版记页前有空白页的，空白页和版记页均不编排页码。公文的附件与正文一起装订时，页码应当连续编排。

（5）公文中表格

A4纸型的表格横排时，页码位置与公文其他页码保持一致，单页码表头在订口一边，双页码表头在切口一边。

3. 公文的特定格式

公文的特定格式包括信函式格式、命令（令）式格式、会议纪要格式。

（1）信函式格式

发文机关标志使用发文机关全称或者规范化简称，居中排布，上边缘至上页边为30mm，推荐使用红色小标宋体字。联合行文时，使用主办机关标志。

发文机关标志下4mm处印一条红色双线（上粗下细），距下页边20mm处印一条红色双线（上细下粗），线长均为170mm，居中排布。

如需标注份号、密级和保密期限、紧急程度，应当顶格居版心左边缘编排在第一条红色双线下，按照份号、密级和保密期限、紧急程度的顺序自上而下分行排列，第一个要素与该线的距离为3号汉字高度的7/8。

发文字号顶格居版心右边缘编排在第一条红色双线下，与该线的距离为3号汉字高度的7/8。

标题居中编排，与其上最后一个要素相距二行。

第二条红色双线上一行如有文字，与该线的距离为3号汉字高度的7/8。

首页不显示页码。

版记不加印发机关和印发日期、分隔线，位于公文最后一面版心内最下方。

（2）命令（令）式格式

发文机关标志由发文机关全称加"命令"或"令"字组成，居中排布，上边缘至版心上边缘为 20mm，推荐使用红色小标宋体字。

发文机关标志下空二行居中编排令号，令号下空二行编排正文。

签发人职务、签名章和成文日期的编排与普通公文格式相同。

（3）会议纪要式格式

会议纪要标志由"××纪要"组成，居中排布，上边缘至版心上边缘为 35mm，推荐使用红色小标宋体字。

标注出席人员名单，一般用 3 号黑体字，在正文或附件说明下空一行左空二字编排"出席"二字，后标全角冒号，冒号后用 3 号仿宋体字标注出席人单位、姓名，回行时与冒号后的首字对齐。

标注请假和列席人员名单，除依次另起一行并将"出席"二字改为"请假"或"列席"外，编排方法同出席人员名单。

纪要格式可以根据实际制定。

任务练习

一、单项选择题。

（1）党政机关公文的特点不包括（　　）。

A. 政治性　　　　　B. 法定性　　　　　C. 时效性　　　　　D. 稳定性

（2）公文的作者是指（　　）。

A. 草拟公文的执笔人

B. 发文机关，即具有法定职权的党政机关、社会团体、企事业单位

C. 党政机关、社会团体、企事业单位的领导人

D. 国务院

（3）和不相隶属的机关联系工作问题时，应使用的文种是（　　）。

A. 公函　　　　　B. 决定　　　　　C. 指示　　　　　D. 通知

（4）下列文种中符合规范的是（　　）。

A.《××市经委关于深化企业内部改革的思路》

B.《××县人民政府关于即将出台部分改革政策的吹风》

C.《关于××社区成立物业公司自行管理社区的请示》

D.《××公司关于要求减免部分工商税的请求》

（5）党政机关的公文按行文关系分为（　　）。

A. 逐级行文、多级行文、直贯到底的行文

B. 上行文、下行文、平行文

C. 逐级行文、多级行文、超级行文

D. 超级行文、下行文、平行文

二、判断题。

（1）广义的公文既包括党政机关正式发布的法定公文，也包括各种机关、社会团体、企事业等单位常用应用文书。（　　　）

（2）党政机关公文和一般文章写作一样，都是代表撰写个人的意愿，表达的是个人的思想观点。（　　　）

（3）公文中涉及的秘密就是国家秘密。（　　　）

（4）不同的公文文种有不同的性能和作用，划清各种公文的使用界限，有利于机关工作的顺利进行和实现公文处理的规范化、制度化。（　　　）

三、指出下述行文现象中的错漏之处，并说明正确做法。

（1）某乡政府的文书工作长期以来按照一条不成文的规定办理，即上班时乡干部谁在场就由谁拆阅当时收到的公务文书，分交有关人员去办理，办完后再交乡政府秘书登记保管。

（2）某市财政局和教育局拟就有关办学收费问题联合行文，后因对某政策问题有意见，决定取消此次联合行文，各自按自己意见向下行文。

2.2 决议写作

2.2.1 决议的相关知识

1. 决议的含义

决议是某些重大决策事项经过法定会议讨论通过，并正式公布，要求有关单位和人员贯彻执行，具有法规性、指导性的公文文种。

2. 决议的特点

① 制发程序上的规范性。决议是典型的会议文件，决议的形成，按照一定的组织程序，它所要贯彻的决策事项，必须经过集体讨论和表决通过后形成。决议以会议名义发布。

② 内容上的针对性。决议的内容主要是针对某一重要工作或重大事项。

③ 效力上的权威性。决议是用于统一组织、个人思想和行为的号令与准绳，具有权威性，一经发布，就要坚决执行，不得违背和抵制。对组织和个人有很强的约束力和强制性。

④ 适用对象上的普遍性。决议一经作出，就适用于所属的每个组织、团体、个人，任何组织、团体、个人不得例外。

⑤ 思想上的指导性。决议提出的要求、通过的观点和对事物的评价具有指导意义。关于历史问题、个人功过的决议，所作出的结论应成为党和国家工作的指导思想。

⑥ 时效上的长期性。决议具有战略性，不会朝令夕改，其作用往往具有相对的长期性和稳定性。

3. 决议的种类

决议按其内容和作用不同划分为四类。

（1）审议批准性决议

审议批准性决议的对象是请求会议审议批准的文件和议案，内容可以是批准负责人在某次会议上所作的工作报告、批准会议上审议讨论的文件，也可以是会议上讨论处理的工作事项等，如《第十一届全国人民代表大会第一次会议关于政府工作报告的决议》。

（2）方针政策性决议

方针政策性决议着眼于从党的路线、方针、政策上统一人们的思想认识，以确定大政方针，如《关于建国以来党的若干历史问题的决议》。

（3）专门问题性决议

专门问题性决议主要用于对某些重大问题进行分析说明，提出基本观点，具有极强的针对性和较多的理论阐述，既对一些重大问题进行实事求是的分析，又作出合乎客观实际的中肯结论，是带有长期性、战略性的重要文献。

（4）公布号召性决议

公布号召性决议主要用于宣布某一法规，或者从宏观上提出一些号召，要求人们予以贯彻。

2.2.2　决议的写作模板与格式解析

决议由标题、题注、正文和落款四个部分组成。

1. 标题

① 由发文机关、事由和文种组成，如"中共中央关于社会主义精神文明建设指导方针的决议"。

② 由会议名称、事由和文种组成，如"中国共产党××市委员会第五次全体会议关于授予××等二十位党员优秀共产党员称号的决议"。

2. 题注

在标题之下，加括号标注于居中位置。如果公文标题中已写出会议名称，括号内只需写明通过日期，即"××××年×月×日通过"。如果公文标题中没有会议名称，括号内要写明会议名称及通过日期，即"××会议××××年×月×日通过"。

3. 正文

决议的正文由开头、主体、结尾组成。

① 开头。写决议的依据，写明会议听取了什么、学习了什么、审议了什么、批准或通过了什么、自何时生效等。

② 主体。如果是批准事项或通过文件的决议，要强调意义，提出号召要求；如果是安排工作的决议，写明工作的内容、措施、要求。内容复杂时，要明确分出层次并列出各层次小标题，或者分条撰写；如果是阐述原则问题的决议，要有较多的议论，多采用夹叙夹议的写法，把道理说深说透。

③ 结尾。决议的结尾可有可无。有时主体结束，全文就自然结束，不再专门拟定结尾；有时需要写一个结尾，多以希望、号召收结全文。

不同的决议，正文有不同的写法。

审议批准性决议正文。通常第一句话是审批意见，用"大会审议并一致通过……（文件名称)"或"大会审查批准……(文件名称)"之类的句式表述;然后,以"会议认为"之类的词语领起,概括文件的主要精神,并点评文件的若干重要内容,较全面地评价文件的作用和意义;最后,用发出号召的方式结束全文。

方针政策性决议正文。一般有三项内容:首先是前言部分,写明决议的依据。包括理论依据和事实依据。理论依据是有关政策、法规或作出决议的目的、意义;事实依据是作出决议的原因、背景或对决议的内容作必要的说明。前言在写法上要求开门见山,然后用"并作出如下决议"过渡下文。其次是主体,即决议的事项,要写明会议通过的决议内容,对有关文件、事项作出的论断和对有关工作作出的部署、安排、要求、措施等。具体写法可分为篇段合一式、分条列述式、分段式、分列小标题式等四种形式。最后是结尾,写清对决议事项的评价和对基本精神的强调以及执行要求,通常用号召、希望的语言结尾。

4. 落款

盖公章与写日期。决议的通过日期常以题注列出。

2.2.3　决议的例文分析

示　例

福建省人民代表大会常务委员会
关于批准 2017 年省级预算调整方案的决议

(2017 年 5 月 25 日福建省第十二届人民代表大会常务委员会第二十九次会议通过)

福建省第十二届人民代表大会常务委员会第二十九次会议,听取了省财政厅厅长王永礼受省人民政府委托所作的《关于 2017 年省级预算调整方案(草案)的说明》,并对草案进行了审查。会议同意省人民代表大会财政经济委员会的审查报告,决定批准 2017 年省级预算调整方案。

解　析

这是一篇审议批准性决议。该决议要素齐全,由标题、题注和正文组成。决议对提请 2017 年省级预算调整方案作出批准决定,适用"决议"文种。内容结构完整,决议由两个部分组成:一是审议的对象;二是表明态度,即"批准报告"。决议层次清晰严密,语言简明,具有很强的权威性和号召力。

任务练习

根据下列材料拟写一份决议。

2018 年 1 月 18 日湖北省第十二届人民代表大会常务委员会召开第三十二次会议,经会议讨论通过的主要决策事项有:批准了《孝感市城市绿化条例》。这部《孝感市城市绿化条例》由孝感市人民代表大会常务委员会公布施行。

假如你是某街道办事处的一名工作人员,请根据实际情况,拟写一份《××街道办事处关于改进老年人服务工作的指导意见》。(500 字左右)

2.3 命令写作

2.3.1 命令的相关知识

1. 命令（令）的含义

命令（令）是公布行政法规和规章，宣布施行重大强制性措施，批准授予和晋升衔级，嘉奖有关单位和人员时使用的文种。

2. 命令（令）的特点

① 强制性。命令（令）以国家法律和有关规定为依据，对重要的工作进行决策性指挥，强制性地统一人们的行为准则。不论在任何情况下，所属单位与人员必须无条件地服从和执行，不得作任何变更或变通处理，不能讨价还价，更不能公然违抗，否则就要受到处罚。

② 权威性。命令（令）是国家权力的集中体现，具有法定的权威性。主要基于两点：一是发布的机关级别高。根据《中华人民共和国宪法》的有关规定，只有国家主席、全国人大常委会委员长、国务院总理及所属各部长、各委员会主任及县级以上地方各级人民政府及其他法定机关和人员，才能依照法律规定的权限发布相关的命令（令），人民团体、企事业单位无权发布命令（令）。二是命令（令）的内容限于依法对国家的各种法律、法令和行政法规的发布，以及对重大事项或重要问题的指挥与处理。

③ 严肃性。命令（令）以法律法规为依据，使用很审慎，既不能随意发布，也不能朝令夕改。命令（令）的语气坚定、肯定，不容置疑，不能含糊其词。

④ 专用性。命令（令）的用途主要有两个方面：一是用于发布行政法规和规章及重大行政措施；二是用于任免干部或嘉奖、惩戒、赦免有关人员，撤销下级机关不适当的决定。

⑤ 载体性。命令（令）除单体行文外，在多数情况下充当法规性文件公布的载体，实行复体行文。

3. 命令（令）的种类

按照不同的标准，从不同角度，可以进行不同的分类。

① 按发布单位来分，可分为国家权力机关发布命令（令）、国家行政机关发布命令（令）、领导人发布命令（令）。个人发布的命令（令），实际上代表相应机关的权力，与机关发布具有相同的效力，只是突出强调领导人个人负责。

② 按是否带附件来分，可分为带附件和不带附件的命令（令）。公布行政法规和规章、宣布重大行政措施、嘉奖的命令（令），一般都带有附件。任免干部的命令（令）一般不带附件。

③ 按作用来分，主要分为公布令、行政令、任免令、嘉奖令。公布令，是依照有关

法律公布行政法规和规章的命令，如公布法律的国家主席令；行政令，是国务院及其部门、县以上人民政府采取重大强制性行政措施时使用的命令；任免令，是任免领导干部和其他工作人员时使用的命令；嘉奖令，是宣布奖励事宜时使用的命令。

2.3.2　命令的写作模板与格式解析

命令（令）的基本结构由标题、编号、正文、落款四部分组成。

1. 标题

标题有三种拟制方法。

① 标明命令（令）的性质和文种。如嘉奖令和任免令，其中"嘉奖"和"任免"限定和表明了命令（令）的性质，"令"是文种。

② 由发文机关或人员、事由和文种组成。

③ 标明发文机关或人员和文种。

2. 编号

命令（令）的编号不同于其他公文。它不按年度编排，而是从国家领导人任职开始编排流水号，至任职期满为止。如政府换届但领导人连任，则不换令号。若政府换届则从下届新的领导人任职开始，重新编号。国家机关命令（令）的编号同此。

3. 正文

命令（令）正文由原因（目的、根据）、事项、执行要求三部分组成。

① 原因。即发布命令的缘由，说明为什么发布命令以及发令根据，然后用"为……特命令"，或"为此，发布命令如下"，或"根据……，为……，特发布此令"引出下文。

② 事项。这是正文的主体部分。不同类型的命令，主体有不同的内容。有的简单到全文只有一句话或一段文字，但有的较复杂的命令，如嘉奖令的正文，应分条列项表述。

③ 执行要求。执行要求是要求有关单位和人员在执行命令时必须遵守的规定。发布令常用"从××××年×月×日起施行"，行政令常用"以上各项，希遵照执行"。

由于各种命令（令）的内容、性质和用途不同，其结构和写法也各不相同。

公布令的正文一般由公布对象、公布根据、公布决定和执行要求组成。公布令要写得简短、明确。

行政令的正文分三部分。首先，说明发布命令的缘由，理由要写得充足，令人信服；其次，写明执行命令的具体内容，即重大的、强制性的行政措施；最后，写执行要求。行政令要写得具体明确、条目清晰、层次分明。

任免令的正文一般由命令根据和命令内容（包括姓名、职务、时间）两部分构成。任免令以行政机关首长个人名义发布。

嘉奖令的正文分三个方面，即嘉奖的原因（包括事实、分析和评价）、嘉奖的决定、希望和要求。嘉奖令通常以中央机关或首长名义行文，一般不写受文单位。

4. 落款

写明发令（令）单位名称或负责人的职务、姓名及成文日期。

2.3.3 命令的例文分析

示 例

中华人民共和国国务院令

第 681 号

《中华人民共和国统计法实施条例》已经 2017 年 4 月 12 日国务院第 168 次常务会议通过，现予公布，自 2017 年 8 月 1 日起施行。

总理 李克强

2017 年 5 月 28 日

解 析

这是一份公布令，标题由发文机关、文种组成。正文由批准机关、会议名称、批准时间组成。结构简约，层次简化，语言简洁，庄严地代表国家机关的权威。

任务练习

驻香港部队某旅特种作战一连聚焦实现党在新形势下的强军目标，按照"三个绝对"铸军魂，围绕"四有"要求育新人，瞄准"世界一流"练精兵，恪守"军纪如铁"树形象，全面建设不断取得新成绩，迈上新台阶，出色完成一系列重大任务，在特殊环境下有效履行了驻军职能使命。为此，中央军委主席习近平签署命令，授予其"香港驻军模范特战连"荣誉称号。请拟写一份嘉奖令，材料不足可自行编写。

2.4 公报写作

2.4.1 公报的相关知识

1. 公报的含义

公报是用于公布重要决定或重大事项的文书。

2. 公报的特点

① 内容上的庄严性。从适用范围看，公报所涉及的内容多是党内外、国内外普遍关心的重要决定和重大事项，使用者是党和国家高级管理机关，内容重大，使公报具有很强的庄严性。

② 形式上的多样性。从发布形式看，公报多是通过新闻媒体刊发。如果以新闻形式发布，则称"新闻公报"；如果由两个或两个以上的国家、政党、社会团体将会谈达成的协议通过正式文件公之于世，则称为"联合公报"。

③ 使用上的习惯性。公布重要会议情况，用公报；公布重大事件，用公报；公布有关人口普查、经济发展和国家计划执行情况，用公报。

3. 公报的种类

公报按其内容，可分为新闻公报、联合公报、会议公报、统计公报四类。

① 新闻公报。以新闻的形式将重大事件向党内外、国内外公布的文件。往往在新闻媒介上发布，阅知范围没有限制，要求具有新闻的及时性和真实性。

② 联合公报。政党之间、国家之间、政府之间就某些重大事项或问题经过会谈、协商取得一致意见或达成谅解后，双方联合签署发布的文件。公报中有一些双方认可联合签署的条文，比一般的新闻公报有更多具体的内容。

③ 会议公报。党和国家重要会议就会议情况和决定事项发表的公报。最常见的是中国共产党全国代表大会和中共中央全体会议公报。

④ 统计公报。国家和政府统计机关发布国民经济、社会发展方面情况的综合性公报。

2.4.2 公报的写作模板与格式解析

公报一般由标题、题注、正文和落款四部分组成。

1. 标题

标题有两种形式。

① 由发文机关、事由和文种组成。如《中华人民共和国国家统计局关于 2020 年人口普查主要数据的公报》。

② 由会议名称和文种组成。如《中国共产党第十七届中央委员会第六次全体会议公报》。切忌只写文种，单用"公报"作为标题。

2. 题注

即发布公报的日期或通过事项的日期。会议公报的发布日期，用圆括号括入，标注在标题正下方；其他公报的发布日期可标在标题之下，也可标在正文之后。公报不标注主送、抄送机关；一般不标注发文字号。

3. 正文

公报的正文包括开头、主体和结尾三层内容。

① 开头。介绍公报的时间、地点、人物、事件等要素，要写得简明扼要、清楚明白。

② 主体。介绍公报中的议定事项和主要精神，具体详细地说明所作的决议、决定或公布的具体事项。

③ 结尾。强调会议或公布事项的重要意义，对有关单位和人员提出要求和希望。

4. 落款

有的公报未标题注，正文又未交代日期，则应在正文之后写明发文单位和日期。

2.4.3 公报的例文分析

示 例

中国共产党湖南省第十一届纪律检查委员会
第三次全体会议公报

（2018 年 1 月 21 日中国共产党湖南省第十一届纪律检查委员会第三次全体会议通过）

中国共产党湖南省第十一届纪律检查委员会第三次全体会议，于 2018 年 1 月 21 日在长沙举行。出席全会的省纪委委员 54 人，列席 427 人。

省委书记杜家毫出席全会并发表讲话。省委副书记、省长许达哲主持会议。省委常委，省人大、省政府、省政协领导同志出席会议。

全会认真学习习近平新时代中国特色社会主义思想，深入贯彻党的十九大和十九届中央纪委二次全会精神，总结2017年纪检监察工作，部署2018年任务，审议通过傅奎同志代表省纪委常委会所作的《以习近平新时代中国特色社会主义思想为指导，推动全面从严治党向纵深发展》的工作报告。

全会认为，习近平总书记在十九届中央纪委二次全会上的重要讲话，站在新时代党和国家事业发展全局的高度，深刻阐述党的十九大关于全面从严治党的战略部署，系统总结十八大以来全面从严治党的重要经验，科学分析党面临的风险和挑战，明确提出当前和今后一个时期全面从严治党的总体要求和主要任务，是新时代推进全面从严治党的强大思想武器和行动指南。赵乐际同志的工作报告，就学习贯彻党的十九大精神，忠实履行管党治党政治责任提出具体要求，对2018年纪检监察重点工作作出全面部署。全省各级党组织和纪检监察机关要把学习领会、贯彻落实全会精神与学习贯彻习近平新时代中国特色社会主义思想、党的十九大精神结合起来，把自己摆进去，把职责摆进去，把工作摆进去，提升思想认识，强化责任担当，坚决贯彻落实党中央决策部署，以新气象新作为开创我省全面从严治党新局面。

全会认为，杜家毫同志的讲话全面贯彻党的十九大和中央纪委二次全会精神特别是习近平总书记重要讲话精神，清醒分析我省党风廉政建设和反腐败斗争形势，进一步明确了当前和今后一个时期我省全面从严治党的总体思路、重点任务、主要措施。各级党组织和纪检监察机关要按照省委要求，提高政治站位，不松劲、不停步、再出发，持之以恒推动全面从严治党向纵深发展。

全会认为，2017年，省委坚决贯彻落实中央决策部署，把全面从严治党作为推进各项工作的重要保证和切入点，坚持从省委常委会自身做起，从党员干部队伍中存在的突出问题抓起，从人民群众反映强烈的问题改起；各级党组织和纪检监察机关认真履职、真抓实干，各方面积极参与，全省党风廉政建设和反腐败工作取得明显成效，党风政风气象更新，政治生态持续好转，反腐败斗争压倒性态势已经形成并巩固发展。

全会指出，新时代要有新气象新作为，新气象新作为首先是全面从严治党要开创新局面。各级纪检监察机关要深入贯彻党的十九大精神，把维护以习近平同志为核心的党中央权威和集中统一领导作为特殊使命，把以人民为中心作为根本立场，把深化标本兼治作为重要途径，把夺取反腐败斗争压倒性胜利作为工作目标，更好地担负起新时代所赋予的职责使命。

全会提出，2018年工作的总体要求是：牢牢把握全面贯彻落实党的十九大精神这条主线，以习近平新时代中国特色社会主义思想为指导，紧紧围绕新时代党的建设总要求，忠诚履行党章和宪法赋予的职责，按照中央纪委二次全会部署和省委要求，以党的政治建设为统领，深化国家监察体制改革，持之以恒正风肃纪，深入推进反腐败斗争，营造风清气正的良好政治生态，建设忠诚干净担当的纪检监察干部队伍，为决胜全面建成小康社会、建设富饶美丽幸福新湖南提供坚强保证。

第一，把党的政治建设摆在首位。督促各级党组织和党员领导干部认真开展"不忘初心、牢记使命"主题教育，加强对贯彻落实党的十九大精神、党中央重大决策部署和省委决定情况的监督检查。严明政治纪律和政治规矩，防止"七个有之"、做到"五个必须"。严肃党内政治生活，严把选人用人政治关、廉洁关、形象关，厚植廉洁文化土壤，全面净化党内政治生态。

第二，深化国家监察体制改革。加强党对反腐败工作的统一领导，坚持以法治思维和法治方式反腐败，扎实推进改革试点工作，深化工作运行机制的实践探索，强化监察机关与执法、司法机关的工作衔接，推动执纪审查与依法调查顺畅对接，把制度优势转化为治理效能。

第三，巩固深化专项整治成果。抓好扶贫领域腐败和作风问题专项治理，严肃查处履职不力、"雁过拔毛"式腐败等问题，坚决查处涉黑腐败，打击黑恶势力"保护伞"。深化金融活动中以权谋私问题专项整治，加大自查自纠、监督检查力度，对拟提拔对象亲属金融领域从业情况凡提必核。继续推进违规招投标、违规参与涉砂涉矿等经营性活动、中小学教辅材料征订等专项整治，坚决斩断各种乱象背后的利益链和关系网。

第四，持之以恒纠"四风"。严格执行省委《关于进一步贯彻落实中央八项规定精神的实施办法》，督促各级领导干部提高政治站位，反对特权思想、特权现象，从严要求自己，不把作风问题当小事。严禁公款饮酒、"一桌餐"、公款送礼、违规收送红包礼金等，严防享乐主义、奢靡之风改头换面反弹回潮。抓住表态多调门高、行动少落实差等突出问题，从省直机关抓起，从领导干部特别是一把手做起，从"放管服"改革、会风会纪、调查研究等具体问题改起，下更大功夫纠正形式主义、官僚主义。

第五，发挥巡视巡察利剑作用。深入贯彻新修订的巡视工作条例，紧盯政治立场和政治生态，统筹安排常规巡视，深化专项巡视，强化机动式巡视，及时组织"回头看"，狠抓整改落实，提升巡视巡察精准度、震慑力。加强巡视巡察协调联动，探索交叉巡察等有效方法，推动全面从严治党向基层延伸。

第六，巩固发展反腐败斗争压倒性态势。坚持无禁区、全覆盖、零容忍，坚持重遏制、强高压、长震慑，坚持受贿行贿一起查。重点查处十八大以来不收敛、不收手等"三类人"，特别是政治问题和经济问题相互交织形成利益集团的案件。加大对行贿行为打击力度。坚持防逃追逃两手抓，深入开展天网行动。正确运用"四种形态"对各类问题做出恰当处理。

第七，推动全面从严治党主体责任落实。把主体责任落实情况纳入监督执纪和绩效考核的重点，向上级党委和纪委"双报告"，坚决克服责任落实假大空、管党治党宽松软等问题。各级纪检监察机关要敢于唱"黑脸"、当"包公"，以监督责任的履行促进主体责任落实。支持派驻机构进一步发挥日常监督作用，深化乡镇纪委"三转"，推进县乡纪检监察一体化建设。坚持严字当头，高悬问责利剑，决不搞下不为例、法不责众。

第八，建设政治过硬、本领高强的纪检监察铁军。各级纪检监察机关和广大纪检监察干部要坚定许党报国的政治理想，勇担正风反腐的政治责任，锤炼敢于担当的政治品格，时刻把自己置于党组织领导之下。以时不我待、只争朝夕的精神加强学习、提升本领。以自我革命的精神和刀刃向内的勇气强化自我监督，自觉接受各方面监督，确保党和人民赋予的权力不被滥用、惩恶扬善的利剑永不蒙尘。

全会号召，全省各级纪检监察机关要更加紧密地团结在以习近平同志为核心的党中央周围，在中央纪委和省委的坚强领导下，不忘初心、牢记使命，一往无前、永不懈怠，为夺取反腐败斗争压倒性胜利而努力奋斗！

解　析

这是一篇会议公报。正文包括开头、主体、结尾三层内容。开头简明扼要地介绍了会议的概况，主体写了会议的主要内容，结尾提出热切希望和号召。全文语言准确、行文简练、格式规范。

任务练习

不定项选择题。

(1) 用以报道重要会议或会谈的决定和情报的公报是（　　）。

A. 新闻公报　　　　　B. 会议公报　　　　　C. 联合公报　　　　　D. 统计公报

(2) 公报的适用范围是（　　）。

A. 答复下级机关的请示事项

B. 向国内外宣布重要事项或法定决定

C. 公布社会各有关方面应当遵守或者周知的事项

D. 用于公开发布重要决定或者重大事件

(3) 会议公报的结构包括（　　）。

A. 标题　　　　　　　B. 主送机关　　　　　C. 正文　　　　　　　D. 成文日期

(4) 公报的特点是（　　）。

A. 权威性　　　　　　　　　　　　　B. 重要性

C. 语言表达的通俗性　　　　　　　　D. 新闻性

2.5　公告写作

2.5.1　公告的相关知识

1. 公告的含义

公告是一种适用于向国内外宣布重要事项或者法定事项时使用的公文文种。其中，重要事项是指有关国家政治、经济、文化、军事、科技、人事、外交等方面的大事。法定事项是指由国家权力机关、行政机关等依据法律法规和法定程序公开的事项。

2. 公告的特点

① 特定性。公告的发布仅限于国家权力机关、行政机关，以及被授权的部门。

② 广泛性。公告通常用于公布重要法规，宣告国家领导人任职或逝世，宣布国家领导人出访，以及其他一些国家重大事项等，面向国内外。一般在报纸、电视台、电台等新闻媒介发布，受文者十分广泛而笼统。

③ 庄重性。公告大都由国家权力机关或行政机关制定并印发，内容涉及国家大事，体现国家及其权力机关的威严，它的使用还要考虑到在国内外可能产生的政治影响。无论从制发还是从内容来看，都极其庄重、严肃。

④ 慎重性。公告宣布的事项比较重大，涉及政治、经济、军事及国家领导人的行动等。一经发布，影响涉及国内外，而且有的公告还是专门对外发布的，这就关系到国家形象、国际影响，制发时必须十分慎重，措辞要严谨准确，既要把公告的内容表达清楚，又要注意维护国家形象。

⑤ 单一性。公告宣告的事项单一，一文一事。

3. 公告的种类

公告按其发布范围和作用，可分为四类。

① 宣布重要事项的公告。通常由国家机关向国外宣布。如公布国家领导机构选举结果，宣布国家领导人出访，宣布一些影响国外飞行器、舰船行动的军事演习活动范围，以及重大科研成果等。

② 发布法定事项的公告。如各级立法机构颁布法律、法规等。

③ 发布专门事项的公告。政府部门依据法规或有关政策规定，宣布相关专门事项。

④ 向特定对象发布的公告。如人民法院无法将诉讼文书交本人或代收人拒绝接收时，可发布公告送达；又如法院下达的强制执行公告、公开审理案件的公告等。

2.5.2 公告的写作模板与格式解析

公告一般由标题、编号、题注、正文、落款五部分组成。

1. 标题

公告的标题有三种形式。

① 由发文机关、事由加文种组成。

② 由发文机关、文种组成。

③ 只写"公告"二字，而将发文机关名称置于正文之后。

2. 编号

这是单独标识的顺序号，其位置在标题之下。

3. 题注

如果落款处不签署制发公告的日期，可在题注处标明制发公告的年、月、日。

4. 正文

公告的正文主要包括告知缘由、具体事项和结语三部分。

① 告知缘由。扼要写明发文的原因、目的和依据。

② 具体事项。或直陈重大事项；或宣布人事任免；或公布政策；或指明应当遵守和办理的重要事项。要写清什么时间、什么地点将要进行或发生什么重要事情等。

③ 结语。通常用"特此公告""现予公告"等习惯用语作为结束语。

5. 落款

公告的落款一般标在正文之下，发布机关要用全称；如以个人名义发布，则在姓名前写明职务。公告的发布日期标在落款之下，年、月、日要写全。要注意的是，如果公告标题中已出现发文单位，正文后的落款可以省略，其发布日期可以写在标题之下。重要的公告在发布日期之后连写发布公告的地点。

2.5.3 公告的例文分析

示 例

国家税务总局关于增值税发票开具有关问题的公告

为进一步加强增值税发票管理，保障全面推开营业税改征增值税试点工作顺利实施，保护纳税人合法权益，营造健康公平的税收环境，现将增值税发票开具有关问题公告如下：

一、自 2017 年 7 月 1 日起，购买方为企业的，索取增值税普通发票时，应向销售方提供纳税人识别号或统一社会信用代码；销售方为其开具增值税普通发票时，应在"购买方纳税人识别号"栏填写购买方的纳税人识别号或统一社会信用代码。不符合规定的发票，不得作为税收凭证。

本公告所称企业，包括公司、非公司制企业法人、企业分支机构、个人独资企业、合伙企业和其他企业。

二、销售方开具增值税发票时，发票内容应按照实际销售情况如实开具，不得根据购买方要求填开与实际交易不符的内容。销售方开具发票时，通过销售平台系统与增值税发票税控系统后台对接，导入相关信息开票的，系统导入的开票数据内容应与实际交易相符，如不相符应及时修改完善销售平台系统。

特此公告。

国家税务总局

2017 年 5 月 19 日

解 析

这是一份向国内宣布重要事项的公告，内容重要，语气庄重。公告的依据、公告事项写得简明扼要。最后采用惯用结语"特此公告"结束全文。

任务练习

夏天来临，天气炎热，某物业管理公司经理要求新到的秘书小徐拟写一份文件，提醒业主注意消防安全。小徐觉得这是小菜一碟，不一会儿就完成了任务，没想到交给经理看了后，经理板着脸说："请严格按照公文规范写！"按照什么规范写呢？小徐一脸茫然。请你为小徐修改一下。

防火措施公告

敬启者：

近日天气干燥，容易发生火灾。本物业处警示大家注意下列各点：

1. 当你外出时，应考虑关掉所有不需使用的电器。
2. 不要让小孩接触火柴及打火机，并单独留在屋内。
3. 暖炉等用具，必须远离窗帘、梳化等易燃物品。
4. 确保防烟门必须经常关闭。
5. 切勿将任何物件弃置于楼梯间或走廊，以免阻塞走火通道。

物业经理_____启

2.6 决定写作

2.6.1 决定的相关知识

1. 决定的含义

决定用于对重要事项作出决策和部署、奖惩有关单位和人员、变更或撤销下级机关不适当的决定事项，是一种重要的指挥性、约束性公文。

2. 决定的特点

① 指令性。决定产生于决策之中，直接为决策服务，属决策性文件，是比较严肃、庄重的文种。决定作出的安排和决策，具有很高的权威性和很强的约束力，且事关全局，政策性强，执行时限长。特别是对重大问题、重大行动作出部署和安排的决定，通常产生于比较高层次的领导机关，下级机关必须执行。

② 广泛性。决定在公文中使用频率较高，制发机关比较广泛，各级、各类单位当遇有重要问题及重要事项、重大行动而需作出安排及决策时都可使用决定。

③ 单一性。决定内容一般只涉及某一事项或某一方面的问题，比较单一、具体，便于贯彻执行。

④ 灵活性。从应用范围看，决定既可以对事，也可以对人；从内容上看，既可以用于解决重大的方针、政策、决策、部署等问题，也可以用于处理具体的人和事。

3. 决定的种类

决定按其内容和作用，可分为四类。

① 部署指挥性决定。适用于部署某一重要工作或安排某一重要活动，带有纲领性、指令性特点。这类决定侧重于统一认识和确定某一重要事项的方针政策，要求下级认真贯彻执行。

② 决策知照性决定。适用于公布具有特殊意义的重要事项，指导处理某些具体问题，如批准条约、设置和撤销机构、安排人事等。

③ 表彰处分性决定。适用于表彰先进或者吸取教训以及处分错误、批评歪风邪气。

④ 变更撤销性决定。适用于变更或撤销下级机关不适当的决定事项。

2.6.2 决定的写作模板与格式解析

决定一般由标题、正文、落款三部分组成。

1. 标题

标题有两种写法。

① 发文机关、事由和文种三要素齐全。如决定是会议通过或批准的，在标题下写明日期和经什么会议通过或批准，用小括号括住。

② 只写事由和文种。发文机关和成文时间写在正文结束之后。

2. 正文

正文一般包含决定的根据或缘由、决定的事项或处理的问题、执行决定的要求或发出的号召。写法上可采用篇段合一式、分条列项式或部分表述式。

① 决定的依据。即作出决定的根据、原因、目的、意义等，内容可详可略，视不同种类的决定而定。如指挥性决定，需要充分阐述缘由，文字长一些，有的甚至要分段论述；表彰性决定，要叙述基本事实，点明被表彰先进事迹的突出特点及其蕴涵的意义；变更、撤销性决定，则要说明作出变更或者撤销的原因、依据、理由。

② 决定的事项。即决定的主体部分，写清楚决定的具体内容。大致有三种表达形式。

一是篇段合一式。即全文不分段。适用于内容单一、文字较少的决定。

二是分条列项式。即把决定中涉及的若干问题，按照主次列成若干条项，并用数码标出，或将每条的中心内容归纳成小标题，分列于每部分之前。这种写法，不仅层次清晰，而且条项的内容突出、明确，适用于涉及具体事项较多的决定。

三是部分表述式。即把全文分成几个部分，每部分表达一个中心思想，并再分条项。适用于内容特别重要、篇幅相对较长的决定。

③ 执行决定的要求或发出号召，一般以一个自然段的篇幅发出号召或提出希望。

3. 落款

落款包括发文单位和成文时间。如果标题已有发文单位名称，落款处一般不再写。成文时间通常写在标题下的括号内。如果是会议通过的决定，需在括号内写明什么时间和什么会议通过。

2.6.3 决定的例文分析

示 例

广东省人民政府关于第三批清理规范省政府部门
行政审批中介服务事项的决定

各地级以上市人民政府，各县（市、区）人民政府，省政府各部门、各直属机构：

为贯彻落实《国务院关于第三批清理规范国务院部门行政审批中介服务事项的决定》（国发〔2017〕8号）精神，进一步深化行政审批制度改革，推进政府职能转变，省政府决定第三批清理规范66项省政府部门行政审批中介服务事项，不再作为行政审批的受理条件。

各地、各部门要认真做好行政审批中介服务事项的清理规范工作，加快推进配套改革和制度建设，保障行政审批质量和效率。对政府部门在审批过程中委托开展的技术性服务活动，必须通过竞争方式选择服务机构，切实落实国家和省出台的服务经费保障措施。对涉及公共安全的行政审批事项，要在清理规范相关中介服务后，进一步强化监管措施，确保安全责任落实到位。

附件：广东省人民政府决定第三批清理规范的省政府部门行政审批中介服务事项目录（共计 66 项）

广东省人民政府

2017 年 4 月 12 日

解　析

这是一篇政策知照性决定。这篇决定结构严谨，层次分明。先写出决定的依据，接着明确内容，最后写明决定。言辞简明、干脆利落。

任务练习

指出下列公文所有错误并改正。

关于向李春芳同志学习的决定

各车间、班组，各党支部：

我公司装配车间职工李春芳在上月十五日的特大洪水灾害中，为抢救国家财产不幸身亡。公司党委决定在全公司开展向李春芳同志学习的活动。

（1）学习李春芳同志公而忘私、奋勇保护国家财产的高尚品德，爱祖国爱人民，敢于牺牲的精神。

（2）根据李春芳同志生前的表现和愿望，追记李春芳同志为中共党员。

（3）在全公司广泛宣传李春芳同志的先进事迹，运用这一典型对全公司党员职工进行一次努力奉献、坚持改革、敢于进取的革命精神，以及勇于献身的革命英雄主义精神。宣传科和工会要把李春芳同志的事迹编成册子、墙报，广为发放。

（4）各车间、班组、党支部要开展讨论，学习李春芳同志的优秀品质，开展比、学、赶、帮活动，争取让生产上一个新台阶。

××公司党委

××××年×月×日

2.7　意见写作

2.7.1　意见的相关知识

1. 意见的含义

意见是在对重要问题提出见解和处理办法时使用的文种。

① 意见所涉及的内容必须是"重要问题",即当前工作中所遇到的涉及全局性、方针政策性的重大事项和主要问题,特别是新出现的问题。

② 意见对重要问题不仅要有所见解,而且要有解决、处理的办法,即对问题要作出全面中肯的分析,提出自己的看法和观点,然后拿出切实可行的解决办法和措施。

③ 意见具有建议和指示性质。下级的意见只有建议性质,一经上级批转或者批准,即从建议性转化为指导性和约束性。上级机关的意见,其本质含义已不再是参谋建议的性质,而是有了指示性。目前,在实际工作中这种来自上级的意见有增多趋势,它有利于促进机关工作作风的民主化,增强机关公文的公关意识。

2. 意见的特点

① 指导性。意见虽然在字面含义上没有指示、批复那样明显的指导色彩,似乎只是对某一工作提出一些意见供参考,但实际上意见在用于下行文时,具有批示的性质,对下级机关开展工作具有指导性。

② 原则性。意见的指导性更偏重于原则指导,不是硬性规定;更侧重于从宏观上提出见解和意见,不是具体的工作安排。通常要求受文单位结合具体情况,参照文件精神来办理。下级机关在落实意见精神时,比执行指示有更大的灵活处理的余地。

③ 建议性。上行的意见,通常分为两种情况,一种是提出的意见需要上级机关批转或转发;另一种是下级单位和部门处理某些超越了自己职权范围的问题,常常要用意见行文。而这个意见,对上级批准和认可以及其他部门的工作可起到建议或参考的作用,上级机关一般应按请示性公文的程序和要求办理,并对下级机关的意见作出处理或给予答复。

④ 灵活性。意见的行文比较灵活,既可用于上行文,也可用于平行文或下行文。意见文种的使用不受限制,中央机关、地方党政机关、企事业单位等都可以使用,发文的频率比较高。

3. 意见的种类

① 规划性意见。这是对某一时期某一方面的工作提出的大体构想。它的特点是适用时期长,内容宏观化、整体化,类似于规划、纲要等计划性文体。它指出了一个时期内某项工作的要点、原则和努力方向,但一般没有具体的方法和措施。

② 实施性意见。这是为贯彻落实某一重要决定或中心工作所制定的实施方案,它重在阐发上级的有关精神,使下级单位对上级的文件精神有更深入的理解,同时提出较为具体的行动方案和工作安排。

③ 指导性意见。上级机关阐述和说明开展某项工作的基本思想、原则、要求,下级机关应遵照执行。如意见中无明确要求的,下级机关可参照执行。

④ 参考性意见。这是平行机关或不相隶属机关之间就工作中的某些重要问题提出建设性意见或可行性方法,仅供对方参考,属平行文。

⑤ 请示性意见。下级机关对工作中的问题提出建设性意见和处理办法,报请上级机关决定,属上行文。对于请示性意见,上级机关必须对其作出处理或给予明确答复。这类意见现已代替过去报告中的呈转性报告。

⑥ 请批性意见。多由业务主管部门提出、由上级领导机关批准并转发或印发。实际上是业务主管部门为上级领导起草的实施计划。这是上级领导机关或主管部门对开展某项

工作作出的部署、安排，其内容包含了一般计划所必须具备的要素，且绞为具体明确。

2.7.2　意见的写作模板与格式解析

意见一般由标题、正文、落款三部分组成。

1. 标题

由发文机关名称、事由和文种三要素构成，根据具体情况，可在文种前加上"若干""处理""实施"等字样。

2. 正文

正文由意见的缘由、意见的内容和结尾三部分构成。

① 意见的缘由。写明提出意见的目的、背景、依据或缘由，即针对何种情况及为何提出意见，以利于受文者理解和贯彻执行。意见的缘由一般要求写得简明扼要，概括力强。一般以"现提出以下意见""特制定本实施意见"等语句承上启下，引入意见内容。

② 意见的内容。写明对解决问题的具体意见，一般采用分条列项的方式阐述。要既有原则又不空洞，既具体又不琐细。要做到三点：一是全面系统，即对工作的见解和要求，要顾及各个方面，使工作涉及的各个部门，都能明确地领会工作的原则和要求。二是准确具体，即所提出的措施和办法，用语要准确，表述要具体，以便于受文单位理解与执行。三是层次分明。既有工作的基本原则，又有具体的政策措施，应当分层叙述，不宜交织进行。

③ 结尾。进一步强调工作或提出希望和要求。

3. 落款

包括署名和日期，标注在正文右下方。

2.7.3　意见的例文分析

示　例

××市农业委员会
关于发展我市观光旅游农业的意见

××市人民政府：

随着我市农业产业结构调整步伐的加快和人民生活水平的不断提高，发展观光旅游农业已成为农村经济新的增长点。为科学有效地开发利用农业资源，促进农村经济发展，现就发展我市观光旅游农业的有关问题，提出如下意见。

一、指导思想、任务目标与遵循原则

1. 指导思想

以党的十五大和党的十五届五中全会精神为指导，以农业资源综合开发利用和保护为基础，以提高经济和社会效益为中心，逐步把观光旅游农业培育成具有一定生机和活力的新兴产业，促进农村经济全面发展。

2. 任务目标

力争经过5～10年的努力，在旅游景区周围、交通干线两侧和主要农副产品生产基地，构筑起点、线、面相结合的全市观光旅游农业新格局；建立起一批不同特色、不同层次和规模，具有观光、休闲、体验和科普等多功能的观光旅游农业基地；通过发展观光旅游农业，进一步优化农村经济结构，增加农民收入，加快农村城镇化发展步伐。

3.遵循原则

（1）注重实效、循序渐进的原则。观光旅游农业是经济和社会发展到一定阶段的产物。各县（市）区要抓住机遇，因势利导，坚持速度、规模和效益的统一。近期，优先开发生产基地有规模、资源环境好和交通便利的观光旅游项目，积累经验，逐步展开。

（2）全面规划、突出特色的原则。各地要从实际出发，制定科学的发展观光旅游农业规划。要适应回归自然和观光休闲的心理，注重文化品位，突出地方特色，体现乡土风情，展示农业高科技成果。

（3）用市场机制开发建设的原则。发展观光旅游农业，项目建设、资金投入和经营管理要按照市场经济的要求，鼓励多种经济成分参与开发建设。

（4）开发与保护相结合的原则。发展观光旅游农业要正确处理资源开发和环境保护的关系，防止滥占耕地。加强环境保护，实现观光旅游农业与农村经济的协调发展。

二、区域布局与重点项目

全市发展观光旅游农业，按照由近及远、功能配套、点线面连接、依托农业资源、结合旅游景区建设的构思布局。

近期抓好以下重点项目：（略）。

三、几项政策措施

1.观光旅游农业享受农业税收的有关政策。利用"四荒"资源兴建的项目，执行"四荒"开发的相关政策。

2.加大对观光旅游农业建设项目的投入。观光旅游农业是农业发展和农民增收的新增长点。市、县（市）、区要作为扶持的重点，分别列出专项资金，用于项目基础设施的扶持投入或贷款贴息，各级计委、农业、林业、水利、交通、供电、电信等部门，要根据职责分工，对市里规划建设的重点给予积极支持。

3.搞好观光旅游农业地服务设施建设。景区建设是观光旅游农业的基础，必须高起点、高品位规划，高标准、高质量建设，并与农田水利、农村小城镇、旅游景区、农业科技园区以及农业结构调整结合起来。根据项目进展情况，适时开辟观光旅游专线，为市民出游提供方便。加强导游员的业务培训，搞好餐饮、娱乐和住宿等服务业的配套项目建设，并尽快开发观光农业产品、生态旅游商品，不断丰富观光旅游农业的内涵。

以上意见如无不当，请批转各县（市）、区及市各部门执行。

×× 市农业委员会

×××× 年 × 月 × 日

解 析

这是一篇请批性意见。正文首段阐明"为科学有效地开发利用农业资源，促进农村经济发展，现就发展我市观光旅游农业的有关问题，提出如下意见"，提出意见的缘由，即写明提出意见的原因、目的和根据，这一层写得简明扼要，概括力强。接着从三个方面来阐明意见的具体内容，既有指导思想、任务目标和遵循原则，又有区域布局与重点项目，还有具体的政策措施，全面系统、准确具体。行文语气掌握得比较好，虽然是上行文，但经市政府批准后将变成下行文，因此，基本上都是用下行文语气。因为意见经上级同意后还要转给有关单位贯彻执行，所以结尾是："以上意见如无不当，请批转各县（市）、区及市各部门执行。"

任务练习

判断下列各题的正误。

（1）意见具有兼容性、灵活性、作用多样性和弹性四个特点。（　　　）

（2）意见可分为指导性意见和建议性意见两种类型。（　　　）

（3）意见适用于表达要求下级机关和有关单位周知或共同执行的事项。（　　　）

（4）意见适用于对上级机关提出工作建议。（　　　）

（5）下层机关的意见不具较强的操作性。（　　　）

（6）意见的写法、用法都与报告相似，且都希望成为"形式上的上行文，实质上的下行文"。（　　　）

2.8　通告写作

2.8.1　通告的相关知识

1. 通告的含义

通告适用于在一定范围内公布应当遵守或者周知的事项。通告虽然面向社会发布，但多是限定在一个特定社区范围内，内容多是要求一个特定的人群遵守或者知晓。

2. 通告的特点

① 规定性。通告常用来对某些事项、行为作出规定和限制，特定范围内的部门、单位和民众都必须遵守、执行。例如，《××省无线电管理委员会办公室关于清理整顿无线电通信秩序的通告》，对有关事宜作出规定；《××市人民政府关于坚决清理非法占道经营的通告》，为改善交通秩序和市容环境作出规定。

② 周知性。通告的内容，要求在一定范围内的人们或特定的人群普遍知晓，以使他们了解有关政策法令，遵守某些规定事项，共同维护社会公务管理秩序。

③ 务实性。所有的公文都是实用文，从根本性质上说都应该是务实的。但它们之间还是有一些区别，有的公文只是告知某事，或者宣传某些思想、政策，并不指向具体事务。通告则是一种直接指向某项事务的文种，务实性比较突出。

④ 行业性。不少通告都具有鲜明的行业性特点，如税务局关于征税的通告、机动车管理部门关于机动车辆年度检验的通告、银行关于发行新版人民币的通告、房产管理局关

于对商品房销售面积进行检查的通告等，都是针对其所负责的那一部分的业务或技术事务发出的通告。因此，通告行文中要时常引用本行业的法规、规章，也免不了使用本行业的术语、行话。

3. 通告的种类

通告有法规性通告和周知性通告两大类。

① 法规性通告。也称制约性通告，主要向受文者交代需要遵守、执行的政策、措施以及其他行为规范，具有政策性和法律性，要求有关人员必须遵照执行。

② 周知性通告。周知性通告主要是使受文者了解重要情况、重要消息，主要用于维修道路、电路、输水管线以及工商、税务、卫生、城建、交通管理等部门要求有关人员在一定期限内登记、换证、检疫、拆迁、报考等。

当然，这两种通告的区分是以法规性的强弱不同为标准的，二者之间没有绝对的界限。法规性通告不可能没有周知性，周知性通告完全没有法规内容的也不多见。但二者在性质上毕竟有所区别，如《关于坚决清理非法占道经营的通告》，强制性措施较多，属于法规性通告；关于因施工停水、停电的通告，主要起告知事项的作用，没有强制性措施，属于周知性通告。

2.8.2 通告的写作模板与格式解析

通告由标题、发文字号、正文和落款四部分组成。

1. 标题

通告的标题，主要有两种写法。

一是全题写法，也就是公文标题的常规写法，由发文机关、事由、文种三者共同构成。如"河南省地方税务局关于认真落实'事业单位、社会团体、民办非企业单位企业所得税征收管理办法'的通告""广西工商行政管理局广西国有资产管理局关于办理××××年度企业法人年检及国有资产产权登记的通告"等。

二是省略主要内容的写法，由发文机关、文种组成。如"中华人民共和国公安部通告""××市房地产管理局通告"等。

通告也可以由主要内容和文种构成标题，还有的通告标题只有文种"通告"二字。

通告标题还有一种特殊的写法，将标题分为两个部分，第一部分是发文机关加文种，即"××××通告"；第二部分是通告的主要内容，如"中国人民银行通告明日起发行××××年版佰圆券人民币"。

2. 发文字号

通告的发文字号不像一般公文那样只用常规方式，在实践中多种情况并存。

如果是政府发布通告，要有正规的发文字号，如《××市人民政府关于坚决清理非法占道经营的通告》，发文字号就是"市政告字〔2022〕6号"。

如果是某一行业管理部门发布通告，则可采用"第×号"的方式，标示位置在标题之下正中。

一些基层企事业单位发布的通告，也可以没有字号。

3. 正文

正文采用公文通用结构模式撰写，分缘由、事项和结语三部分。

① 通告缘由。作为开头部分，通告缘由主要用来表达发布通告的背景、根据、目的、意义。例如："近期以来，我市清理非法占道经营，经过几次集中整治，取得了一定效果，但在一些主干道上仍有反复，禁而不止，影响交通和市容环境，群众反映强烈。为推进'讲文明、树新风'活动和精神文明建设八大工程的深入开展，市政府决定，集中一段时间，加大工作力度，实行综合整治，坚决彻底清理非法占道经营，让路于车，还道于民，改善交通秩序和市容环境。现通告如下。"这个开头部分主要写了发布通告的背景、根据和目的。

② 通告事项。这是主体部分，文字最多，内容最复杂。通告事项是面对大众的，应简洁明了，叙述清楚，因此，较多采用分条列项的写法，以做到条理分明，层次清晰。如果内容比较单一，也可采用贯通式写法。

③ 通告结语。这是结尾部分，写法比较简单，一般单独设段，多采用"本通告自发布之日起实施"或"特此通告""此布"等习惯用语作结。

4. 落款

通告的落款应写明发文机关名称和发文日期。如果标题中已冠有发文机关名称，落款处可以省略，只写年、月、日，或将发文年、月、日写在标题下方、正文上方。

2.8.3 通告的例文分析

示　例

关于加强大桥南路高架桥施工期间交通管理的通告

为确保大桥南路高架桥施工期间的交通安全与畅通，经市政府批准，自 2022 年 2 月 22 日起至 2023 年 2 月 10 日止，对部分桥段实行交通管制，现通告如下：

1. 机动车中的平板车、半挂车、拖挂车禁止通过大桥时间改为每天 7 时至 11 时 30 分、13 时 30 分至 19 时。

2. 机动车行驶路线：（略）。

3. 从××路口至××路的路段，机动车道辟为施工场地，机动车改在非机动车道行驶，非机动车改在人行道行驶。

4. 施工期间公安交通管理机关将根据道路交通情况需要实行交通管制，以保证施工顺利进行，希望广大市民和驾驶员服从交通民警和执勤纠察的指挥和管理。

××市公安局
2022 年 2 月 20 日

解　析

这则事务类通告是××市公安局就有关加强大桥南路高架桥施工期间交通管理事项进行告知，范围是针对××市的居民和驾驶员，告知有关车辆通行时间、路线的改动等信息，表意准确、通俗易懂，起到了广为传达的作用。

任务练习

第六届"桃李杯"马拉松赛将于××××年9月10日上午8时至下午1时在××市举行。为保证赛事的顺利进行，对××路、××路、××南路、××北路、××中路实行交通管制，除警备车、救护车、消防车、工程保险车外，禁止其他机动车辆通行。试据此信息，代某市公安局拟写一份通告。

2.9 通知写作

2.9.1 通知的相关知识

1. 通知的含义

通知适用于发布、传达要求下级机关执行和有关单位周知或者执行的事项，批转、转发公文。从行文关系上来说，通知多数是下行文，而有些告知性通知是平行文。

2. 通知的特点

① 适用范围广。通知是公务活动中应用最广泛的公文，凡是发布法规和规章、传达上级机关的指示、转发上级机关和不相隶属机关的公文、批转下级机关的公文、发布要求下级机关办理和有关单位共同执行或者周知的事项、任免和聘用干部，都可以用通知。各级行政机关、企事业单位、社会团体对下级单位传达事项都可以使用，不受发文机关级别高低的限制，对行文路线限制不严，主要是上级机关对下级机关、组织对所属成员的下行文，但不相隶属机关之间有时也可使用通知来知照有关事项。

② 使用频率高。通知的内容既可是重大事件，又可是部门小事，所以使用频率很高。据统计，通知的用量是现行公文中最多的一种，有时超过公文总量的一半。

③ 时效性强。通知对时效性具有严格的要求，它所传达的事项，往往要求及时执行和迅速办理，不能拖延，具有较强的执行性和约束性。如会议通知，只在指定的一段时间内有效。

3. 通知的种类

通知按其内容和性质，可以分为指示性通知、批示性通知、事项性通知、知照性通知等。

① 指示性通知。用于直接发布行政法规和对下级某项工作的指示、要求。带有强制性、指挥性和决策性。

② 批示性通知。这是用批转、转发、印发等方式发布某些法规，要求下级贯彻执行的通知。

③ 事项性通知。这是要求下级机关办理某些事项的通知。它除交代任务外，通常还提出工作要求，让受文单位贯彻执行，具有行政约束力。

④ 知照性通知。用于告知某一事项或某些信息的通知，不具有强制性。如会议通知、任免通知等。不相隶属单位之间告知不要求办理和执行的事项，也可以使用知照性通知。

如启用或作废某单位印章，更正文件差错，变更机关名称、工作地址、电话号码、邮政编码、作息时间等，都可以用这种通知行文。

2.9.2　通知的写作模板与格式解析

通知由标题、主送机关、正文和落款四部分构成。

1. 标题

作为公文通知的标题，分完全式和省略式两种，完全式应写明发文机关、事由和文种。

省略式标题有以下三种情况。

① 省略发文机关。如果标题太长，可省略发文机关。如"关于召开全国首批物业管理师大会的通知"，这个标题便省略了发文机关。省略发文机关的标题很常见。如果是两个单位以上联合发文，不能省略发文机关。

② 省略多余的"关于"和"通知"字样。如"部门经理会议通知""装修通知"等。发布性和批转性通知的标题由"发文机关＋发布（批转、转发）＋被发布文件标题＋通知"构成。被发布、批转、转发公文为法规、规章时，一般应加上书名号，有时由于被批转、转发公文标题中已有"关于"和"通知"字样，或者被批转、转发的公文标题比较长，通知的标题一般可保留末次发布（批转、转发）文件机关和始发文件机关，省略多余的"关于"和"通知"字样。如，"××县人民政府关于转发《××市人民政府关于转发〈××省人民政府关于转发人事部关于××同志恢复名誉后享受××级待遇的通知〉的通知》"，可把这个标题简化为"××县人民政府转发人事部关于××同志恢复名誉后享受××级待遇的通知"。

③ 省略发文机关和事由。如果通知发文范围很小，内容简单，甚至张贴都可以，这样的通知标题可以省略发文机关和事由，只写文种"通知"二字。

需要说明的是，如果所发的通知比较紧急，需要被通知的单位尽快知悉和办理，可在通知之前加"紧急"二字，从而构成"紧急通知"。如"××公司关于'十一'期间不安排休假的紧急通知"。如果对某项事情发出通知后，由于情况发生变化，或因发出通知时考虑不周，认为有新的问题需要明确，有新的事情或规章要办理或执行，需要再发一个通知，这样的通知被称为"补充通知"，且常常将"补充"二字在标题中写出来。

2. 主送机关

主送机关即要求办理、知悉通知事项的机关或个人。在正文前顶格书写，后跟冒号，以示引领下文。主送机关的名称可以用全称，也可以用规范化的简称。对于告知性通知，有时因为没有特定的受文者，这时就不用写主送机关。

3. 正文

颁布或转发性通知结构简单，其余通知一般由以下部分组成。

① 事由。这是通知的开头，应写明制发通知的缘由、目的、依据或情况。

② 事项。写出通知的内容，即要求受文机关承办、执行和应予以知晓的事项。这些内容如较复杂，可分条列项写出。

③ 结尾。这部分常用"特此通知""专此通知"之类的习惯用语作结。

④ 附件。告知性通知及批示性通知常带有附件。

4. 落款

写出发文机关名称和发文日期，有的还要落上负责人的名字。如已在标题中写了机关名称和日期，这里可以省略不写。

2.9.3 通知的例文分析

示 例

关于召开××××年全市教育工作电视电话会议的通知

各县市区教育（文教、社会事业）局，市直学校：

经研究，定于×月×日召开××××年全市教育工作电视电话会议。现将有关事项通知如下：

一、会议主要任务

以党的十八大和十八届三中、四中全会、省委十三届十次全会、市委三届七次全会精神为指导，深入学习贯彻习近平总书记重要讲话精神，全面贯彻落实全国、全省教育工作会议精神和全市两会精神，认真总结××××年全市教育工作，谋划部署××××年教育工作，全面深化教育领域综合改革，全面推进依法治教，推动宜春教育发展升级，实现全市教育事业科学发展。

二、会议时间与地点

1. 会议时间：×月×日上午 9：00 召开，会期半天。

2. 主会场：设××市教育局视频会议室。

3. 分会场：设各县市区教育（文教）局视频会议室。

三、参会人员

1. 主会场：市教育局班子成员、中层干部；市直学校校长、书记、办公室主任；"三区"社会事业管理局局长及相关学校校长、书记；市直机关幼儿园园长、书记；市教育局特约教育督导员。

2. 分会场：各县市区教育（文教）局班子成员、中层干部，中心小学以上学校校长、书记；幼儿园园长代表。

四、其他事项

1. ×月×日上午 9：00 至 10：00 进行会议视频调试，请各县市区教育（文教）局安排专人负责。市教育局视频调试联系人：××，联系电话：（略）。

2. 请××市文教局、××县教育局、××县教育局、××中学、××县职业学校、××实验中学等 6 个单位做好会议发言准备。教育局发言时间为 8 分钟内，学校发言时间为 6 分钟内。会议发言材料请于×月×日下班前发市教育局秘书科邮箱：（略）。

五、有关要求

1. 精心组织。各地要根据各自视频会议室规模，认真组织好参会人员，切实提高会议效率；请于×月×日上午下班前将参会名单报市教育局秘书科。

2. 严肃纪律。会议期间请保持良好会风，不交头接耳、不随意走动、不接打手机（关机或调至静音状态）。

3. 准时参会。请与会人员提前10分钟进入会场。参会人员不得迟到、早退和缺席会议；确因特殊情况不能参加会议的，请履行请假手续。

××市教育局

××××年×月×日

解　析

这是一篇会议通知。标题写明事由：召开××××年全市教育工作电视电话会议。正文部分为条款式写法，将相关事项及要求逐条写明。

任务练习

一、分析下列通知的错误并进行修改。

机关游泳池办证的通知

机关各直属单位职工：

机关游泳池定于6月15日正式开放，6月1日开始办理游泳证。请你们接此通知后，按下列规定，于6月30日前到机关俱乐部办理游泳手续。

1. 办证对象：仅限你单位干部或职工身体健康者。

2. 办证方法：由你单位统一登记名单、加盖印章到俱乐部办理，交一张免冠照片。

3. 每个游泳证收费伍元。

4. 凭证入池游泳，主动示证，遵守纪律，听从管理人员指挥。不得将此证转让他人使用，违者没收作废。

5. 家属游泳一律凭家属证，临时另购买票，在规定的开放时间内入池。

××办公室

××××年×月×日

××县人民政府关于召开经济工作会议的通知

各镇（乡）局（行）厂矿：

为了总结经验，加速振兴我县经济的步伐，县政府决定在本月下旬召开经济工作会议，现将有关情况通知如下：

1. 参加会议人员为各单位主管经济的主要负责人。

2. 参加会议人员应认真准备有关经济情况及今后的工作打算的材料，以便在会议上汇报或交流。

3. 参会人员应带齐日常生活用品及伙食费，并于15日5时到县政府报到。

4. 会议结束后，将布置今年下半年的工作安排，请及时转达。

以上通知，希遵照执行。

××县人民政府办公室
2015 年 1 月 4 日

二、试据下述材料写一篇通知。

××市环境脏、乱、差现象较为突出，为解决这一问题，市爱卫会向有关单位下发一通知。

2.10　通报写作

2.10.1　通报的相关知识

1. 通报的含义

通报适用于表彰先进、批评错误、传达重要精神和告知重要情况。

2. 通报的特点

① 内容的真实性。真实是通报的生命。通报的任何情况、事实都必须是真实的，不能有差错，更不能编造假情况。因此，写通报，对正反两方面的事实都要认真核实，做到准确无误，没有水分。例如，对先进事迹的通报表扬，要实事求是地反映，不要拔高，更不能借贬低群众来抬高先进人物。

② 目的的晓谕性。表彰先进的通报，对被表彰单位是一种鼓舞、激励；对其他单位是一种教育，引导其找差距，学先进；对后进单位是一种鞭策，激励他们学习先进，迎头赶上。批评性通报的目的则是让人们知道错误，认识错误，吸取教训，改正错误，引以为戒。交流情况的通报，是让人们了解通报的事项。

3. 通报的种类

根据通报的作用和应用范围，可将通报分为三类。

① 表彰通报。用于在一定范围内表扬好人好事。

② 批评通报。用于在一定范围内批评错误，纠正不良倾向。批评通报和表彰通报，都是下行文，制发单位没有级别限制。

③ 情况通报。多用于向有关方面知照应该掌握和了解的信息、动态，以供工作参考。情况通报多做下行文，也兼做平行文。

2.10.2　通报的写作模板与格式解析

1. 标题

通报的标题通常由发文机关、事由和文种三个要素构成，有时可省略发文机关和事由，只写"通报"二字。但比较重要的通报则不能省略。

通报的签署和时间也可以在标题下方，这样则不再落款；通报也可以有抬头、落款，时间则写在发文机关下面。

2. 正文

① 表彰通报正文的一般写法。叙述先进事迹，包括时间、地点、人物、事迹、怎么做、结果。对上述事件进行分析、评议，指出其典型意义，或概括其主要经验。语言要简明概括。提出表彰或发出号召。

如果是转发式的表彰通报，正文部分先对下级机关所发的这个材料进行评价，加上批语，即对被表彰者进行评议等，再发出号召或提出要求。

② 批评通报正文的一般写法。通报缘由，即将事故或错误事实的经过情况、时间、地点、事故、后果等交代清楚。对事故进行分析评议，重点分析事故发生的原因，指出事故的性质及其危害，并提出处分决定。写明防止此类事故的措施，要对症下药，提出告诫，或重申某一方面的纪律。

③ 情况通报正文的一般写法。情况通报的正文，关键在于对情况的掌握要确实、全面、充分。内容包括：叙述情况；分析情况，阐明意义；提出指导性意见。

2.10.3　通报的例文分析

示例 1

××省人民政府关于表彰清理整顿
农村合作基金会工作先进集体和个人的通报

×政发〔2014〕38 号

各市、县（市、区）人民政府，省政府直属各单位：

清理整顿农村合作基金会，是党中央、国务院为整顿金融秩序、防范金融风险作出的一项重要决策。根据国务院的统一部署，自 2013 年下半年以来，我省各级党委、政府高度重视，精心组织，通过清产核资、清收欠款、分类处置、筹资兑付等阶段的工作，已顺利完成了清理整顿农村合作基金会的任务。清理整顿期间，全省社会稳定，群众满意，没有发生影响社会秩序和经济稳定的事件，达到了省委、省政府提出的确保金融秩序和社会政治稳定的目标。

为总结经验，激励先进，进一步推进农村金融事业的发展，省政府决定对在清理整顿农村合作基金会工作中做出优异成绩的××市人民政府等 21 个先进集体和××× 等 159 个先进个人予以通报表彰。希望受表彰的单位和个人再接再厉，在今后的工作中取得更大的成绩，为我省经济发展和社会稳定作出新的贡献。

附件：××省清理整顿农村合作基金会工作先进集体和先进个人名单（略）

××省人民政府

2014 年 6 月 19 日

解 析

　　这是一篇表扬性通报。首先概述通报的背景、依据和事项，然后表明通报目的，概述对先进集体和个人的表彰决定，最后提出希望和要求。全文布局合理，重点突出。

示例 2

国务院办公厅关于××省××市××县
擅自停课组织中小学生参加迎送活动的通报

　　××××年×月×日，××省××市××县举行××高速公路在本县通车仪式，××县主要领导擅自决定，让本县部分中、小学校停课参加通车仪式，近千名中小学生在风雪天等候长达两小时，致使部分中小学生生病，学生家长和群众极为愤慨，致信中央要求坚决制止此类现象。

　　中小学校依照国家规定建立有严格的教育教学秩序，这是教育教学质量的保证，任何单位和个人都不能随意破坏。现在一些地方的个别领导利用自己的权力，动辄调用中小学生为各种会议、考察、参观、访问甚至营业性典礼搞迎送或礼仪活动，有些地方还因此发生了严重的安全事故，造成极恶劣的社会影响。××县发生的问题，已不只是一般的形式主义，而是官僚主义，严重脱离群众，此类不良风气必须坚决予以制止。各地区、各部门以及各级领导干部，要高度重视这一问题并从中吸取深刻的教训，切实增强群众观念，杜绝此类事件再度发生。

　　中小学生是祖国的未来，他们的学习和活动安排，要有利他们的学习和身心健康。今后各地区、各部门都必须严格执行国家的有关法规和规定，不得擅自停课或随意组织中小学生参加各种迎送或"礼仪"活动，如确有必要组织的，须报经省级教育行政部门批准。

国务院办公厅
××××年×月×日

解 析

　　这是一篇批评性通报。先叙写事实，再分析原因，然后提出要求和改进措施。篇幅虽短，但事实叙写清楚，原因分析准确，要求和措施具体明确。

示例 3

关于全国大型公共建筑质量安全检查情况的通报
建质〔2004〕189号

各省、自治区建设厅，直辖市建委：

　　2004年6月，我部印发了《关于加强大型公共建筑质量安全管理的通知》（建办质〔2004〕35号）。各地建设行政主管部门高度重视，结合本地实际，积极落实各项措施，对大型公共建筑开展了质量安全专项检查。现将全国大型公共建筑质量安全专项检查情况通报如下：

一、基本情况

全国 30 个省、自治区、直辖市开展了专项检查工作。据各省、自治区建设厅和直辖市建委的统计，共检查在建和已竣工的体育场馆、机场航站楼、大型剧院、会展中心等大型公共建筑 2367 项。从检查的情况看，在建和近几年竣工的大型公共建筑绝大多数符合国家法律法规和基本建设程序。工程参建单位资质等级符合规定要求，企业质量安全意识较强；工程按规定实施招标投标，办理了质量监督手续和施工许可手续；工程勘察、设计、施工单位能够认真履行职责，依照有关法律法规、工程建设强制性标准进行勘察、设计和施工，工程设计方案和专项施工方案经过了专家审查；工程均实行了建筑材料现场见证取样送检制度、隐蔽工程检查制度、分项分部工程验收制度、工程竣工验收备案和安全责任制度。工程质量安全整体情况良好，主体结构质量处于受控状态，使用功能得到保证。但检查也发现，部分工程质量通病仍然存在，个别工程存在一定的质量安全隐患。此次检查共查出存在或可能存在质量安全隐患的工程 30 项，占所查工程的 1.2％。少量工程存在没有领取施工许可证就施工、未按规定要求进行审查备案、未经验收就投入使用等违反基本建设程序的现象。

检察工作开展比较好的地区有北京、天津、重庆、上海、山东、江西、浙江、湖南、贵州、陕西、甘肃等省（市）。其主要特点是，领导重视、部署周密、检查严格、措施到位。山东省的公共建筑质量安全检查坚持企业自查、地市主管部门组织抽查、省主管部门组织巡查的方式，并突出近几年应用较多的轻钢结构作为检查的重点；通过检查进一步促进了工程建设单位、勘察、设计、施工、监理等各参建单位对工程质量和安全的进一步重视，建设单位制定了自查方案，做到了对每个单位工程逐一进行自查，对重点隐患、难点部位进行复核和查验；对查出的问题逐项登记，填写相关表格，写出详细的自查报告，自查工作坚持边查边改的原则，对发现的问题做到立即整改。山东省此次检查共下发整改通知书 84 份。福建省制订了"属地管理"和"谁监管，谁检查"的原则，全省各地市建设局都成立了以分管领导为组长的检查领导小组，明确检查目标，统一检查方案，规定检查纪律。湖南省建设厅组成了以建管、设计、科技等职能处室和省质量安全监督管理总站组成的质量安全巡察组。各市州也成立了由相关部门组成的检查组，紧密围绕履行基本建设程序、执行工程设计有关规定、施工质量安全控制等方面进行重点检查。北京市为确保北京奥运场馆建设质量，市建委发出了《关于加强奥运场馆建设工程质量监督管理的通知》和《关于进一步加强奥运场馆建设工程质量安全管理的通知》，加强了奥运场馆等重大工程建设项目的管理。

二、检查情况

（一）基本建设程序执行情况

绝大部分工程都做到了依法进行招标，办理相关的报建手续，取得了施工许可证，工程的勘察、设计、监理、施工单位具有相应的资质，参建单位没有出现越级承包、转包、挂靠和违法分包行为，按规定履行合同约定义务并承担了相应的质量安全责任。但也存在少数建设单位未能及时办理施工许可证、质量安全监督手续，以及未办理消防验收或竣工验收备案手续就投入使用的问题。天津、山东、福建、江西、陕西等地区在检查中都发现存在类似问题。

（二）工程设计审查情况

在工程设计方案比选和评审上，绝大多数单位都严格遵循科学评审和优化的原则，特别是对异型结构、大跨度及大跨悬挑结构等结构复杂的工程设计，均组织专家进行论证，对较特殊的大跨度空间桥架和大跨度悬挑雨篷，均采用先进的计算软件，对构件的内力、变位和稳定性进行计算分析，并进行设计方案审查。如湖南省国际会展中心项目就多次组织国内知名专家对方案和相关设计文件进行审定，确保方案合理、技术可靠。但个别工程的施工图设计存在未按规定进行审查和重大设计变更未经原施工图审查单位批准即用于施工的情况。河北省秦皇岛体育场看台上部膜结构遮阳棚，设计单位没有提供计算书，无法进行施工图的审查。

（三）施工质量控制情况

在受检工程中，绝大部分施工单位普遍建立健全了质量保证体系，有较完善的责任制，工程监理单位认真履行质量职责，配备具有相应资格的监理人员和必要的试验检测器材，按照规定进行旁站监理和巡查，对隐蔽工程和其他关键部位严格把好验收签字关。施工单位对深基础支护、地下空间施工、大体积混凝土浇筑、大型构件安装等特殊工序都做出了施工技术和安全保障措施方案，施工各环节做到了组织周密，控制得当。如：上海七建施工的中国浦东干部学院工程，做到坚持标准，样板先行，规范操作，以细部构造为亮点，以点带面，形成全面质量控制；分包管理有章法，建立日查周巡制度，并实行重大危险源告示制度。西安咸阳国际机场航站楼工程指挥部逐级签订了质量安全责任书，明确了管理责任，在指挥部内部建立了质量责任制，有效地确保了工程质量安全。

（四）检查中发现的主要问题

检查反映出各地在对大型公共建筑的监管上存在一定差距，工程实体质量安全状况仍然存在一些不足和隐患，突出表现为：一是政府监管存在执法不严的现象，有的工程违反了法定建设程序，工程未办理施工许可就开工，施工图未经审查即用于施工，工程未经过验收就投入使用，未办理竣工验收备案手续等问题，得不到及时、有效的纠正。如：甘肃省嘉峪关市体育场、嘉峪关市科技馆工程现已完成主体结构建设，酒泉钢铁集团体育馆主体结构部分施工，但其设计文件均没有取得施工图审查批准书，嘉峪关市建设局违规签发了建设工程施工许可证。二是部分企业内部管理薄弱。有的建设单位项目管理力量薄弱，责任制落实不力，难以有效组织协调勘察、设计、施工、监理单位履行合同。部分监理企业人员业务素质差，不能及时发现并纠正质量安全问题，对重要构配件的进场检验和见证取样送检、特殊工种技术方案的审查与审核、新技术与新工艺的采用等缺乏有效的监控。三是个别工程存在一定的质量安全隐患。如长沙市的中国现代农业博览会中心工程，投入使用三年，检查中发现屋顶网架结构部分杆件存在弯曲、支座偏位、支座支撑不符合要求、连接高强螺栓未到位等安全隐患。西安商贸展销大厦由于施工工期较紧（10个月），施工组织不当，造成室外休息平台周边出现较为严重的沉降，部分花岗岩地面出现裂缝及断裂现象，室内地面也存在严重开裂现象；钢结构斜拉索未进行二次张拉，造成大厅支柱因受力不均匀产生沉降等。

三、下一步工作意见

（一）各级建设主管部门要继续督促有关单位对检查中发现的问题进行整改，特别是对存在质量安全隐患的工程要逐项落实整改措施，彻底消除质量安全隐患，并于今年年底前将整改情况报我部工程质量安全监督与行业发展司。

（二）要继续按照《关于加强大型公共建筑质量安全管理的通知》（建办质〔2004〕35号）的要求，严格遵守基本建设程序，严格执行工程建设强制性标准，严格执行新技术、新材料使用的审查规定，采取有效措施，防范大型工程技术风险。

（三）在大型公共建筑的建设中要贯彻安全、适用、经济、美观的建设指导方针，遵循民主决策、科学决策的原则，建立健全专家审查、论证等制度，充分发挥各类专家和技术人员的作用。

（四）各级建设主管部门要加强对大型公共建筑的监管，尤其要解决好对开发区各类建设项目的管理问题，确保监督管理工作到位。

（五）不断探索采用工程保险、工程担保等经济手段防范风险的机制，逐步在大型工程建设中推行设计职业责任保险、工程质量保证保险、职工意外伤害保险以及履约担保、保修担保等，构筑起比较完整的工程风险防范体系，确保新时期我国大型公共建筑的质量安全。

附件：2004 年大型公共建筑质量安全检查情况汇总表

中华人民共和国建设部

2004 年 11 月 4 日

解　析

这是一份情况通报。由于涉及面较广，内容较多，所以采用条款式写法，分别从基本情况、检查情况和下一步工作意见三个方面展开。其中基本情况和检查情况陈述客观、事例典型，下一步工作意见明确具体、切实可行，是一篇较好的情况通报。

任务练习

一、根据下面给定材料拟定文书。

昨天中午，东方乐园前开来了一辆编号为××的空调大客车。乘客上车后，乘务员宣布每位票款 2 元。乘客说："平常只收 1 元，为何？"乘务员说："不坐可以下车！"于是十几位乘客下了车。其他乘客见天阴快要下雨了，只好忍气吞声买了票。奇怪的是，乘务员一律只收款不给车票。车到市内，一些乘客没要车票便接连下车走了，有些乘客则非要车票不可，乘务员才给了每人一张 1 元的车票。票上印着"××市××客车有限公司机动车票"字样。

××市××客车有限公司今天作出决定：对敲竹杠的司机、乘务员罚款 200 元，停职检查一星期，并在全公司通报批评。

二、以学校的名义，针对发生在同学中间的好人好事，拟写一则表扬性通报。

2.11 报告写作

2.11.1 报告的相关知识

1. 报告的含义

报告是党政机关广泛采用的重要上行文。《党政机关公文处理工作条例》对报告适用范围的表述是：报告适用于向上级机关汇报工作、反映情况，回复上级机关的询问。

作为党政机关公文的报告，和一些专业部门从事业务工作时所使用的、标题中也带有"报告"二字的行业文书，如"审计报告""评估报告""立案报告""调查报告"等，不是相同的概念。这些文书不属于公文的范畴，注意不要混淆。

2. 报告的特点

① 单向性。报告是下级机关向上级机关汇报工作、反映情况、提出建议时使用的单方向上行文，不需要上级机关给予批复。在这方面，报告和请示有较大的不同，请示具有双向性特点，必须有批复与之相对应，报告则是单向性行文，不需要任何相对应的文件。为此要特意提请注意：类似"以上报告当否，请批示"的说法是不妥当的。

② 陈述性。报告在汇报工作、反映情况时，所表达的内容和使用的语言都是陈述性的。本单位遵照上级的指示，做了什么工作、怎样做这些工作、取得了哪些成绩、还存在哪些不足，必然要一一向上级陈述。反映情况时，也要把时间、地点、人物、事件、原因、结果叙述清楚，向上级机关提供准确的现实性信息。

③ 事后性。在机关企事业工作中，有"事前请示，事后报告"的说法。多数报告，都是在开展了一段时间的工作之后，或是在某种情况发生之后向上级作出的汇报。

3. 报告的种类

（1）工作报告

凡是用来向上级汇报工作的报告，都是工作报告。工作报告又可分为综合工作报告和专题工作报告两种。

综合工作报告涉及面宽，涉及主要工作范围的方方面面，可有主次区分，但不能有大的遗漏。大到国务院提供给人民代表大会的政府工作报告，小到某单位向上级提供的年度、季度、月份工作报告，都属于这种类型。

专题工作报告的涉及面窄，只针对某一方面的工作或者某一项具体工作进行汇报，如《党的机关关于"三讲"工作的报告》《行政机关关于技术革新工作的报告》《企事业单位关于消防安全检查工作报告》等。

（2）情况报告

如果本单位出现了正常工作秩序之外的情况，譬如发生了事故、出现了意想不到的问题等，对工作产生了一定程度的影响，应该将有关情况及时向上级原原本本地进行汇报。

即使对工作没有太大影响，一些有倾向性的新动态、新风气，以及最近出现的新事物等等，必要时也要向上级报告。

凡此种种，都属于"情况报告"。作为下级机关，有责任做到"下情上达"，保证上级机关耳聪目明，对下面的情况始终了如指掌，这就是情况报告的意义。如果隐情不报，则是一种失职的表现。

（3）答复报告

答复上级机关询问的报告，称为答复报告。这种报告内容针对性最强，上级询问什么，就答复什么，不能答非所问。对待上级机关的询问，一定要慎重，如果不了解真情，要经过深入的调查研究后再作答复。

（4）报送报告

这是向上级报送文件、物件时使用的报告，正文通常非常简略，只需写明"现将××报上，请指正（请查收）"即可。真正有意义的内容都在所报送的文件里。

2.11.2 报告的写作模板与格式解析

1. 报告的标题

报告的标题，有两种写法，一是"发文机关＋主要内容＋文种"的写法，如"中共中央纪律检查委员会关于清理党政干部违纪违法建私房和用公款超标准装修住房的报告"；二是"主要内容＋文种"的写法，如"关于进一步加强我市公共场所防火工作的报告"。

2. 报告的主送机关

党政机关的报告，主送机关尽量要少，一般只送一个上级机关即可。如果受双重领导，只报送其中一个上级机关显然不妥，因此，有时主送机关可以不止一个。报告应报送自己的直接上级机关，一般情况下不要越级行文。

作为党政机关公文的报告，要按《党政机关公文处理工作条例》第十五条的规定执行："原则上主送一个上级机关，根据需要同时抄送相关上级机关和同级机关，不抄送下级机关。"

3. 报告的正文

（1）报告导语

导语指报告的开头部分，它起着引导全文的作用，所以称为导语。不同类型的报告，其导语的写法也有较大不同。概括起来，报告的导语有以下几种类型。

① 背景式导语，就是交代报告产生的现实背景。例如："前不久，中央纪委召开了部分省市清理党员干部违纪建私房座谈会，总结交流了各地清理工作的情况和经验，并就清房中遇到的一些政策性问题，进行了讨论，根据各地的做法和座谈会中提出的问题，中央纪委常委研究提出以下建议。"

② 根据式导语，就是交代报告产生的根据。例如："根据省委、省政府领导同志的指示，我厅于去冬派人到涪陵市和渠县，与市、县的同志一道，对城镇贫困户的情况作了相关调查。涪陵市委、市政府和渠县县委、县政府对此十分重视，在调查研究的基础上，立即采取措施，着手解决这一问题。现将两地城镇贫困户的情况及采取的措施报告如下。"

③ 叙事式导语。在开头简略叙述一个事件的概况，一般用于反映情况的报告。例如：

"××××年2月20日上午9时40分，我省××市百货大楼发生重大火灾事故，市消防队出动15辆消防车，经4个小时的扑救，大火才被扑灭。这起火灾除消防队员和群众奋力抢救出部分商品外，百货大楼三层楼房一幢及余下商品全部烧毁。时值开门营业不久，顾客不多，加之疏散及时，幸未造成人员伤亡。但此次火灾已造成直接经济损失792万余元。"

④ 目的式导语。将发文目的明确阐述出来作为导语。例如："为认真贯彻落实《国务院批转林业部关于进一步加强森林防火工作报告的通知》（国发〔××××〕××号），切实做好我市防火工作，保护和发展森林资源，更好地为改革开放和经济建设服务，结合我市实际情况，就进一步加强森林防火工作提出以下几点意见。"

报告导语的写法不止以上四种，运用时可以举一反三，融会贯通，灵活处理。

（2）报告主体

报告的主体也有多种写法，下面择要介绍两种常见形态。

① 总结式写法。这种写法主要用于工作报告。主体部分的内容包括成绩、做法、经验、存在的不足以及今后工作意见等，在叙述基本情况的同时，进行分析、归纳，找出规律性认识，类似于工作总结。

总结式写法最需要注意的是结构的设计安排。按照总结出来的几条规律性认识来组织材料、安排层次，是最常用的结构方式。

② "情况—原因—教训—措施"四步写法。这种结构多用于情况报告。即先将情况叙述清楚，然后分析情况产生的原因，接着总结经验教训，最后提出下一步的行动措施。例如《××省商务厅关于××市百货大楼重大火灾事故的报告》，采用的就是这样的写法。

（3）报告结语

报告的结语比较简单，可以重申意义、展望未来，也可以采用模式化的套语收结全文。模式化的写法大致是："特此报告""以上报告，请审阅""以上报告如无不妥，请批转执行"等。

2.11.3 报告的例文分析

📚 示例1

教育部关于实行《高等教育自学考试试行办法》的报告

国务院：

为了调动广大群众的学习积极性，通过多种途径发展高等教育，加速培养和选拔专门人才，更好地适应我国社会主义现代化建设事业发展的需要，我们制定了《高等教育自学考试试行办法》。这个办法征求了国务院有关部门意见，同时还在我部召开的部分省、市、自治区教育部门、部分高等学校负责人座谈会上进行了讨论。

高等教育自学考试在我国是一项新的工作，政策性很强，工作繁重复杂，涉及劳动计划、工资待遇、干部管理等诸多方面，要认真做好这项工作。

（一）各级政府应当十分重视这项工作，省、市、自治区要由一位负责同志亲自抓，并组织有关部门成立高等教育自学考试委员会，分配精干的专职干部进行日常工作。

（二）要充分发挥普通高等学校的作用。普通高等学校要积极协助高等教育自学考试委员会做好自学考试工作。

（三）各省、市、自治区高等教育自学考试要根据本地区对各种专业人才的需要确定考试专业，以便对考试合格的在职人员调整适应工作，对待业人员择优录用。

（四）考生经过高等教育自学考试合格，取得毕业证书后的工资待遇，涉及整个业余高等学校毕业生的工资待遇问题，经与国家人事局、国家劳动总局协商，拟从 1979 年开始，凡经省、市、自治区人民政府和国务院各部委批准，并报教育部备案的高等学校举办的函授、夜大学、企事业单位、地区所举办的业余大学毕业生，其工资待遇，可按《高等教育自学考试试行办法》第四项规定执行。

（五）考虑到目前高等教育自学考试工作还没有经验，建议先在北京、天津、上海等少数地方试点，待取得经验后，再逐步推广。

以上报告如无不当，请批转各地遵照执行。

附件：《高等教育自学考试试行办法》

教育部

××××年×月×日

解　析

这是一份呈转性报告。首先说明制定《高等教育自学考试试行办法》的原因，强调高等教育自学考试的重要性，并提出五项具体措施，最后以惯用语结束全文。

示例 2

××市人民政府关于议案办理情况的报告

市人大常委会：

市×届人大×次至×次会议期间，经大会审议通过，交市人民政府研究办理的议案共 125 件。其中关于城市规划和市政、公用设施建设、治理环境污染、整治市容卫生等 54 件；教育、科技、文化、卫生、体育等 36 件；工业、农业、财贸、物价等 11 件；政治、经济体制改革和加强法制建设等 9 件；其他 15 件。这些议案体现了人民群众对深化改革、加快我市物质文明和精神文明建设的愿望，体现了人民代表参政议政，关心支持市政府工作，对人民高度负责的精神。市人民政府历来认为，认真办理议案，是尊重人民当家作主的民主权利、接受人民监督、改进政府工作、加快和深化改革的大事，有利于决策民主化、科学化，克服官僚主义，提高工作效率。为此，把办理议案工作列入了重要的议事日程。议案确定以后，市政府常务会议专题研究，作出决定；办理过程中，市政府负责同志出面检查，协调、解决办理中的问题；议案办理完毕，市政府办公厅又邀请人民代表、各有关方面的领导同志到现场视察。在办理议案的过程中，逐步形成了交办、办理、催办、结案、归档等程序，使办理议案的工作制度化、规范化。

为了办好议案，坚持了以下做法：

一、领导带头，层层动手。每年人民代表大会闭幕后，市人民政府及时召开会议，政府主要领导同志亲自到会强调办理议案的重要性，提出办理要求。还确定一位副市长和一位副秘书长负责分管，各区县人民政府、各委、办、局也由一名领导同志分管，并配有专（兼）职干部负责督办。

二、根据议案的内容和要求，归口办理，分级负责。按业务性质和隶属关系，建立责任制，把办理议案落实到部门和责任人。

三、主动配合、及时协调。由于议案的综合性强，涉及面广，市人民政府对疑难问题及时协调，解决矛盾，加快了办理进度。

四、同代表对话，协商办议案。各承办单位在办理议案时，采取不同形式同代表对话，汇报情况，听取意见。既沟通了代表和政府各部门间的联系，也促进了议案的办理落实。

五、举一反三，改进工作。各承办单位根据市政府领导同志的要求，把办理议案同改进领导作风、克服官僚主义，同推动本部门业务工作结合起来，对那些带有普遍性的问题通盘考虑，并制定相应的政策、规定，使之得到妥善解决，促进了部门的工作。

经过 5 年来的工作，市人代会的 125 件议案中，除因条件限制待继续解决的 7 件外，118 件已经解决或基本解决。

具体办理情况（略）。

5 年来，办理议案的工作虽取得了一定效果，但与市人大代表和人民群众的要求还有较大差距，还存在不少问题。如有的部门对办理议案的重要性认识不够，工作不够扎实，催办不够有力；有的议案尚未完全落实，已经落实的议案也有不尽如人意的地方。市人民政府将在新的一届人代会期间进一步提高认识，总结经验，本着对人民负责的态度，认真办好议案，为实现我市第七次党代会提出、本次人代会决定的各项任务而努力工作。

××市人民政府

20××年×月×日

解　析

这是一篇汇报议案、办理情况的呈报性报告。主题集中，结构完整，条理清楚。陈述工作情况实事求是，详尽具体。首先围绕"议案办理情况"这个主题，说明议案的来源、对办理议案的认识以及办理议案的总过程；接着写办理议案的 5 条具体做法、报告办理议案的最终结果；最后找出存在的不足，提出今后的打算。

任务练习

一、根据以下消息，以物业分公司的名义向物业总公司写一份反映情况的报告。

保安找人殴打业主被捕

2022 年 3 月 16 日下午 6 时许，南岸区城市花园内，业主余先生被 5 名手持钢管、砍刀的男子暴打。当年 5 月，小区保安主管彭某、保安杨某及沈某被请到公安局。杨某交代，他们因看不惯余先生辱骂保安的行为，才找人教训余先生，并供出幕后主使人是物业公司保安主管彭某。之后，3 名嫌疑人均以涉嫌故意伤害罪被依法批捕。目前，业主余先生提出物业公司赔礼道歉、相关责任人赔偿 8.5 万元的要求。

二、对学校实行素质教育的情况进行调查研究，向有关部门写一篇呈报性报告。

三、认真进行调查研究，就目前学生管理方面的问题，提出合理化建议，向省（市）教育厅（教委）写一篇呈转性报告，发文单位、时间可虚拟。

2.12　请示写作

2.12.1　请示的相关知识

1. 请示的含义

《党政机关公文处理工作条例》规定："请示适用于向上级机关请求指示、批准。"

2. 请示的特点

① 呈请性。请示是向上级机关请求指示和批准的公文，行文内容具有请求性。而报告是向上级机关汇报工作、反映情况、答复上级机关的询问或者要求的公文，具有陈述性。

② 求复性。请示的行文目的是请求上级批准，解决某个具体问题，要求作出明确答复。而报告的目的则在于使上级掌握某方面或阶段的情况，不要求批复。

③ 超前性。请示行文时机具有超前性，必须在事前行文，等上级机关作出答复之后才能付诸实施。而报告则可在事后行文，也可在工作进行过程中行文，一般不在事前行文。

④ 单一性。请示事项具有单一性，要求一文一事。而报告可以一文一事，也可以一文数事。

3. 请示的种类

请示主要是根据行文的目的和内容的不同来进行分类。通常可分为两种。

（1）事项性请示

这种请示是下级机关请求上级机关审核批准某项工作或者开展某项工作的请示，属于请求批准性的请示。这种请示多用于机构设置、审定编制、人事任免、重要决定、重大决策、大型项目安排等事项。这些事项按规定本级机关无权决定，必须请示上级机关批准。

下级机关在工作中遇到人力、物力、财力等方面难以解决的事项，请求上级机关给予帮助、支持的请示，也是事项性请示。

（2）政策性请示

下级机关在工作中对某一方针、政策、法规、指示等不明确、不理解，请求上级指示；遇到新问题和新情况，依据原先规定难以处理，需要上级机关指导、解释或解决；平行机关间对某一工作发生意见分歧无法统一，需要向同一上级机关请示作出裁决等，所用的请示属于请求上级指示的政策性请示，行文时，往往需要提出解决的意见，请求上级机关给予明确的解释和指示。

2.12.2 请示的写作模板与格式解析

请示的写法及构式，在党政机关公文中应该说是比较规范的。请示的内容包括标题、主送机关、正文和落款署名，结构完整规范，此处着重叙述标题和正文。

1. 标题

请示标题一般要写明"发文机关＋事由＋文种"，发文机关一般可以省略。写标题要注意，不能将"请示"写成"报告"或"请示报告"，缘由中也不要重复出现"申请""请求"之类的词语。

2. 正文

请示的正文都要包括缘由、事项和结语三部分。

① 缘由。请示的缘由是请示事项和要求的理由及依据。要先把缘由讲清楚，然后再写请示的事项和要求，这才能顺理成章。缘由很重要，关系到事项是否成立、是否可行，也关系到上级机关审批请示的态度。因此，缘由常常十分完备，依据、情况、意义、作用等都要写上。

② 事项。包括办法、措施、主张、看法等。请示的事项，要符合法规，符合实际，具有可行性。因此，事项要写得具体、明白。如果请示的事项内容比较复杂，要分清主次，一条一条地写出来，条理要清楚，重点要突出。如果请示的事项简单，则往往和结语合为一句话，如"特申请……，请审批"。

请示事项应该避免不明确、不具体的情况和把缘由、事项混在一起的情况。否则，不得要领，不知要解决什么问题。

③ 结语。请示的结语有"以上请示，请批复""以上请示如无不妥，请批准"等。结语是请示必不可少的一项内容，不能遗漏，更不能含糊其词。

2.12.3 请示的例文分析

示　例

×××化工厂关于贯彻按劳分配政策两个具体问题的请示

省劳动厅：

按劳分配，是社会主义分配的基本原则，也是社会主义优越性之一。几年来，我厂由于认真贯彻了按劳分配政策，极大地激发了广大职工的社会主义劳动积极性，使得生产率成倍地增长，乃至几倍地增长。

为全面贯彻按劳分配原则，进一步调动职工的劳动积极性，现就两项劳资政策问题请示如下：

一、拟用××××年全厂超额利润的10％为全厂职工晋升工资。其中，××××年×月×日在册职工每人晋升一级，凡班（组）长和车间先进生产（工作）者及其以上领导和先进人物再依次晋升一级；全厂技术突击组成员每人浮动一级工资，组长每人浮动两级工资。

二、拟用××××年全厂超额利润的 10％一次性为全厂职工每人增发奖金平均 100 元，具体金额按劳动出勤率和完成定额计算。

以上请示，妥否，请批示。

××××化工厂

××××年×月×日

解　析

"拟用"用得好，工厂"拟用"这笔资金给职工晋升工资和发奖金，先行请示，这是请示的关键一环，执行得好。注意政策的请示，政策问题是个原则性问题，凡把握不准时，都应及时请示，以便更好地开展工作。

任务练习

一、根据下述材料，拟写一份请示，资料不足可自行补充。

1.××省外资局拟于 2022 年 11 月 10 日派局长××等 5 人到美国纽约市××设备公司检验引进设备。此事需向省政府请示。该局曾与对方签订引进设备的合同，最近对方又来电邀请前去考察。在美考察时间需 20 天，所需外汇由该局自行解决。

2.××商贸学校经过几年的发展已升格为××商贸职业技术学院，在校生人数已超过一万三千人，但是学校的一些必要的教学设施却一时不能适应其发展规模的需要，特别是缺乏一座独立的图书馆，这既影响了学生的学习，也制约了学校的发展。为解决这一问题，学校决定建造一座面积 4000 平方米的图书馆。请以××商贸职业技术学院的名义拟定一份请示。

二、分析下列请示的错误并进行修改。

关于××××公司 4C（D）造船用钢板

参加××××年冶金部钢铁优质产品评选的请示

冶金部钢铁司：

根据冶金部〔××冶钢字 102 号〕文件《关于评选××××年钢铁优质产品的通知》要求，现将××××公司××××年冶金部钢铁优质产品 4C（D）造船用钢板的申请表报上，请审批。

××××公司

××××年七月十日

关于要求解决学生宿舍拥挤等问题的请示

市人民政府、市教育局：

我校今年由于住宿生急剧增加，已有的学生宿舍已无法容纳，现在住宿生基本上是一个床位两个人睡，严重影响学生的身心健康。为解决这一困难，我校决定再建一栋学生宿舍楼。另外，我校图书馆也尚未达到省"两基"标准，望上级部门给予适当支持。

特此请示，请回复。

×× 市二职

2003 年 12 月 15 日

××县税务局重建税务所办公楼的请示报告

××地区地税局、城建局、国土局：

我局所属××镇、××镇、××镇三个税务所，因受灾被洪水冲毁。现决定重建三个税务所办公楼 3 幢，建筑面积 1200 平方米，用作办公室和职工宿舍。共需资金 150 万元，扩征土地 3 亩。

特此报告

2002 年 8 月 29 日

2.13　批复写作

2.13.1　批复的相关知识

1. 批复的含义

批复是上级机关答复下级机关请示事项的公文文种。

2. 批复的特点

① 被动性。批复以下级的请示为前提，回答的问题是请示中的具体事项，先有请示、后有答复，属被动行文。

② 针对性。批复是针对请示而写的。下级机关请示什么事项或问题，批复就指向这一事项或问题，与请示事项无关的内容则不涉及。

③ 集中性。由于下级的请示是一事一请示，内容集中，相应的批复也是一请示一批复，内容也十分集中，不能搞"综合批复"。因此批复的篇幅一般都不长。

④ 鲜明性。批复的态度和观点必须十分明确。对于请求指示的请示，批复要给予明确的指示：对于请求批准的请示，批复同意、批准，或者不同意、不批准。有时，由于情况的复杂性，可以原则同意，但对某些个别环节提出不同的意见和要求，这是允许的，不违背态度明确的原则，但不能观点不明、态度含混。

⑤ 政策性。批复代表着上级机关的权力和意志，特别是关于重要事项或问题的批复，常常具有明显的法规作用。因此，不管是发出指示还是批准事项，都必须有政策依据，不能随意为之。

⑥ 简明性。批复的内容要简明扼要，对请示文件中请示事项只作原则性、结论性的

表态、批示、决定，或提出方向性意见，无须作具体的分析和阐述。

⑦ 及时性。下级机关请示的问题一般都是亟待办理和解决的问题，上级机关应当及时研究和及时批复，否则可能延误工作，造成损失。如果一时难以答复，需要花一定的时间调查研究，或因工作繁忙，一时抽不出时间研究，则应该先去函电，告知请示单位。

3. 批复的种类

批复从内容上可以分为三类。

① 阐释性批复。针对下级机关对有关方针、政策、规定等提出的不甚明白的问题予以阐释或指示。

② 批准性批复。对下级机关请示的其无权自行决定的某个问题或某种事项作出同意与否的答复。

③ 指示性批复。不但同意下级机关的请示，而且就请示事项的落实、执行或就事项重要性、意义讲几点指示性意见，对下级有指示作用。

2.13.2　批复的写作模板与格式解析

批复一般由标题、主送机关、正文、落款四部分构成。

1. 标题

批复的标题与一般公文的标题有所区别。具体写法有以下三种。

① 由批复机关、请示事项（问题）和文种组成。如"最高人民法院关于购销合同履行地的特殊约定问题的批复"中，"购销合同履行地的特殊约定问题"是原请示的事项。

② 由批复机关、原请示题目和文种组成。

③ 由批复机关、请示事项、请示单位名称和文种组成。如"民政部关于同意四川省设立峨眉山市给四川省人民政府的批复"，"同意"是批复机关对请示事项的态度。这是批复与一般公文标题的重要区别，一般公文标题中的事由部分只点明文件指向的中心事件或问题，多数不明确态度和意见。

批复标题的拟写必须做到三要素齐全；发文机关必须用全称或法定的简称；事由必须精练地提出具体事项及批复意见。句式可用"关于……问题的批复""同意……的批复"。

2. 主送机关

批复的主送机关只有一个，即请示的下级机关。

3. 正文

正文一般由引语、主体和结尾三部分组成。

① 引语。引语即批复开始的第一段或第一句话，这是批复的根据。通常要写清楚两方面的问题：一是下级机关请示的问题或文号；二是引述来文所请示的事项。引语的作用，在于表示已经知道下级请示的问题，从而引出答复性的文字。一般情况下，引语只要说明对下级有关请示已经"收到""收悉"即可。但也可以在引述来文的事项之后，表明批复者的态度。如"经研究，同意"或"经研究，答复如下"，成为由引语到主体的过渡语。一般紧接引语写出，也可单独列行。

② 主体。根据党和国家的方针政策、法律法令、规章制度和实际情况，对请示中提出的问题，做出恰当明确的答复。一般有三种情况：一是完全同意的意见。有的批复除了

表明肯定的意见，还提出具体的指示和要求。二是完全不同意的意见。必要时还引用有关法律、政策的规定等，以说明不同意的理由，使下级机关接受，并从中受到教育。三是部分同意和部分不同意的意见。除了对同意部分表示肯定性意见，还要对不同意部分写明否定性意见及理由。必要时对不同意部分提出修正意见或补充意见。

③ 结尾。批复的结尾比较简单。一般只需在正文之下另起行写出"特此批复""此复""特此函复"等习惯语作结。有时也可不用结语，阐明理由或作出指示后即收束全文。

4. 落款

批复机关和成文日期标注在正文之后右下方。

2.13.3　批复的例文分析

示　例

上海市食品药品监督管理局关于明确
《预包装食品营养标签通则》中有关"低糖"释义的批复

浦东新区市场监督管理局：

　　你局《关于明确〈预包装食品营养标签通则〉中有关"低糖"释义的请示》已收悉，经咨询和研究，答复如下：

　　《预包装食品营养标签通则》（GB 28050—2011）问答（修订版）（二十七）关于碳水化合物及其含量中明确"碳水化合物是指糖（单糖和双糖）、寡糖和多糖的总称"。在《预包装食品营养标签通则》附录 C 表 C.1 "能量和营养成分含量声称的要求和条件"中，对声称"低糖"的，要求的条件是"每 100 克食物中碳水化合物（糖）的含量小于等于 5 克"，该表述中的"（糖）"是指单糖和双糖。

　　此复。

上海市食品药品监督管理局
2018 年 1 月 19 日

解　析

　　这是一份指示性批复，标题采用公文标题的通常写法，即由发文机关、事由和文种三要素组成。开头是批准的引语，包括请示的来文单位、标题，然后运用过渡句"答复如下"转入批复内容，令人一目了然。全文针对性强，表述清晰。

任务练习

　　指出下列公文中的错误。

关于若干问题的批复

××乡政府、县计划生育办公室、电影公司：

　　对你乡的多次请示，一并答复如下：

（1）原则批准你乡建立水果生产工贸公司，负责本乡水果的加工、销售工作。

（2）今年你乡要盖礼堂一座，并准备开辟为对外营业的影剧院，有利于活跃农村生活，增加宣传阵地。基本同意你们这一要求。

（3）你乡提出试行《关于违反计划生育规定处罚办法》，最好不执行，因为这个办法违反上级有关文件规定。

特此作答。

××县人民政府

2017 年 7 月 15 日

2.14　议案写作

2.14.1　议案的相关知识

1. 议案的含义

议案是各级人民政府按照法定程序向同级人民代表大会或人民代表大会常务委员会提请审议事项时使用的公文文种。

2. 议案的特点

① 制作主体的特定性。《中华人民共和国全国人民代表大会组织法》和《中华人民共和国地方各级人民代表大会和地方各级人民政府组织法》规定，议案只能由具备议案提出权的机关和人民代表提出。机关主要包括人大机关、检察机关、法院机关以及政府机关，其他机关或部门不能使用。

② 运行程序的法定性。议案必须按照法定程序适时向同级人民代表大会或其常委会提请审议。从议案制作到审议批准，再到最后付诸实施，构成一环扣一环、环环相连的运转流程，而每一环节的运作都必须遵循法定程序，否则就会失去议案的应有效力。

③ 行文对象的单一性。议案不是普发性公文，它只能由法定机关依照法定程序向同级人民代表大会或其常委会提交，而不能向其他任何部门和单位行文。

④ 生效标识的特殊性。议案的生效标识必须有机关第一行政首长的署名，且不加盖机关公章。国务院的议案由国务院总理署名；省政府的议案由省长署名，依此类推，别人不能替代，这是议案与其他公文在形式上的显著区别。

⑤ 送文的时限性。各级人民政府所提请审议的议案必须在同级人民代表大会或其常委会规定的截止日期之前提交，以供大会审议。否则，不能列为议案。

3. 议案的种类

根据议案的作用和内容，议案可分为四类。

① 立法议案。由政府提请同级人民代表大会或其常委会审议的法律、地方性法规。

② 外交议案。由我国政府与别的国家和地区签署有关的国际条约或协定，涉及国家

主权和利益的重大问题，要由国务院写出提请全国人大审议通过的议案。

③ 重大建设项目议案。有的重大建设项目因其建设规模宏大、涉及范围广、所需经费多，要由政府写出议案，提交同级人大审议，经批准后才能施工。

④ 任免议案。国家机关主要领导人、国家驻外机构主要负责人和各级政府主要领导人的任免，由政府写出议案，提交同级人大审议决定。

2.14.2 议案的写作模板与格式解析

1. 要以法律法规为依据

议案的政治性、思想性很强，涉及立法事项及重大方针政策，不能违反国家法律法规。

2. 要切实可行

要深入实际进行调查研究，广泛听取人民群众的意见和要求，在此基础上形成符合实际、切实可行、科学规范的议案，以确保所提议案的正确性、合理性和可行性。

3. 理由要充分

重大建设项目议案要写得明确、完整，理由充足。任免议案的任免依据要写明确。

4. 观点要鲜明

一般只交代所提事宜，而不发表议论，其余的则附加材料详细说明。

5. 语言要精练庄重

要抓住要点，言简意赅，干净利落，表述要清晰、周详、逻辑严密。不能产生歧义，模棱两可。

6. 语气要准确得体

议案提交对象是国家权力机关，属上行文。在语言表达上要准确恰当，字斟句酌，并要切合上行文的语体特点和风格。要着重体现出一种"提请"的姿态，语气要中肯。

2.14.3 议案的例文分析

示 例

××市人民政府关于提请审议
《××市烟花爆竹安全管理规定修正案（草案）》的议案

市人大常委会：

为适应××市经济社会发展，保障市民生命财产安全，充实和完善相关的制度、措施，调整禁放范围，强化安全管理，提升和改善首都环境质量，我们起草了《××市烟花爆竹安全管理规定修正案（草案）》，请予审议。

××市人民政府

××××年×月×日

解　析

　　这是一份立法议案。此类议案是最普通、最具有代表性的法规议案。标题由提请机关、审议事项及文种三个要素构成。主送机关是市人大常委会，正文包括提请审议的缘由、事项和结语。先用"为……"的句式简明扼要交代提请审议事项的目的和意义，然后陈述要求审议的事项，最后明确提请审议的要求。这份议案完整地载明了相应的要素内容，格式规范，层次清晰。

任务练习

　　××省政府拟向省人大常委会提请审议《××省电子通信条例（草案）》这一立法文件，请拟写一份议案。

2.15　纪要写作

2.15.1　纪要的相关知识

1. 纪要的含义

　　纪要是用于传达会议议定事项和重要精神，并要求有关单位共同遵守、执行的一种纪实性公文。《党政机关公文处理工作条例》规定：纪要适用于记载会议主要情况和议定事项。纪要根据会议记录和会议文件及其有关材料加工整理而成，反映会议基本情况和精神，其主要作用是通报会议精神，统一认识，指导工作。

2. 纪要的特点

　　① 内容的纪实性。纪要如实地反映会议内容，它不能离开会议实际进行再创作，不能进行人为的拔高、深化和填平补齐。否则，就会失去其内容的客观真实性，违反纪实的要求。

　　② 表达的要点性。会议纪要是依据会议情况综合而成的。撰写纪要应围绕会议主旨及主要成果来整理、提炼和概括。重点应放在介绍会议成果，而不是叙述会议的过程，切忌记流水账。

　　③ 称谓的特殊性。纪要一般采用第三人称写法。由于纪要反映的是与会人员的集体意志和意向，常以"会议"作为表述主体，"会议认为""会议指出""会议决定""会议要求""会议号召"等就是称谓特殊性的表现。

3. 纪要的种类

　　① 例会和办公会议纪要。机关日常定期召开的例会或办公会议，召开一次就写一次会议纪要。

　　② 专业性或专题性大型会议纪要。这种会议一般开会时间较长，人数较多，涉及的问题较广，纪要的内容有一定的深度和广度。

　　③ 工作会议纪要。这是研究讨论具体工作任务的纪要。

2.15.2 纪要的写作模板与格式解析

纪要通常由标题、正文、结尾三部分组成。

1. 标题

纪要的标题有三种形式，一是"会议名称＋纪要"，如"业主委员会会议纪要"。二是"召开会议的机关＋内容＋纪要"，如"××公司关于多种经营工作会议纪要"。三是复式标题，如"一切围绕经济转，一切围绕效益干——安徽沿江四市负责同志座谈会纪要"。

2. 正文

纪要正文一般由两部分组成。

（1）会议概况

主要包括开会的根据（背景）、目的、时间、地点、名称、与会人员（包括主持人、出席人、列席人）、主要议题、基本议程、对会议的总的评价等。具体内容可以根据情况灵活把握。

（2）会议的精神和议定事项

常务会、办公会、日常工作例会的纪要，一般包括会议内容、议定事项，有的还可概述议定事项的意义。工作会议、专业会议和座谈会的纪要，往往还要写出经验、做法和对今后工作的意见、措施和要求。

根据会议性质、规模、议题等不同，这部分大致有以下几种写法。

① 集中概述式。这种写法是把会议的基本情况，讨论研究的主要问题，与会人员的认识，议定的有关事项（包括解决问题的措施、办法和要求等），用概括叙述的方法，进行整体的阐述和说明。这种写法多用于召开小型会议，而且讨论的问题比较集中单一，意见比较统一，容易贯彻操作，写的篇幅相对短小。如果会议的议题较多，可分条列述。

② 分类标项式。召开大中型会议或议题较多的会议，一般要采取分项叙述的办法，即把会议的主要内容分成几个大的问题，然后列上标号或小标题，分项来写。这种写法侧重于横向分析阐述，内容相对全面，问题也说得比较细，常常包括对目的、意义、现状的分析，以及目标、任务、政策措施等的阐述。这种纪要一般用于需要基层全面领会、深入贯彻的会议。

③ 发言提要式。这种写法是把会上具有典型性、代表性的发言加以整理，提炼出内容要点和精神实质，然后按照发言顺序或不同内容，分别加以阐述说明。这种写法能比较如实地反映与会人员的意见。某些根据上级机关布置，需要了解与会人员不同意见的纪要，可采用这种写法。

④ 指挥命令式。这种写法主要用于写会议决定事项，会议情况一笔带过，简练明快，多用于安排部署重要工作的会议。一般这样写："会议决定……""会议同意……""会议通过了……"等。

3. 结尾

有些重要的纪要有结尾部分。这部分主要写对有关单位会后贯彻执行会议精神的希望和号召。讨论性纪要的结尾常常写希望和建议。一般的纪要可以不写这部分。

2.15.3 纪要的例文分析

示 例

××××学院学生思想状况分析座谈会纪要

××××年×月×日下午，主管政治思想教育工作副院长××主持召开了本院学生思想状况分析座谈会，现将座谈会情况纪要如下：

一、××副院长传达了省教育厅领导关于要认真加强学生思想政治工作，注重分析当前学生的思想状况的讲话精神，其后，××副院长对学生思想状况作了分析，认为当前学生的思想状况总体是健康的、向上的，但也存在一些较突出的问题，如……（略）

二、人文系党总支书记×××同志说：当前青年学生思想比较活跃，愿意思考问题，这确是学生的主流，但当前在部分学生中也存在比较严重的拜金主义、重技能轻理论、重实用轻人文的倾向。

三、××班党支部书记在汇报学生思想状况时，指出有些同学在思想上没有处理好学习与兼职的关系，严重影响了学习成绩。

四、经贸系政治辅导员×××同志谈到个别学生存在怕露贫而不愿申请经济困难补助的心理。

出席：各系党总支书记、政治辅导员、班主任、学生会委员

××××学院
××××年×月×日

解 析

这是一份专项会议纪要。开头部分简要介绍了会议召开的主要议题与时间，主体部分就会议进行的有关问题讨论以及作出的相应分析纪要，详略得当，重点突出。采用分条列项式，条理清楚，便于贯彻执行。

任务练习

一、班上近日召开班会，讨论组织全班秋游南山植物园一事。试根据此班会内容，写一篇纪要。

二、修改下面一个会议纪要中的文字，调整顺序，规范体式。

××省军区政治思想工作研讨会纪要
×军发〔2004〕6号

为了抓好全军政治思想工作，省军区政治部于 2004 年×月×日，在南京召开省军区

政治思想研讨会。这次会议还收到有关政治思想工作的研讨论文 52 篇，10 位同志在会上宣读了论文。会后，评选出优秀论文 20 篇，颁发了奖品。会议首先听取了军政治部主任×××同志的报告，并且进行了热烈的讨论发言，交流了思想政治工作的研究成果，总结了政治思想工作的经验，达到了预期的目的。参加这次会议的有军政治部主任×××同志、副主任××同志，一些省市的领导也列席了这次会议。

2.16 函写作

2.16.1 函的相关知识

1. 函的含义

函是不相隶属机关之间商洽工作，询问和答复问题，请求批准和答复审批事项时所使用的公文，是为数不多的平行文种。函的适用范围如下。

① 不相隶属机关之间商洽工作、询问和答复问题。"不相隶属机关"（或无隶属关系）是指非同一组织系统内的任何机关之间，既不是领导与被领导的上下级关系，也不是业务上的指导与被指导关系。也就是说，函的发文与受文机关之间，无论机关大小，级别高低，都不存在职权上的指挥与服从关系，相互行文只能用函。

② 向有关主管部门请求批准事项，以及有关主管部门答复审批事项。"有关主管部门"是指"某一职能部门"，即某项工作的执法或专管部门，由于某方面工作由其专管，任何机关、单位、社会团体若要办理涉及其主管范围内的公务，均需征得该主管部门的同意或支持，就应向其发文请求批准。但由于不是上下级关系，所以只能用函。例如，某镇人民政府向银行申请贷款、向县城建局（部门）报建工程、向县教育局申请社会办学，某大学向所在地供电所要求增加用电量，等等，均应采用请批函行文。

2. 函的特点

① 沟通性。函对不相隶属机关之间商洽工作、询问和答复问题，起着沟通作用，充分显示平行文种的沟通功能。

② 灵活性。其表现在两个方面：一是行文关系灵活。函是平行公文，但是它除了平行行文，还可以向上行文或向下行文，没有其他文种那样严格的特殊行文关系的限制。二是格式灵活，除了国家高级机关的主要函必须按照公文的格式、行文要求行文，其他一般函，比较灵活自便，既可以按照公文的格式及行文要求办理，也可以没有文头版记，不编发文字号，甚至可以不拟标题。

③ 单一性。函的主体内容具备单一性的特点，一份函只宜写一件事。

3. 函的种类

函可以从不同角度分类。

① 按性质分，可分为公函、便函。公函：用于机关单位正式的公务活动往来。便函：用于日常事务性工作的处理。便函不属于正式公文，没有公文格式要求，不用发文字号，

甚至可以不要标题，只需要在尾部署上机关单位名称、成文时间并加盖公章即可。

② 按发文目的分，可分为发函、复函。发函即主动提出事项所发出的函。复函则是为回复对方所发出的函。

③ 按内容和用途分，可分为商洽函、问复函、请准函。此外还有通知事宜函（知照函）、催办事宜函（催办函）、邀请函、报送材料函，等等。

2.16.2　函的写作模板与格式解析

由于函的类别较多，从制作格式到内容表述均有一定灵活机动性。在此主要介绍规范性公函的结构、内容和写法。

公函的基本结构为"标题＋发文字号＋主送机关＋正文＋落款"。

1. 标题

公函的标题一般有四种形式。

①"发文机关名称＋事由＋文种"。如《国务院办公厅关于羊毛产销和质量等问题的函》。

②"事由＋文种"。如《关于上报〈××公司二期改造项目评估报告〉的函》。

③"主送机关＋文种"。如《给××（机关）的函》。

④"发文机关＋事由＋去（复）函机关＋文种"。如《轻工业部、商业部关于报批修改和补充〈洗衣粉包装箱国家标准〉给国家标准局的函》《国家标准局对修改和补充〈洗衣粉包装箱国家标准〉给轻工业部、商业部的复函》。

2. 发文字号

公函要有正规的发文字号，写法与一般公文相同，由机关代字、年号、顺序号组成。大机关的函，可以在发文字号中显示"函"字。

3. 主送机关

主送机关即受文并办理来函事项的机关单位，于文首顶格写明全称或者规范化简称，其后用冒号。

4. 正文

① 开头。主要说明发函的缘由。如果是去函，先概括交代发函的目的、根据、原因或背景等内容，然后用"现将有关问题说明如下"或"现将有关事项函复如下"等过渡语转入下文。复函的缘由部分，一般首先引叙来文的标题、发文字号，然后再交代根据，以说明发文的缘由。

② 主体。这是函的核心内容部分，主要说明致函事项。发函要写清商洽、询问、告知、请准的主要事项；复函则要针对来函内容，作出具体的、明确的答复。要注意答复事项的针对性和明确性。不论去函还是复函主体的内容都要求明确、集中、单一，做到一函一事。行文要直陈其事。

③ 结尾。结尾部分，向对方提出希望或请求，或希望对方给予支持和帮助，或希望对方给予合作，或请求对方提供情况，或请求对方给予批准等。

最后，应根据函询、函告、函请或函复的事项，选择运用不同的结束语。如"特此函商""特此函询""请即复函""特此函告""特此函复""以上如无不妥，请批准"等惯用结语收束。

有的函也可以不用结束语，如属便函，可以像普通信件一样，使用"此致""敬礼"。

5. 落款

一般包括署名和成文时间两项内容。署名为机关单位名称，写明成文年、月、日，并加盖公章。

2.16.3 函的例文分析

📚 **示 例**

××市建设集团公司关于委托
××建筑学院举办管理人员培训班的函

××建筑学院：

为了培养建筑管理高级人才，我集团公司拟委托你院举办一期管理人员培训班，时间1年，人数20人，采取脱产学习的形式。学费按你院有关规定支付。能否接受，请予研究函复。

××市建设集团公司
××××年×月×日

◣ **解 析**

这是一封商洽函。××市建设集团公司委托××建筑学院举办管理人员培训班，就培训时间、人员、形式、费用等事项与××建筑学院进行商洽。语言平和得当，篇幅短小，体现了函写作的灵活性和功能的实用性。

🔗 **任务练习**

一、请根据以下材料拟写一份函。

××建筑公司因业务发展需要，拟从广州大学挑选5名应届毕业生充实管理队伍。请以该公司名义，拟一份致广州大学商洽此事的函。具体内容（如对毕业生的要求、办理办法等）可进行合理想象。

二、2009届酒店管理专业毕业班学生20人准备进行毕业实习，系里希望与位于本市的东方大酒店接洽，安排学生到东方大酒店实习，时间为期两个月（2008年12月15日—2009年2月15日）。请你完成下列写作：

1. 以南方职业学院管理系的名义代为写作一封商洽的函。

2. 以东方大酒店的名义写作一份复函，表示同意接收实习学生，要求在复函中说明下一步接洽的时间与方式等相关事宜。

要求：行文合乎函的写作规范（主文部分各要素要齐全），相关内容可自行补充。

三、分析下列函的错误并进行修改。

××日报社公函

××函（2001）×号

××日报社关于联系青年记者学习事宜的函

××大学：

　　为了提高我社青年记者的业务能力，我们决定从现有记者中抽出十五名青年记者，到贵校中文系新闻进修班脱产进修一年。从 2001 年 8 月 20 日开始，到 2002 年 8 月结束。有关进修费用按上级有关文件规定缴纳。如果同意，希尽快函告我们。

二〇〇一年六月三十日

实战演练

一、单项选择题

（1）例文《××市国家税务局关于印发××的通知》正文是："现将《××市国家税务局××工程考核暂行办法》印发你们，请遵照执行。"由此，可以将该通知归类于（　　）。

A. 指示性通知　　　　　　　　　　B. 发布性通知

C. 批转性通知　　　　　　　　　　D. 事务性通知

（2）例文《××省国家税务局关于开展××××年度税务登记验证和增值税一般纳税人年审工作的通知》开头阐明了制发该通知的目的。正文主体部分逐项布置税务登记验证工作和增值税一般纳税人的年审工作，最后以"以上通知，请遵照执行"作为结束语。这个通知应该归类于（　　）。

A. 批示性通知　　　　　　　　　　B. 指示性通知

C. 知照性通知　　　　　　　　　　D. 事务性通知

（3）某市国税局要将《××市国家税务局金税工程考核办法》印发下去，应采用的文种是（　　）。

A. 批复　　　　　B. 通知　　　　　C. 通报　　　　　D. 通告

（4）在 15 种公文中，使用频率最高的公文是（　　）。

A. 公告　　　　　B. 通知　　　　　C. 报告　　　　　D. 函

（5）《××市国家税务局关于开展 2015 年度税收执法检查的通知》属于（　　）。

A. 指示性通知　　　　　　　　　　B. 事务性通知

C. 知照性通知　　　　　　　　　　D. 批示性通知

（6）写通知要写明制发本通知的原因、依据和目的，也就是为什么要制发本通知。这一段文字属于正文的（　　）。

A. 通知事项　　　　　　　　　　　B. 通知对象

C. 通知结语　　　　　　　　　　　D. 通知导语

（7）通知的语言表达以（　　）为主。

A. 说明　　　　　　B. 叙述　　　　　　C. 描写　　　　　　D. 议论

(8) 适用于批转下级机关公文、转发上级机关和不相隶属机关的公文、传达要求下级机关办理和需要有关单位周知或执行的事项、任免人员等的公文叫(　　)。

A. 通知　　　　　　B. 通告　　　　　　C. 通报　　　　　　D. 报告

(9) 某省国税局要开展年度税务登记验证和一般纳税人年审工作，要将此事告知下属单位，宜用(　　)。

A. 通报　　　　　　B. 通告　　　　　　C. 公告　　　　　　D. 通知

(10) 在请示的行文中，应当(　　)。

A. 只写一个主送机关

B. 同时抄送给下级机关

C. 同时出现两个以上主送机关

D. 直接主送领导人个人

(11) 下列文种中属于被动行文的是(　　)。

A. 请示　　　　　　B. 报告　　　　　　C. 通知　　　　　　D. 批复

(12) 受双重领导的单位，需请求批准事项时，除向有权批准该事项的机关请示外，还应(　　)。

A. 向另一机关抄送　　　　　　　　B. 向另一机关报告

C. 向另一机关通报　　　　　　　　D. 向另一机关通知

(13) 省属××学院向省教育厅请求增拨教育经费，应用(　　)行文。

A. 报告　　　　　　B. 申请　　　　　　C. 请示　　　　　　D. 请示报告

(14) 批复正文的开头首先(　　)。

A. 简述来文要求　　　　　　　　　B. 表明态度

C. 引述来文内容　　　　　　　　　D. 引述来文标题和发文字号

(15) 批复这一文种最突出的特点是(　　)。

A. 说明性　　　　　　B. 可行性　　　　　　C. 针对性　　　　　　D. 政策性

二、多项选择题

(1) 通知正文写作的常见结构形式有(　　)。

A. 归纳式　　　　　　　　　　　　B. 篇段合一式

C. 分条列项式　　　　　　　　　　D. 演绎式

(2) 通报按其内容一般可分为(　　)。

A. 表扬性通报　　　　　　　　　　B. 知照性通报

C. 情况通报　　　　　　　　　　　D. 批评性通报

E. 市级通报

(3) 下列关于通知的主送机关的写作，正确的有(　　)。

A. 一般应写全称或规范化简称

B. 主送机关多时，要注意排列顺序

C. 同级机关用顿号间隔

D. 不同级别的机关用逗号间隔

（4）通报的主体，也就是其主要内容，通常由（ ）构成。

A. 形势   B. 情况   C. 分析   D. 号召

（5）通报的标题一般由（ ）组成。

A. 发文机关名称   B. 事由

C. 文种   D. 发文字号

（6）通知是上级向下级传达、告知事项的一种下行文，使用频率最高。通知的种类很多，按性质和作用分为（ ）。

A. 发布性通知   B. 指示性通知

C. 中央通知   D. 事务性通知

E. 任免性通知

（7）转发性通知可以转发（ ）机关公文。

A. 上级   B. 下级   C. 同级   D. 不相隶属

（8）下列属于商洽函的有（ ）。

A. 商调干部函   B. 洽谈业务函

C. 转办函   D. 催办函

（9）关于复函，下列说法正确的有（ ）。

A. 复函的写作同批复基本一样

B. 复函需要在开头引叙来文，之后给予答复意见

C. 答复意见即针对来函中的具体事项作出回答

D. 复函要在适当的时机给予回复，不能过急

（10）下面关于函的说法，正确的有（ ）。

A. 函的使用对象主要是平级机关或无隶属关系的机关单位之间的相互往来

B. 因行文方和受文方互相不存在领导与被领导的关系，因此函不具有强制性和约束力

C. 函多以商讨形式，并结合双方或多方意见，达成共识，解决问题

D. 函可用于业务主管部门答复或审批有隶属关系机关单位的请求事项

三、判断题

（1）《国务院办公厅关于继续做好房地产市场调控工作的通知》是典型的指示性通知。（ ）

（2）通报和通知一样，一般都属于下行文，但通报有时也可以用于上行文和平行文。（ ）

（3）指示性通知和事项性通知在结构模式上大多采用"发文缘由＋通知事项"的模式。（ ）

（4）通知的语言表达以叙述为主，措辞要准确得体。（ ）

（5）在15种公文中，上行文包括报告、通报、通知、请示、意见、函。（ ）

（6）通报是在一定范围内表彰先进、批评错误、执行重大决定时所使用的公文。（ ）

（7）通报的制发，应尽量把握有效时机，在事情发生后，立即予以通报，否则时过境

迁，就无法起到教育推动作用。（　　　）

（8）通报在使用正规完整的文本时，由于版头中已经标明发文机关名称，因此在落款时就可以省去发文机关名称。（　　　）

（9）通报的作用是鼓励先进，激励群众；交流经验，改善管理；沟通情况，促进工作；处罚错误，杀一儆百；教育后进，弘扬正气。（　　　）

（10）凡收到下级机关来文，上级机关必须用"批复"回复。（　　　）

（11）××公司向××银行贷款，应用请示行文。（　　　）

（12）批复应有针对性地答复下级机关的请示和报告。（　　　）

（13）在任何情况下都不能越级请示。（　　　）

（14）写批复和复函时应先引标题后引发文字号。（　　　）

（15）上级机关在收到请示后可以不用答复。（　　　）

四、写作练习

（1）根据下面这则通讯，代××大学生拟写一份通报，文中人物姓名等可以虚拟。

本报讯（通讯员××记者××）在一名青年女子险被歹徒强暴时，××大学保卫处的王××同志挺身而出，勇擒歹徒。这是记者10月27日从该校了解到的。

10月26日晚7时，家住某小区的22岁女青年××在回家途中，被一高个子男子尾随。男子抢走××财物后，将她劫持到附近一小区内僻静处，欲行不轨。××竭力呼喊救命。家住该小区的××大学保卫处的王××听到喊声后，立即飞快地冲下楼，跟歹徒扭打在一起。对方挣脱后向楼栋里窜去，王××紧追不舍，在5楼将歹徒抓获并将其扭送公安机关。据了解，这名歹徒是刑满释放人员，多次实施抢劫、强奸等犯罪行为。王××见义勇为后并没给受害人留下自己的姓名。××家人经过多方打听才知道救命恩人是谁，然后给校方送去感谢信。××大学对王××的义举给予了通报表扬和奖励。

（2）国家经贸委、外经贸部、海关总署、国家工商行政管理局、国家质量技术监督局有一份《关于严格控制新增棉纺生产能力规定的通知》须经由国务院同意，请你代国务院将此通知转发给全国各省、自治区、直辖市人民政府、国务院各部委、各直属机构。

（3）请按下面所提供的材料写一份通告：2022年5月10—25日在北京网球中心举行第×届网球公开赛。5月14日和26日分别举行开、闭幕式。其间对赵公口桥以南（不含）至石榴园小区路口（不含）实行交通管制。

第 3 章　职场事务文书写作

3.1　计划写作

3.1.1　计划的相关知识

1. 计划的含义

计划是为完成一定时期的工作任务而事先作出筹划和安排的一种事务文书。它是党政机关、企事业单位、社会团体做好行政管理的基础。科学、切实的计划，可以减少工作的盲目性，增强预见性；可以合理安排人力、财力、物力，高效率地完成工作任务。计划是个大的范畴，凡是对未来工作所作的打算安排都可称为计划，如规划、安排、打算、设想、方案、要点、意见等。

2. 计划的特点

（1）预见性

这是计划最明显的特点之一。计划不是对已经形成的事实和状况的描述，而是在行动之前对行动的任务、目标、方法、措施所作出的预见性确认。但这种预想不是盲目的、空想的，而是以上级部门的规定和指示为指导，以本单位的实际条件为基础，以过去的成绩和问题为依据，对今后的发展趋势做出科学预测之后作出的。可以说，预见是否准确，决定了计划写作的成败。

（2）针对性

计划一是根据党和国家的方针政策、上级部门的工作安排和指示精神而定，二是针对本单位的工作任务、主客观条件和相应能力而定。总之，从实际出发制订出来的计划，才是有意义、有价值的计划。

（3）可行性

可行性是和预见性、针对性紧密联系在一起的，预见准确、针对性强的计划，在现实中才真正可行。如果目标定得过高，措施无力实施，这个计划就是空中楼阁；反过来说，目标定得过低，措施方法都没有创见性，实现虽然很容易，但并不能因此取得有价值的成就，那也算不上有可行性。

（4）约束性

计划一经通过、批准或认定，在其所指向的范围内就具有了约束作用，在这一范围内无论是集体还是个人都必须按计划的内容开展工作和活动，不得违背和拖延。

3. 计划的种类

（1）按照不同标准，计划可以分为不同的种类

① 按性质分，可分为综合计划、专题计划等。

② 按内容分，可分为工作计划、生产计划、学习计划、科研计划、教学计划、投资计划、会议计划等。

③ 按时限分，可分为长远计划、近期计划、短期规划、年度计划、季度计划、月度计划等。

④ 按范围分，可分为国际合作计划、国家计划、地区计划、系统计划、单位计划、部门计划、个人计划等。

⑤ 按行政效力分，可分为指令性计划和指导性计划。

⑥ 按表现形式分，可分为条文式计划、表格式计划和条文表格结合式计划。

（2）在实践中，不同的计划因内容上的差异，往往选用不同的名称

① 纲要。纲要指对全局范围内带有远景发展设想的某项工作作出的提纲挈领式的总体计划，一般由级别较高的机关制定，内容比较原则、概括，如带有纲要性质的《中国教育现代化 2035》。

② 规划。规划指时间较长（三年以上）、范围较广、内容比较概括的计划，是对未来整体性、长期性、基本性问题的思考和考量，设计未来整套行动的方案，如《中华人民共和国国民经济和社会发展第十四个五年规划和 2023 年远景目标纲要》。

③ 方案。方案指对要做的某一专项工作，从总体上作出的周密安排，一般有指导思想、主要目标、工作重点、实施步骤、政策措施、具体要求等项目，如"违章行为综合治理方案"。

④ 设想。设想指对某项具体工作作出粗略构想的非正式计划，如《2022 年工作设想》。

⑤ 工作要点。工作要点指在一个时期内的工作指导原则和总体要求、主要的工作任务及应把握的重点，如《2021 年党建工作要点》。

⑥ 安排、打算。安排、打算指对短期内所做工作提出的、内容较具体的计划，如《2022 年全年公休假放假安排》。

3.1.2　计划的写作模板与格式解析

计划一般由标题、正文和落款三部分组成。

1. 标题

计划的标题一般由单位名称、计划内容和文种组成，如"普陀区民防办 2022 年工作计划"。

2. 正文

计划在正文部分要讲清为什么做，做什么，如何做，何时完成。写法上大致分为指导

思想、计划事项和执行希望三个部分。

（1）指导思想（前言）

指导思想是回答"为什么做"的问题，说明制订计划的政策依据和实践依据。大体上包含以下三点：

① 政策依据：党和国家的方针政策、上级文件精神。

② 实践依据：说明实施计划的基础，主要写明前阶段工作计划实施情况，分析未来工作的内、外部条件（有利因素和不利因素）。

③ 提出总的任务和要求，或阐释完成计划指标的意义。

但并非所有计划的前言都需要包含这三方面的内容，而是根据计划事项适当选择。

（2）计划事项（主体）

计划事项是回答如何做以及何时完成的问题。计划事项是指完成任务的项目，是计划的主体部分。其内容大体上包含以下三方面的事项：

① 目标。目标能够回答"做什么"的问题。可以是总体目标，也可以是具体任务和指标。具体说明要达到什么目的，完成什么指标，做好某项工作，开展某项活动。目标应明确而具体，定位要合理而恰当。任务和要求应该具体明确，有的还要定出数量、质量和时间要求。目标过低或过高均不可取。

② 措施。措施是说明完成任务的具体做法，回答"如何做"的问题。具体包括组织分工、进程安排、物质保证、方式方法等。计划的措施要具体，切实可行。应具体说明实施计划的领导机构、负责人员、有关分工和责任、如何协调配合等内容。要对工作进程做出明确的时间规定，阐明在工作进程的每一阶段要达到什么指标，以及实施计划的人力、物力、财力安排，完成任务的具体方式方法，包括政策、措施、制度、具体做法及检查执行情况和修订计划的办法，写得明确具体，切实可行。

③ 步骤。步骤是指执行计划的工作程序和时间安排。每项任务，在完成过程中都有阶段性，而每个阶段又有许多环节，它们之间常常是互相交错的。因此，制订计划必须胸有全局，妥善安排。哪些先干，哪些后干，应合理安排；而在实施当中，又有轻重缓急之分，哪些是重点，哪些是一般，也应该明确。在时间安排上，要有总的时限，又要有每个阶段的时间要求，以及人力、物力的相应安排。这样，使计划实行者知道在一定的时间内、一定的条件下，把工作做到什么程度，以便争取主动，有条不紊地协调进行。

以上三方面的事项，在计划正文的结构中，不要机械地排列，应按实际情况的需要或分开写，或糅在一起写。

（3）执行希望（结尾）

第一，展示实施计划的前景，提出希望发出号召，勉励大家为实现目标而努力。

第二，强调人物的重要和工作主要环节，说明注意事项。

第三，有的把检查督促的事项另起一段作为结尾。

第四，意尽言止，只要想表达的意见已经讲完，就可以结束，不必做延伸。

3. 落款

落款写明计划制订机关和制订日期，实际使用中也可灵活处理。

3.1.3　计划的例文分析

📚 示例 1

教师个人学习计划

随着课程改革的深入、素质教育的全面推进，教师现有的文化知识、教育思想和教育理念、现代技术教育的运用等方面，已跟不上高质量地推进素质教育的需要。学校立足岗位，以备课、业务学习和课堂教学研究为业务学习载体，脚踏实地地抓好教师业务学习，作为教师我也要通过自主学习来满足现代教育的需要，提高教学质量。

一、学习目标

1. 加强学习，掌握正确的教育观点。

2. 了解教育工作的基本规律和基本方法，进行教育实践。

3. 了解学科的发展动向和最新的教研成果。

4. 所掌握的教育理论转变成教育教学的实际能力。

二、学习内容

根据自身情况，我主要将学习内容分为政治业务理论、教育教学技能、教育科学研究、个人修养四大块。本学期，在政治业务理论学习上，我将继续进行观看新闻、阅览报刊等学习活动，教学方面将围绕"语文生活化"主题开展自学和研究课，而在教育科学研究、个人修养方面，也要有些有益的自学活动。

三、具体措施

1. 了解教师个人学习的制度。

2. 学习《教师职业道德规范》，提高个人的职业道德素养。

3. 多听教学水平较高的教师上公开课，通过交流备课、互相学习等形式，提高个人的业务水平。

4. 认真学习新课程标准中的改革与要求。

5. 大胆尝试、创新，使教育教学有新的突破。

6. 强化学习，坚持每周进行业务学习，学习有关优化课程结构的文章和走进课程的信息报道的文章。学习常规管理、班集体建设、师德、民主管理的报道，并与新课程改革密切结合。

7. 强化开展新课程的校本培训，认真学习《基础教育课程改革纲要解读》全书，以阅读为主。自学自练相结合，理论联系实际，开展尝试教学，探索教学方法。

8. 加强自身素质的提高，将平时教学与业余学习相结合，多读教育理论的书籍，认真做好学习笔记，完成一篇 2000 字以上的教育教学论文。

四、自学自查

通过个人自学保证自学效率，尤其是在自学过程中，针对工作实际，要坚持以自修为主，转变观念；以过程为主，提高能力；以实践为主，开展创新；在认真通读教育教学理论书籍的基础上，相互讨论，结合每个专题进行自省、自查，找到自己存在的问题。通过接触书中的新思想、新观念，研读与教师工作密切相关的典型事例，深入反思，结合自己的问题寻求科学的、最佳的解决方法。在学习过程中深入研究，认真记录学习中的所思、所想、所做，把学习、科研、实践有机结合起来，按照实施建议去学习，在理论上得到提高，还能创造出更好的学习方法。结合自己的教学实践，找出自己教学过程中不符合教育理论与教育规律的做法，用教育教学的理论指导自己的教学实践，提高自我完善的意识，明确自我前进的方向。

×××

××××年×月×日

解　析

这是一篇比较有代表性的个人学习计划，整个计划的条理非常清晰，实施的步骤也比较详细，整个过程一目了然，语言的叙述也非常流畅。

示例 2

2015 年房地产销售工作计划

一、宗旨

本计划预计完成销售指标 100 万和达到小组增员 10 人。制订本计划的宗旨是确保完成指标、实现目标。

二、目标任务

1. 全面、较深入地掌握我们"产品"的地段优势并做到应用自如。

2. 根据自己以前所了解的和从其他途径搜索到的信息，搜集客户信息 1000 个。

3. 锁定有意向客户 30 家。

4. 力争完成销售指标。

三、方法措施

众所周知，现代房产销售的竞争，就是服务的竞争。服务分为售前服务、售中服务和售后服务，而我们房产销售也是一种服务，所以前期工作就是售前服务更是我们工作的重中之重。正是因为如此，我的工作也是围绕"售前服务"来进行。

1. 多渠道广泛地收集客户资料，并做初步分析后录入，在持续的信息录入过程中不断地提高自己的业务知识，使自己在对房产销售特点掌握的基础上进一步地深入体会，做到在客户面前应付自如、对答如流。

2. 对有意向的客户尽可能多地提供服务（比如根据其需要及时通知房源和价格等信息），目的是让客户了解房源和价格，在此基础上，与客户进行互动沟通。

3. 在用电话与客户交流的过程中，实时掌握其心理动态，并可根据这些将客户分类。

4. 在交流的过程中，锁定有意向的客户，并保持不间断的联系沟通，在客户对我们的"产品"感兴趣或希望进一步了解的情况下，可以安排面谈。

5. 在面谈之前要做好各种充分准备，做到对房源、面积、单价等了如指掌。

6. 对每次面谈后的结果进行总结分析，并向上级汇报，听取领导的看法。克服困难、调整心态、继续战斗。

7. 在总结和摸索中前进。

四、评估总结

在一个月后，要对该月的工作成果、计划执行情况做一次评估，总结得失，为下个月的工作开展做准备。

2015 年 3 月 2 日

解 析

这是一篇房产销售人员的个人工作计划，采取条文式。该计划层次清晰，内容完整，计划目标十分明确，方法措施具体、可操作性强。

任务练习

一、分析下列计划的错误并进行修改。

学习计划

根据我的学习成绩，我特定以下目标：

在英语方面

1. 每天记四个单词、两句英语。

2. 上课认真听讲，不懂就问，以便提高自己的成绩。

在写作方面

1. 每天练钢笔字两页。

2. 每周写两篇日记。

3. 经常去阅览室阅读文章，以便提高自己的写作水平。

为了达到这个目标，请老师和同学进行监督。

寒假计划

寒假来临，我要着重复习语文课程内容，特别要练好读书基本功。

一、参加补习班。不迟到，不缺席，用心听讲，按时、按要求完成作业。

二、听讲座。结合讲座内容，将所学的语文知识做系统的整理。精读重点名篇 10 篇，并做读书笔记。

三、自学《中学生文言文阅读指导与训练》一书。每日读练 20 篇，假期自修完 300 篇短文。

四、坚持记日记，假期至少完成 3 篇写作练习。在写作中认真纠正错别字。

五、每周末检查一次计划的执行情况，提出改进办法。

六一学校 王明

二、你的大学生活有规划吗？为了让自己的大学生活过得充实而有意义，请为自己制订一份大学学习和生活的计划。

三、万芳准备在新学期参加国家英语四级考试，请替她拟定一份英语复习计划。

3.2 总结写作

3.2.1 总结的相关知识

1. 总结的含义

总结是本部门、本单位对已经完成的实践活动进行回顾、分析，从中找出经验、教训，提炼出具有指导意义的理论认识并形成书面材料。

2. 总结的特点

（1）自我性

总结是对自身社会实践进行回顾的产物，它以自身工作实践为材料，采用的是第一人称写法，其中的成绩、做法、经验、教训等，都有自指性的特征。

（2）回顾性

这一点总结与计划正好相反。计划是预想未来，对将要开展的工作进行安排。总结是回顾过去，对前一段的工作进行检验，但目的还是为了做好下一阶段的工作。所以总结和计划这两种文体的关系是十分密切的，一方面，计划是总结的标准和依据；另一方面，总结又是制订下一步工作计划的重要参考。

（3）客观性

总结是对前段社会实践活动进行全面回顾、检查的文种，这决定了总结有很强的客观性特征。它是以自身的实践活动为依据的，所列举的事例和数据都必须完全可靠、确凿无误，任何夸大、缩小、随意杜撰、歪曲事实的做法都会使总结失去应有的价值。

（4）经验性

总结还必须从理论的高度概括经验教训。凡是正确的实践活动，总会产生物质和精神两个方面的成果。作为精神成果的经验教训，从某种意义上说，比物质成果更宝贵，因为它对今后的社会实践有着重要的指导作用。这一特性要求总结必须按照实践是检验真理的唯一标准的原则，去正确地反映客观事物的本来面目，找出正反两方面的经验，得出规律性认识，这样才能达到总结的目的。

3. 总结的种类

① 按性质分，可分为工作总结、生产总结、科研总结、学习总结、思想总结等。

② 按内容分，可分为综合总结、专题总结。

③ 按时间分，可分为年度总结、季度总结、月度总结等。

④ 按范围分，可分为单位总结、部门总结、个人总结等。

3.2.2 总结的写作模板与格式解析

总结一般由标题、正文和落款三部分组成。

1. 标题

总结的标题，常用的写法有三种：

① 标明总结的范围、期限、内容、文种，类似行政公文标题的写法。如"××学院××××年工作总结"。

② 以总结的内容、主题为标题（文章标题式）。如"采用适合财大办学特点的形式进行改革""在竞争中求发展"。

③ 正副标题式。正标题标明总结的中心、内容，副标题标明总结的范围、时间、种类。如"节水措施的新尝试——××大学用智能 IC 卡系统节水总结"。

2. 正文

（1）正文的内容

① 基本情况。基本情况也称导言，是文章的开头，主要是进行总的工作回顾，概述主要工作及主要成绩，介绍工作活动的背景、环境、形势等。

② 成绩和缺点。成绩和缺点是总结的中心和重点。总结的目的就是要肯定成绩，找出缺点。成绩有多大，表现在哪方面，是怎样取得的；缺点是什么，表现在哪些方面，是什么性质的、怎样产生的。这些都是总结中必不可少的内容。

③ 经验和教训。取得成绩一定有经验，存在缺点一定有教训。为了巩固成绩，克服缺点，在总结时，需对以往工作的经验和教训进行分析、概括、集中，对取得的成绩和产生错误的原因进行分析，并将其提升到理论的高度来认识，作为今后工作的借鉴。

④ 存在的问题和今后的设想。写出今后的工作设想，或针对存在的问题提出今后的改进意见或努力方向。

总结的内容一般包括以上四部分，但不一定要面面俱到、一一写出。可以有所侧重，或者重写成绩，或者重写经验体会，或者重写经验教训。写什么，如何写，一切要从实际出发，灵活处理。

（2）正文的结构方式

① 并列式（横式）。按照工作内容，从类别角度进行总结，或按所取得的几个方面的成绩或问题来安排总结内容。

② 递进式（纵式）。按事物的发展过程安排层次。一般把整个工作过程分成几个阶段（按时间顺序写），再分别对各阶段的状况进行分析，找出每阶段的经验教训。这样有助于了解工作的始末。工作周期较长，又有明显阶段性的工作，不论是综合总结还是专题总结，都可用此法来写。

③ 综合式。综合运用并列式与递进式，纵横交错，事理结合，既体现事物发展的过程，又注意内容的逻辑关系。

3. 落款

落款署名要写全称，写在正文右下方，日期写在署名之下。实践中亦可灵活处理。

3.2.3 总结的例文分析

示例 1

××乡上半年工作总结

半年来本乡在精神文明和物质文明方面做了许多工作，取得了很大成绩。半年来，主要做了以下工作：动员乡、村干部和广大群众学习中央一号文件；安排、落实全年生产计划；推行、落实承包责任制；帮助专业户发展；修建乡小学校舍；建乡食品厂方便面生产车间厂房；推销乡果脯厂、食品厂、编织厂的产品；为乡机械厂解决原材料不足的问题；美化环境，街道两旁栽花种草；封山植树；办了一期果树栽培技术培训班；健全了乡政府机关，调整了工作人员，开始试行乡干部招聘制。

半年来，在工作繁杂、头绪多而干部少的情况下，能做这么多工作，主要原因是：

一、上下团结。乡干部和一般干部都能同甘共苦，劲往一处使。工作中有不同看法，当面讲、协商。互相间有意见能开展批评与自我批评，不犯自由主义。例如，经营科的同志对乡长不同他们商议、擅自更改果脯厂的奖励办法，影响产量一事有意见，经当面提出，乡长接受，做了自我批评，并共同研究了新的奖励办法，使生产量又增加。

二、不怕困难。本乡企业刚刚起步，困难很多，技术力量薄弱，原材料不足；产品销路没有打开；等等。为此，经营科的同志和全乡干部共同想办法，他们不怕跑路，放弃自己的休息时间，忍饥挨饿受冻，四处联系，终于解决了今年所需要的原料，推销了一些产品。

三、领导带头。乡的几位主要领导带头苦干、实干。他们白天到下边去调查了解情况，晚上开会研究问题，寻找解决的办法。领导干部夜以继日地工作，带动了全乡工作。

××乡人民政府

××××年××月××日

解 析

这篇总结，空话、套话太多，主要存在几方面问题：①材料不足：成绩在哪里？没有统计数据，没有概括性材料，也没有乡里为上述各项工作解决困难的较为实在的说明。②情况不明：这个乡半年前"承包责任制"落实情况如何？经过半年，现在又怎样？投资多少？规模多大？生产效益如何？半年前销售情况如何？现在情形又怎样？③材料不足：为什么要建生产车间？是为了解决乡里什么问题？为什么要"试行乡干部招聘制"？招聘了多少干部？解决了什么问题？④经验体会缺少特点。三条经验：机关可用，企业可用，工厂可用；农村可用，城市可用；现在可用，将来可用。作者没有对乡里的情况进行基本的分析，没有从乡的工作实际出发，概括出为问题的解决、工作的开展起了作用的属于规律性的东西。

示例 2

平凡应用文 笔下出惊奇
——应用文写作学习总结

光阴似箭，日月如梭，一个学期很快过去了，盘点一个学期的学习情况，我就觉得应用文写作是我学得最认真、最有成就感的一门学科。因为它让我学会了写很多的应用文，如求职信、竞聘词、个人简历、公文、计划、总结、调查报告、开幕词、闭幕词、欢迎词、祝词、主持词、活动策划书等，同时也让我认识到了自己的不足。

其实，最初接触应用文时，我对它并没有好感，其种类之多、写作格式之杂，不免令我觉得有点眼花缭乱。不同的种类有不同的写作内容和写作格式，还有不同的惯用语，等等。说句实在话，刚开始学习时觉得它很烦，每天一上课老师讲完写作格式就得写，还要花费课余时间去找资料等，觉得学习它没有什么实用价值。但是通过一个学期的学习之后，在老师的耐心指导和点拨下，我用心练习写作，发现自己在应用文写作方面居然有很大进步，我的文章多次获得老师的表扬，我发现了应用文的独特之处、神奇之处。下面就谈谈我对应用文写作的一些粗浅认识。

一、应用文写作是表达"非我"而非自我的写作

应用文写作的大多数文体是要站在某一群体、某一组织、某一集团的位置上，它们传达的是被代表单位发出的信息，接受者也往往是集团性质的，或者众多个体的，比如：公函、通知，所以在写作时不要总想着自己，而要多考虑文中代表的单位立场。因为它表达的是"非我"而非自我。比如替某个领导草拟文件，一定要先弄清楚他的意图，看其目的是鼓励、表扬，还是批评，不然就会有返工的苦恼，这样也会给领导留下不好的印象，进而对你的工作能力产生怀疑。当然也有极少数文体是站在自己的角度，表达自己的思想，或者抒发自己的感想心绪，或者阐述自己的观点，或者按照自己的理解去说明，如：演讲词、新闻。而有些文体是两者皆可的，如：祝词、贺词、欢送词……所以，应用文写作时思考的角度很重要，我们必须做到"又如其事，恰如其分"。

二、应用文是"死板"而不乏灵活的写作

虽然应用文在格式上要求严，讲究规范，但是并不代表所有的文种都没有自由发挥创造的空间，无论是公文写作，专用文件的草拟，还是规章制度的制定，我们在长期的写作过程中，往往得按照约定俗成的写作格式去写，但这并不代表我们不能灵活发挥，如标题的拟定，对发文目的、依据、缘由的表述等，也可以随你自由发挥。一些文种如竞聘词、欢迎词、贺词等，也是可以充分展示你的文采的。这些文章没有那么多的规定与套路，你可以打破陈规、不断创新。

三、应用文是"平实"但不平凡的写作

我觉得很多人在看文章时都喜欢那种辞藻华丽的文句和段落，那种文章让人一看就觉得文字很美，能很快融入那种意境。但应用文写作不一样，它非常朴实，不同于文学创作的艺术性，写什么都要求用最简单、最精练的文字表达，虽然没有华丽的辞藻修饰，但依然大受社会的欢迎。有的同学喜欢用很多的修饰词藻来显示自己文章的非凡，其实，效果适得其反。我认为，应用文是最"平凡""朴实"也是最不平凡的。它的适用范围广，文字简洁、精炼，无一处不写着它的非凡。

学习应用文写作心得之多，不胜枚举。它需要我们慢慢地去探索、去发现、去总结。我的这篇总结还只是应用文写作奥妙之处的冰山一角，真正的内涵还需要我们不断学习下去，然后发现、总结，只有这样我们才能不断地进步。

涉外文秘班×××

××××年×月×日

解 析

这篇学习总结贴近职业院校学生学习应用文写作的实际情况，有感触，有提炼。其中的三个方面的归纳涉及应用写作的写作立场、格式写法、语言表达等知识，有一定借鉴意义。

任务练习

一、阅读下面这篇总结，按文后要求回答问题。

放手发展多种经营 努力增加农民收入

近年来，××县委、县政府在稳定发展粮棉油生产的同时，把突出发展多种经营作为增加农民收入的突破口，充分利用现有土地资源，依托近城优势，建设具有地方特色的城郊经济，显示出"服务城市，富裕农村"的战略效应。××年，全县人均纯收入达到1107元，比上年增加310元，增长38.9%，成为全省农村人均纯收入增幅最高的县。我县的主要做法是：

（一）积极引导，鼓励发展。（略）

（二）因地制宜，发扬优势。（略）

（三）综合利用，立体种养。全县广泛运用食物链、生物链和产业链的理论，在种、养、加工方面创造出多种立体开发模式。根据植物相生、伴生、互生与序生规律，在林果基地间作套种粮、油、药、茶、瓜等，实行以短养长，取得最佳效果。全县××年多种经营间作套种13万亩，亩平收入500元，有的高达1000元。全县推广用农副产品加工的下脚料喂猪养禽，用畜禽粪便养鱼，最后用塘泥肥田，综合利用，极大地促进了畜牧业的发展。××年全县生猪出栏达到35.5万头，家禽出笼741万只，鲜蛋产量1.93万吨，分别比上年增长11%、40.3%和14.8%。

（四）大力发展乡镇企业和个体、私营经济。（略）

××县人民政府

××××年×月

（1）单项选择：

① 开头采用了（　　　）的方式。

A. 概述情况　　　　　　　　　　　B. 提出结论

C. 提出内容　　　　　　　　　　　D. 做出设问

② 主体部分主要写了（　　　）。

A. 做法、成绩与经验　　　　　　　B. 问题与教训

C. 设想与努力方向　　　　　　　　D. 以上三个方面

③ 本文安排材料主要采用了（　　　）的方法。

A. 先亮观点，后举材料　　　　　　B. 先举材料，后亮观点

C. 既摆事实，又讲道理　　　　　　D. 边举材料，边亮观点

（2）填空：

① 本文标题属 _____ 式标题，其作用是 _____ 。

② 全文采用了 _____ 的结构形式。

③ 本文显示主旨采用了 _____ 的方法。

④ 本文主旨是 _____ 。

二、下文是一则经济新闻，请你代厂方把它改写成一篇专题经验总结或体会。

高技术产品＋优质服务＝高效益
——××电气设备厂人均创利税2万多元

本报讯　仅有20名职工的××电气设备厂，迅速把科技成果转化为生产力，并在产品质量和热情服务上下功夫，使高效水处理器畅销内蒙古、黑龙江、吉林、辽宁和天津等地。今年可实现产值90万元，利税40.5万元，人均创利税2万多元。

这家××县林场办的小企业，所生产的高效水处理器是专门用于锅炉防除垢的，1999年通过省科委的科技成果鉴定后，他们立即组织批量生产。工厂严把质量关，生产出的整机要先在车间里试运行半个月，完全合格后再入库。他们还把用户请到厂里征求意见，根据用户意见对产品加以改进，并实行产品试用和登门服务。去年10月，他们给黑龙江一家煤矿一次发去20台高效水处理器，让该矿先试用，满意后再付款，否则可退货。这家煤矿经过一冬的试用，认为效果很好，今年6月，不仅付清了20台的货款，而且又订购了76台。今年以来，这个厂同内蒙古、黑龙江、天津等地客户共签订200台高效水处理器供货合同，到年底可全部完成。

3.3　调查报告写作

3.3.1　调查报告的相关知识

1. 调查报告的含义

调查报告是对某项工作、某个事件、某个问题，经过深入细致的调查后，将调查中收集到的材料加以系统整理、分析研究，以书面形式向组织和领导汇报调查情况的一种文书。

2. 调查报告的特点

（1）写实性

调查报告是在占有大量现实和历史资料的基础上，用叙述性的语言实事求是地反映某一客观事物。充分了解实情和全面掌握真实可靠的素材是写好调查报告的基础。

（2）针对性

调查报告一般有比较明确的意向，相关的调查取证都是针对和围绕某一综合性或是专题性问题展开的，调查报告反映的问题集中而有深度。

（3）逻辑性

调查报告离不开确凿的事实，但又不是材料的机械堆砌，而是对核实无误的数据和事实进行严密的逻辑论证，探明事物发展变化的原因，预测事物发展变化的趋势，揭示本质性和规律性的东西，得出科学的结论。

3. 调查报告的种类

（1）情况调查报告

情况调查报告是比较系统地反映本地区、本单位基本情况的一种调查报告。这种调查报告的写作目的是弄清情况，供决策者使用。

（2）典型经验调查报告

典型经验调查报告是通过分析典型事例，总结工作中出现的新经验，从而指导和推动某方面工作的一种调查报告。

（3）问题调查报告

问题调查报告是针对某一方面的问题，进行专项调查，澄清事实真相，判明问题的原因和性质，确定造成的危害，并提出解决问题的途径和建议，为问题的最后处理提供依据，也为其他有关方面提供参考和借鉴的一种调查报告。

3.3.2 调查报告的写作模板与格式解析

调查报告一般由标题、开头、主体和结尾四部分组成。

1. 标题

（1）公式化标题

公式化标题即根据"调查对象＋调查课题＋文体名称"的公式拟制标题，如"第十八次国民阅读调查报告"。这样写的好处是要素清楚，读者一看就知道这是写的什么单位，涉及的是哪些问题，文种也很明确。这样写的不足之处是太模式化，不够新鲜活泼。

（2）提问式标题

提问式标题可以用问题作标题，如"'问题少年'的出现，原因何在？""大学生就业，路在何方？"等，这种写法更为醒目，引人入胜。

（3）复合式标题

复合式标题由正副标题组成，其中正标题一般采用常规文章标题写法，副标题则采用公式化写法，由调查对象、调查课题、文体名称组成，如"明晰产权起风波——对太原市一集体企业被强行接管的调查"。

2. 开头

调查报告的开头即前言一般要根据主体部分组织材料的结构顺序来安排，常用的有以下几种类型：

（1）概括式开头

概括式开头将调查对象最主要的情况进行概括后写在开头，使读者一入篇就对它的基本情况有一个大致的了解。

（2）介绍式开头

介绍式开头在开头简单地交代调查的目的、方法、时间、范围、背景等，使读者在入篇时就对调查的过程和基本情况有所了解。

（3）问题式开头

问题式开头在开头提出问题来，引起读者对调查课题的关注，促使读者思考。这样的开头可以采用提问的方式引出问题，也可以直接将问题摆出来。

3. 主体

主体部分的主要结构形态有三种：

（1）用观点串联材料

由几个从不同方面表现基本观点的层次组成主体，以基本观点为中心线索将它们贯穿在一起。

（2）以材料的性质归类分层

课题比较单一、材料比较分散的调查报告，可采用这种结构形式。作者经分析、归纳之后，根据材料的不同性质，将它们梳理成几种类型，每一个类型的材料集中在一起进行表达，形成一个层次。每个层次之前可以加小标题或序号，也可以不加。

（3）以调查过程的不同阶段自然形成层次

事件单一、过程性强的调查报告，可采用这种结构形式。它实际上是以时间为线索来谋篇布局的，类似于记叙文的时间顺序写法。这种有清晰过程的写法，可以提高读者的阅读兴趣。

4. 结尾

调查报告常在结尾部分显示作者的观点，对主体部分的内容进行概括、升华，因此，它的结尾往往是比较重要的一个部分。常见的写法有下述三种：

（1）总结全文，得出结论

在结束的时候将全文归结到一个思想的立足点上，强化主旨。这样结尾，给读者提供了清醒的理性认识。

（2）提出问题，引发思考

如果一些存在的问题还没有引起人们的注意，如果限于各种因素的制约作者也不可能提出解决问题的办法，那么，只要把问题指出来，引起有关方面的注意，或者启发人们对这一问题的思考，也是很有价值的。

（3）针对问题，提出建议

在揭示有关问题之后，对解决问题提供一些可行的建议。当然这些建议应不乏切实可行的措施。

3.3.3 调查报告的例文分析

示 例

小组合作性学习的调查报告

——××大学 ××××

一、调查背景

合作学习是具有时代精神的新的教学思想和方法。今天社会的各个领域，越来越需要合作，越来越注重合作精神的培养。合作意识和合作技巧与能力，也越来越成为现代人的一种重要素质。正是在这样的背景下，中学各科教学开始关注和实践"合作学习"这一课题，小组合作学习在教学中开始得以重视和应用。但是实际上，由于教师对课题本身的含义和学科教学特点掌握不清，导致小组合作学习存在着不少的问题，致使很多的小组合作学习只是走过场，往往徒有虚名而效果不佳。基于以上原因，特进行本次调查，目的旨在通过调查、寻找、分析问题及原因所在，制定解决对策，使小组合作学习能真正起到改进课堂教学机制、教学方式及教学的组织形式，真正达到培养和提升学生的合作意识、合作能力与合作精神的目的。

二、调查对象

调查对象主要包括×××中学初一年级的 103、105、106 这三个班级的 107 名学生，以及在校的历史与社会老师及科学教育和人文教育的 16 个实习老师。

三、调查方法

主要采用的是问卷调查的方法，辅之以访谈的方法。

问卷调查方式：主要发放了 103、105、106 三个班级，采取无记名、现场发卷、现场填答、现场回收方式。总共发放问卷 107 份，实收问卷 107 份，有效问卷 105 份。

访谈法：主要访谈了×××中学初一年级段的历史与社会老师对小组合作的形式、实际运用效果的理解；随机访谈了初一年级部分学生；同时也听取了在校实习的 16 位实习老师关于合作学习的意见和看法。

四、调查内容

调查涉及 12 个方面问题。主要包括：①小组合作学习的认识和兴趣；②小组合作学习的分组形式；③小组合作学习活动的内容；④小组合作学习活动过程；⑤小组合作学习活动效果……

五、调查结果与分析

通过对回收的 105 份问卷逐次统计和数据分析，我们清楚地看到当前中学生小组合作学习存在的突出问题如下。

（一）小组活动形式比较单一

前后座位四人一组，是一种较为方便的组合方式，但凝固单一的小组合作形式，逐步使小组合作学习内部各成员之间缺少平等的沟通与交流，使小组合作学习成了少数尖子学生表演的舞台，使得个别学生成为教师的代言人，成绩差的学生往往被忽视，许多学生采取旁观的态度，缺少积极参与的意识，学生的思维能力、表达能力、质疑能力得不到锻炼，合作意识和合作能力得不到培养。

数据分析：

"在小组合作学习过程中你经常发表自己的观点吗?"选择回答经常的占 51.6%，偶尔回答的占 37.5%，几乎不回答的占 10.9%。其中选择后两个答案的都是自认为学习成绩中等或不太好的。

（二）小组内部责任分工不够明确

合作学习前没有作提前的准备，想到哪说到哪，多数学生表达完自己的意见就算完事，而对于小组其他成员的意见常常不置可否，因而讨论无法深化。

数据分析：

"你们班小组合作学习有明确分工吗？"这一问题的统计结果是 36.6% 认为没有。"你们班小组合作学习老师提出问题后什么时间讨论？"这一问题选择老师提出问题就讨论的占 49.9%，独立思考后讨论的占 28.1%，两者兼有者占 22.0%。"你每次小组合作学习时知道应怎么做吗？"选择知道的仅占 55.0%。"在小组合作学习中，如果对某个问题有争论，你会怎么做？"选择听取学习优秀同学的占 44.4%，选择记录下来全班讨论的占 50.2%，选择不了了之的占 5.4%。从这些结果来看，小组合作学习还没有真正合作起来。

（三）缺乏必要的评价机制和评价反馈

在实际教学中的小组合作学习往往处于有合作、无竞争，表现好坏无所谓状态，缺乏科学、积极的激励、反馈等评价机制，学生没有明确的努力方向和合作的需要，缺少持续发展的内驱力。

数据分析：

"你班小组合作学习后对其中探讨的问题怎么处理？"选择在全班交流评价的占 65.3%，选择偶尔交流评价的占 26.5%，选择就此结束的占 8.2%。"每次对学生小组合作学习表现的评价情况如何？"选择都有的占 30.2%，选择有时有的占 48.0%，选择没有的占 21.8%。

（四）教师片面追求小组合作学习形式和结论

从问卷调查中的大多数问题反映的情况和与教师和学生之间的谈话看，合作学习的过程往往是匆匆开始、草草收场，老师对学生的求异、创新思维未能足够重视，讨论最后总喜欢以其认为唯一正确的答案来评定小组合作学习所得出的不同结论。

六、思考与建议

（一）思考

通过对调查问卷的分析和与部分老师学生的谈话，我认为造成小组合作学习上的问题，主要有以下几个原因。

（1）师生对小组合作学习的认识不够明确。通过与教师的交谈可以发现许多教师在教学指导思想上仅仅把小组合作学习看作是一种教学研究的手段和方法，是新课程改革的需要；问卷中少数学生认为合作学习轻松好玩，而它真正的意义却在培养学生充分的合作意识、合作能力和合作精神。

（2）学生合作意识较差，合作技能较低。合作小组成员没有明确的职责分工，往往导致合作活动流于形式，对如何开展合作学习感到困惑，不知所措；对讨论过程中结论、问题等缺少记录、比较、分析，造成合作成员讨论时发表完自己的意见即草草了事，讨论很难深入，合作学习难以落到实处。

（3）小组合作之前缺少让学生独立思考的过程。49.9% 的同学选择老师提出问题就讨论，在学生对问题还没有形成独立见解之前，就急于展开讨论、研究，由于学生的思维没有完全打开，容易被他人同化，造成合作时"人云亦云"的现象，同时思考问题不会缜密、深刻，致使对问题的研究讨论难以深化。

（4）小组合作时未能创设营造应有的情境。合作学习前没有创设应有的条件为有效的小组合作、学习奠定基础，学生合作时又没有给予充裕的时间，急于完成教学任务，只顾预设，不问生成，造成合作时疲于应付，无从下手，往往是虎头蛇尾，学生无法从容进行实验、探索、讨论，只得草草收场。

（5）教师没有发挥好应有的作用。通过调查了解，我们清楚地看到由于过分强调学生"学"的意义，教师常常只成为事后的评论员，而不能积极参与并引领学生"学"的全过程，对一些普遍问题不能及时适当地提供变式来帮助学生解疑，致使教学活动出现东扯西拉的思维混乱，反而降低了课堂教学的效果。

（6）缺少评价激励机制。合作学习过程中，教师掌握了一套科学合理的小组合作学习评价的方式和技巧，能促进合作学习效果的提高。从社会心理的角度来看，评价的方式可以调节群体成员的学习性质和方式，从而改善、协调群体内成员之间的人际关系。而我们的教学过程中教师往往泛泛说一说某某小组表现不错，某某同学表现较佳，没有针对性、有个性的评价。从问卷调查的第10题来看，还有21.8％的课堂根本没有任何评价。

（二）建议

（1）合理组建学习小组，强化角色意识。开展合作学习，首先应合理地划分好学习小组。由于中学生好奇心强，学生之间能力倾向、兴趣爱好、个性特征等诸多方面存在差异，因此学习小组应该灵活组合，这更有利于学生愉快地进行合作，培养其合作学习能力。组建学习小组，应先对学生的知识基础、兴趣爱好、学习能力、心理素质、家庭情况、性别等进行综合评定，然后搭配。采用"组内合作，组外竞争"的机制开展生生、师生之间的交流学习，组内成员要有明确的分工，在一个阶段每人都应有相对侧重的一项责任，担任一个具体的合作角色。如：小组讨论的组织负责者、记录员、资料员、评分员、汇报员等，一段时间后，角色互换，从组织形式上保证了全体同学参与合作的可能性，使每个成员都有责任、有事做，都能从不同的位置上得到体验、锻炼和提高，切实提高学生参与合作的效率。

（2）注重合作意识、合作能力、合作精神的培养。针对中学生的自我表现欲强烈及浮躁而不踏实的特征，教师要让学生学会自我"反省"，在充分表达自己意见和观点的基础上，养成自我反省的习惯。首先要训练和教会学生如何倾听别人的意见，如何把别人的意见归纳起来，怎样在别人意见的启发下完善和发展自己的观点，怎样清晰地表达自己的意见，怎样大胆地提出自己不同的见解，鼓励学生开展争论和辩论，尤其是表述自己新的观点和思想，并以虚心诚恳的态度接纳别人的正确意见等，在合作中让各人的智慧大放异彩。

（3）发挥教师的引领作用，教给小组合作方法，提高合作效率。学生小组合作学习不能忽视教师的引领作用，教师应重视"引"，大胆"放"，抓住合作契机及时引导。可以在新知探究的过程中引导；在知识的重点、难点处引导；在灵活运用自己的经验和知识积累中努力丰富文本和自我中引导；在小组合作的有效方法和形式上加以引导等。教师要指导好学生积极采取讨论、举例、引证、实验、归纳、演绎等探究形式，有效地开展小组合作学习，自始至终营造民主、和谐的合作气氛，既不失时机地点拨，又大胆放手让学生独立思考、自我完善。教师通过观察、参与（合作学习的一分子）、巡视、指导等方式积极参与调控，从而不断深化学生对知识的探索过程，形成自主自强、合作探究的学风和习惯。

（4）不图热闹，讲究实效。中学生合作学习要注重其实效性，要根据各学科的特点，在需要时、重要处、均受益的前提下，开展小组合作学习，注意避免"小组合作学习"存在的误区。例如：要留给学生独立思考的过程，避免合作交流时"人云亦云"的现象；避免造成"摆样子""走过场""赶时髦"的现象；要留给学生充足的时间，力戒合作学习"假"与"浮"；合作学习的形式、内容及评价等不能生搬硬套、一成不变，既要注意预设，更要重视生成，要因时、因地、因情、因人制宜；等等。

（5）切实加强交流与评价。小组之间缺乏交流与评价，容易迷失方向、产生冲突。让学生之间把合作的学习情况进行大组充分交流并对之进行适当的评价，既可以拓展思维，营造优势互补、资源共享的环境，又能帮助学生明确努力方向、激发学习热情，培养交往合作能力。如果评价以小组为对象，必然导致学生小组或群体之间竞争性行为，群体之间的竞争又促进群体内学生之间相互合作、互相帮助，形成更强的竞争力。学生之间的合作与帮助远远比教师仅仅针对学生个体的指导性行为更有效力。为了不致使班级群体出现分化、敌对的现象，可以考虑在一定的时期内按适当比例更换小组的成员构成，对学生尽可能地采取积极、多元多维的评价方式和标准，避免挫伤学生的自尊心。

（6）用系统、整体、动态的观念看待合作学习。倡导自主、合作、探究的学习方式，这是新课程改革的重点之一，这种学习方式并不是自我独立、互不相关的，而是相辅相成、互为促进的关系。合作意识和能力是现代人所应具备的基本素质，因此在合作学习中，教师要让每一个学生都成为学习的主人，从而自觉提高自己各方面素质，积极能动地参与读书、参与各项探究学习活动、参与质疑解难，大胆发表有创见性的体会和看法；教师也应发挥其应有的引领作用，参与小组学习，及时掌握学情，及时捕捉学生在交流中出现的共性问题和疑难之处，整合各种因素，用系统、发展的观点调控合作过程，引导学生深入探究，从而真正提高课堂教学的整体效益。

解 析

本调查报告结构完整，格式规范，主题突出，层次清晰，逻辑性强。它体现了调查的全过程，有明确的调查计划，调查对象选取科学，调查目的明确，调查内容充实，并采用了合理的调查方法，其中的问卷调查的方法可以确保调查结果的科学与公正。尤其是结尾处的思考与建议，条分缕析，切中肯綮，将小组合作性学习的现实意义与存在的问题都充分展示出来，为后续的活动开展提供了积极的借鉴。

任务练习

请仔细阅读下面这篇调查报告，指出其在写法上存在的问题，并写成一篇标准的调查报告。

关于××市市区商店招牌上错别字的调查报告

××年×月×日至×月×日，进行了为期一周的调查，调查 5000 余家，对象包括××市的商店招牌、路边招牌、广告牌、厂矿名称牌，发现有错别字的 160 余家，约占调查总数的 3.2％。调查的目的在于了解错别字现象，分析原因，以至减少、消灭错别字，让广大人民群众更准确地使用汉字，从而让汉字更好地发挥语言辅助作用，更好地为人民服务。现对所调查的错别字大体分为下列四种类别：

1. 增减汉字笔画。这类在调查中所占较多，可能多属于无意，如"××市造纸厂""纸"下面就多了一点。根据传达室老大爷介绍，这是一位名人题的词，他说："怎么改它呢？"

2. 由于音相同、相近而写错偏旁。如市百货大楼小家电商场，为电视机写的"超清晰度画面"，"晰"写成了"析"。

3. 国家文件正式宣布废除了的繁体字、异体字，虽不是错字，但也属于不规范现象。如"迎春商场"写成"迎春商塲"。分析原因，主要是主观与客观两大方面，主观上是思想认识不足，写字时就粗枝大叶、草率从事；客观上是汉字数量众多，结构复杂，形体多变，难认、难写、难查。针对其原因，纠正方法是：首先从主观上认识到错别字的危害性，把纠正错别字当作大事抓；其次勤查字典，多请教于人。

4. 客观上分析汉字的音、形、义三者之间的联系与区别及其结构特征，对症下药，这样错别字就可以逐步得到纠正。

3.4　简报写作

3.4.1　简报的相关知识

1. 简报的含义

简报是传递某方面信息，具有汇报性、交流性和指导性的简短、灵活、快捷的内部小报。简报又称"动态""简讯""要情""摘报""工作通讯""情况反映""情况交流""内部参考"等。

2. 简报的特点

（1）快捷性

简报有严格的时效性，不论是定期简报还是不定期简报，都要抢时间、争速度，及时反映情况。特别是会议简报，往往一日一报，甚至一日数报。

（2）限于内部交流

一般报纸面向全社会，内容是公开的，没有保密价值，读者越多越好，正因为如此，它除了新闻性外，还要求有知识性和趣味性。简报则不同，它一般在编报机关管辖范围内各单位之间交流，不宜甚至不能公开传播，特别是涉外机关和专政机关主办的简报更是如此。有的简报，往往是专给某一级领导人看，有一定的保密要求，不能任意扩大阅读范围。

（3）简洁

简洁是简报的价值所在。所以简报要求内容精粹、篇幅短小、语言简明扼要。每期简报都要内容集中，文字精练。

（4）新颖

简报要反映新情况、新问题、新经验，能给人以启发和借鉴。单位的新动态，事物的新趋势、新苗头，是简报要抓的主要素材。

3．简报的种类

① 按时间分，有定期的简报、不定期的简报。

② 按性质分，有工作简报、生产简报、学习简报、会议简报。

③ 按内容分，有会议简报，主要反映会议交流、进展情况；有情况简报，反映人们关注的问题，供机关领导参考；有工作简报，报告重大问题的处理情况以及工作动态、经验或问题等。

3.4.2　简报的写作模板与格式解析

简报一般由报头、报核、报尾三个部分组成。

1．报头

报头类似于行政公文的眉首部分，有相对固定的格式，主要包括简报名称、期号、编发单位、印发日期、保密等级、编号。

① 简报名称。一般含单位、部门、工作特点的限制词，用套红印刷的大号字体，印在简报第一页上方的正中处。

② 期号。一般按年度依次排列期号，有的还可以标出累计的总期号。属于"增刊"的期号，要单独编排，不能与"正刊"期号混编。在简报名称的正下方，用括号标注。

③ 编发单位。应标明全称，在期号下一行居左空一格标注。

④ 印发日期。以领导签发日期为准，年、月、日应标全，在编发单位同行居右空一格标注。

⑤ 保密等级。标明"内部参阅""秘密""机密""绝密"等密级字样，印在报头的左上角顶格。

⑥ 编号。保密性简报编号，印于报头右上方顶格，一般简报不用编号。

报头部分与标题和正文之间一般用 1.5mm 的红色间隔横线隔开。

2．报核

报核是简报的中间部分，包括按语、标题、导语、主体、结尾五个方面。

① 按语。按语即"编者按"，言明编制机关的主张和意图，对文稿进行说明与评价。按语并非简报所必需，要视具体情况加以使用。通常在转发文稿、汇编辑录、时事聚焦等简报前配上编者的按语，或是用以介绍稿件的来源、编发原因和发至范围；或是用以提纲挈领、揭示稿件内容，便于读者理解题旨，把握编发意图；或是用以申明意

义，表明态度，提出要求或提供办法。按语的位置在报头间隔线的下方，目录或标题上方。

② 标题。标题类似新闻标题，要求简明地概括正文内容，揭示主题，简短醒目，富有吸引力。

③ 导语。导语是简报的开头。用一句话或一段话，简洁明了地概括全文的主旨或主要内容，引导读者阅读全文。导语写法多种多样，有提问式、结论式、描写式、叙述式等，一般要交代清楚谁、什么时间、干什么、结果等内容。

④ 主体。主体是简报的主要部分，用充足、典型、具有说服力的材料，将导语概述的观点、事件、内容具体化。

⑤ 结尾。结尾是对主体部分进行归纳和概括，指明事情发展趋势，提出希望及今后打算。若主体部分已经将事情说清楚，就不必再加结尾。

3. 报尾

简报的结尾部分。置于简报末页最下方，由一横线与报核隔开。报尾由发送对象及印数两部分组成，其中发送对象用上、下两道横线框住，以"报""送""发"等字样引出会议简报的发送对象，各发送对象间以逗号隔开。发送对象下横线外右下方处标出印数。

3.4.3　简报的例文分析

示例 1

关于"好政策"专题研讨会的简报

（一）好政策要实地考察。苏东坡清淤修堤、种菱除草，这种治湖思路既节省人力物力，又一举两得，取得因地制宜的治理效果。

（二）好政策要变繁为简。张居正在一条鞭法中规定"全国税收由实物税变为货币税"，将复杂问题简单化。

（三）好政策要发挥政府和市场的作用。"限塑令"之所以成功，一是政府的监管执行，二是市场的价格调节。

（四）好政策要关注群众的切身利益。美国养老保险计划由实施不顺到顺利，说明政策要注重参与者的实际感受。

（五）好政策需通俗易懂做得到。某区纪委梳理违纪"高发点"，用动漫的形式进行形象梳理、权威解读，让人民看得懂、做得到。

（六）好政策需有良好的反馈和延续。良好的反馈系统便于政策及时补充和修正，要看群众满意与否，好政策要有延续，不断调适渐进。

解　析

简报作为常用事务文书出现在国家公务员考试《申论》科目试题中。该简报报核部分缺少导语，若加进"'好政策'要便民、易懂、可延续。市政府此次会议中，专家和政府部门人员对'好政策'分别提出如下见解："则显完整。

示例 2

精神文明快讯

×× 学院党委办公室编　　　　　　　　　　　　　　　　　××××年 4 月 15 日

图书馆为争创省级文明单位做贡献

图书馆勇于探索，不断创新，提高服务工作水平。为配合学院学术与科研工作的开展，方便教师学术科研信息资料的查询，学院图书馆于 3 月 22 日与清华同方中国学术期刊电子杂志社洽谈合作并取得了成功。从 4 月起学院各部门开通宽带网络可以使用 CNKI 检索阅读卡查询清华同方"中国期刊全文数据库""中国重要报纸全文数据库""中国优秀博硕士论文全文数据库"。

搞好服务，提速增效。学院机械系新增模具专业，急需一批新专业教学用书，图书馆各部密切配合，急服务用户之所急，重新专业用书采购、配书、分类、加工、整理、入库、上架，两天时间就完成了一周的工作任务，确保并满足教学一线的要求，受到机械系的肯定和好评。

（图书馆）

继承革命先烈遗志　做新时代优秀大学生
——记清明扫墓活动

4 月 2 日，机械系、热能环保系团总支到哈尔滨烈士陵园扫墓。悼念逝者，寄托哀思，缅怀先烈。同学们瞻仰了陈翰章、薛剑强、汪亚臣、吴书同、石坚、赵承瑞等先烈墓碑。大家用精心挑选的花圈敬献给为了解放和人民幸福而牺牲的先烈们，表达了对先烈无限敬仰和怀念之情。立于烈士墓碑前，同学们胸戴白花，神态严肃，思绪沉重。遥想当年烈士们拼死沙场、英勇献身的一幅幅画面，他们不屈不挠的爱国精神让同学们久久不能忘怀！

瞻仰烈士墓碑，对同学们来说是一次接受爱国主义、集体主义教育的好机会。同学们立志努力学习，奋发向上，继承革命先烈遗志，报效祖国，努力成长为有理想、有道德、有文化、有纪律的社会主义新人！

（机械工程系、热能环保系）

主送：院领导
抄送：学院各系、各部门　　　　　　　　　　　　　　　　　　　　共印 50 份

解　析

这是两则以精神文明为主题的动态简报，置于同一简报格式中，并不违反简报内容单一性的要求。标题凝练、事实清楚、意义突出。

示例3

会议简报

（第 1 期）

×××会议秘书组编 　　　　　　　　　　　　　　××××年×月×日
―――――――――――――――――――――――――――――――――――

××函授大学全国教学工作会议在京召开

经过一段时间的积极筹备，××函授大学全国教学工作会议于××××年×月×日在北京正式召开。

参加今天会议的有中国××研究会的部分理事、各地辅导站代表、学员代表和校部教职员共70余人。

今天上午和下午都召开了全体会议。

上午，校务委员会主任××同志在开幕词中讲了这次会议的宗旨。他说：我们召开这次会议，是要交流、总结各地辅导站的工作经验，研究如何提高教学质量，明确今后的办学方向，希望大家畅所欲言，为"函大"开创新局面献计献策。

紧接着，各地代表分组进行了讨论。讨论会上，××同志对如何开好这次大会，还提出了许多宝贵意见。

在下午的会上，教务长×××同志结合一些辅导站的情况，进一步强调：要办好面授辅导站，必须争取当地文教部门领导的支持，必须有一个坚强的领导班子和高水平的教师队伍，以切实保证教学质量的稳定，以质量取信于社会，同时还必须严格财务管理制度，坚持勤俭办学的原则。

"函大"顾问、××大学×××教授，虽逾八十高龄，但仍不顾天气炎热，到会看望大家并讲话。他指出，函授教育是一种很好的形式，这种形式有很多好处：一是节约人力，学员可以边工作边学习；二是花钱不多，却能为国家培养出大量人才。此外，面授辅导要搞好，就得搞资料交流，资料要有针对性，要解决学员提出的实际问题。×老的讲话给了与会者以巨大的鼓舞，受到大家的热烈欢迎。

―――――――――――――――――――――――――――――――――――
抄送：校长办公室，校教务处，各地辅导站 　　　　　　　　　　共印××份
―――――――――――――――――――――――――――――――――――

解　析

这是一份会议简报。格式规范、完整；内容简洁、明了；会议进程交代得具体、清晰。

任务练习

一、假设你是学校某社团的成员，为你所在的社团拟写一份工作简报。

二、学校于××××年×月×日举行了第×届田径运动会，请以本届校运动会为素材，编写一份反映学校运动会实况的简报。

三、下面这篇"简报"在结构上和语言上存在着毛病，请指出并重新整理。

陕西一些旅游点附近的农民向外国旅游者
强行兜售商品造成不良影响

4月20日上午，美国413旅游团外宾去陕西乾陵参观游览。客人一下车，一群手拿各种工艺品的农民就一窝蜂而上，大叫大喊着、争抢着要外宾买他们的东西。其中一些人手持唐代铜镜、铜钟及汉唐古钱等文物出售。外宾急于参观，打手势表示没有心思买东西。然而，这些农民仍围着不散。导游走过去，使眼色，说好话，一个个左劝右劝这些人就是不想走，有些走开了一会儿又回来了，继续大声兜售商品，并且大声辱骂导游，有些话还十分难听，无法写出。当这个老外旅游团要离开陕西乾陵时，一群小孩还围住一位70多岁的穿中国红衣服的老太太外宾，非要她买不可。这老太太外宾无路可走，山穷水尽，只好一步步向路边退下去，结果被挤得跌进大路边的不到2米宽的小水沟，造成右脚关节骨裂，呻吟不止，当即由导游叫来救护车，送到医院。

最近，在陕西乾陵旅游点附近，围堵外宾，强行向客人兜售旅游商品的现象时有发生。

3.5　演讲稿写作

3.5.1　演讲稿的相关知识

1. 演讲稿的含义

演讲稿又称演讲词，它是讲话者在大会或其他场合公开发表个人观点、见解和主张的文稿。演讲稿是讲话的依据、规范和提示。从广义上来说，准备在听众面前发表意见、抒发感情而写成的文稿都是演讲稿，如学术专题演讲、会议报告演讲、法庭论辩演讲以及各种礼仪演讲等。从狭义上来说，专指各种主题演讲稿，即参加各种演讲赛、演讲会使用的文稿。

2. 演讲稿的特点

（1）内容的现实性和针对性

现实性是指演讲稿探讨的是现实生活中存在的、为人们所关心的问题。它的观点和材料要来自生活、学习和工作中，它是真实可信的，是为了解决身边的问题而提出来讨论的。针对性是指演讲稿的内容要根据演讲对象的身份、职业、心理、文化程度、接受能力、审美趣味等的不同而选择相应的语言材料，做到因人而异。

（2）情感的说服性和情境性

演讲的目的就在于打动听众，使听者对讲话者的观点或态度产生认可或同情。演讲稿作为具有特定目的的讲话稿，一定要具有说服力和感染力。因此演讲者还需顾及时间效应和地点环境等，具备应变能力，随时调整自己的演讲内容。

（3）语言的通俗性和有声性

演讲是通过有声语言来表情达意的，因此还要注意语言的使用，把语言转换为有气

请书"等。后一种也可省略"书"字，如"住房申请"。申请书的标题应写在正文上方的正中处，书写应认真、醒目。

2. 称呼

称呼的内容为接受申请的单位或个人名称，书写位置在标题之下，顶格写起，后加冒号。称呼应该明确具体，写给单位或组织的就写单位或组织名称，如"××省总工会""××市委宣传部"等；给个人的一般在人名后（或姓后）加职务，如"万书记""张厂长"等，也可以泛称，如"××同志"等。

3. 正文

正文是申请书的主体部分和核心部分，应在称呼之后另起一行写。正文包括申请事项和申请理由两部分内容。写作时应先写申请事项，然后写申请理由。事项与理由一般应该分段写。如果理由内容较多，也可以分段逐条写，以便读者理解和把握。

4. 结语

并不是所有的申请书都必须有结语，有无结语可视具体情况而定。结语一般多写表达敬意的常用语，如"此致""敬礼"。"此致"在正文之后另起一行，前面空两格，然后再另起一行顶格写"敬礼"，不用标点符号。有时也可写一些表达希望和感谢的短语，如"请党组织考验我""请批准""请组织考察""谢谢"等。

5. 落款

申请书的落款包括署名和日期两方面内容，写在正文和结语之后的右下方。一般署名前都注明"申请人"三字，日期应写在署名之下，年、月、日俱备。注意，如果申请者是单位，一定要加盖单位公章。

3.6.3　申请书的例文分析

示　例

开业申请书

市工商局：

我是待业青年，2020 年高中毕业后一直在家自学家用电器维修知识。去年自费到技校家电维修技术培训班学习，并以优异成绩结业。现在，我已经掌握了国产和进口家电的维修技术。为减轻国家负担，给社会做点贡献，改变依靠父母养活的状况，我申请开办个体家电维修部。请考核我的技术，批准我的要求，发给营业执照。开业后，我保证遵守国家政策、法令，维护市场秩序；按章缴纳税金，如实反映修理情况；服务热情周到，让顾客满意；价格公平合理，优质服务。

　　此致
敬礼

申请人：×××

××××年×月×日

解析

首先，这份申请书的标题不准确，与正文内容不一致。从正文来看，应该是请求工商局颁发营业执照，而标题的言外之意是申请人已经持有营业执照，只等开业了。开业是不需要向市工商局申请的。可见，文章的标题不可造次，务求题文照应。其次，少数语句不够得体，也不够简洁。如"批准我的请求，发给营业执照"明显带有命令的口气；保证的内容有的超出个人能力范畴，如"维护市场秩序"；有的不属于保证的范畴，如"如实反映修理情况"。再次，个别句子小题大做，不切实际，如"为减轻国家负担，给社会做点贡献"。最后，结构不太合理，保证内容最好单独成段，确保段意的相对独立性。

任务练习

天津财经大学珠江学院团委决定在暑假组织一次大学生暑期"三下乡"支教活动，统计 2201 班的李华同学很想参加，请代他写一份申请书。

3.7 倡议书写作

3.7.1 倡议书的相关知识

1. 倡议书的含义

倡议书是个人或集体提出建议并向社会或有关方面公开发起，希望共同完成某项任务或开展某项公益活动所运用的一种专用书信。它作为日常应用写作中的一种常用文体，在现实社会中有着较为广泛的使用。

2. 倡议书的特点

（1）群众性

倡议书不是对某个人或某一集体而言的，它往往面向广大群众，或对一个部门的所有人发出，或对一个地区的所有人发出，甚至向全国发出。所以其对象广泛的群众性是倡议书的根本特征。

（2）公开性

倡议书就是一种广而告之的书信。它就是要让广大的人民群众知道了解，从而激起更多的人响应，以期在最大的范围内引起共鸣。

3. 倡议书的作用

倡议书的作用有如下几点：

（1）倡议书能在较大范围内调动群众的积极性

倡议书可以使大家心往一处想，劲往一处使，齐心协力共同做好一些有益于社会的事务和开展某些公益活动。

（2）倡议书是开展精神文明建设的一个有效的方法

倡议书的内容一般是同人们的日常生活相关的一些事项。如倡议爱护花草树木，保护生态环境；倡议众志成城，同心协力，实现祖国的尽快复兴等。所有这些都有利于人们的身心健康，属于社会主义精神文明的重要内容。

3.7.2 倡议书的写作模板与格式解析

倡议书多由某些会议代表或先进集体为倡导某种先进风气或为号召群众开展某些有意义的活动而发出，所以其内容也不尽相同，但其格式基本一样。倡议书一般由标题、称谓、正文、结尾和落款五部分组成。

1. 标题

倡议书的标题一般由文种名单独组成，即在第一行正中写上"倡议书"三个字。也有的在前面加上倡议的对象范围，如"给全市教育工作者的倡议书"。

2. 称谓

倡议书的称谓可依据倡议的对象而选用。如"全国大学生朋友们""广大的妇女同胞们"等。有的倡议书也可不用称呼，而在正文中指出。

3. 正文

（1）倡议的背景、条件、原因和目的

发出倡议书的期望是引起广泛的响应，只有交代清楚倡议活动的原因、条件、各种背景事实，并申明发布倡议的目的，人们才会理解和信服，才会自觉地行动起来。这些因素交代不清就会使人觉得莫名其妙，难以响应。写明这些因素后，可以用"为此，我们倡议如下（我们提出如下倡议）"进行过渡。

（2）倡议的具体内容和要求

这是正文的重点部分。开展怎样的活动，都做哪些事情，具体要求是什么，它的价值和意义都有哪些，均需一一写明。因为只有明白了倡议的内容、实行的具体措施，他人才知道如何去响应、如何去投入实际行动。内容如果较多，则可以分条列项，这样写往往清晰明确，一目了然。

4. 结尾

结尾要表示倡议者的决心和希望或者写出某种建议。一般不必写表示敬意或祝愿的礼节性结束语。

5. 落款

倡议书的落款写明倡议的发出者，即写明倡议者单位、集体或个人的名称或姓名，署上发倡议的具体日期。

3.7.3 倡议书的例文分析

示 例

毕业生文明离校"七个一"倡议书

时光飞逝，岁月轮转，转眼又来到离别的六月。这个夏天 2023 届毕业生即将启程，离开美丽的校园，怀揣梦想，驶向人生的彼岸。在此，我们向全体毕业生道一声珍重，同时也向全体毕业生发起倡议。

1. 开好一次主题班会

邀请班主任主持最后一次班会，大家聚在一起，回顾大学青葱四年，说说和老师、同学间有趣的故事，谈谈对未来的设想。

2. 开好一次榜样经验交流会

学院组织部分优秀毕业生代表，为低年级同学带来应聘考研、考公务员、考编制等方面的成功经验和心得。

3. 提出一条好的建议

牢记"坚守朴实，追求崇高"的精神，以良好的状态奔赴社会的四面八方。同时，提出一条母校发展建议，为学校和学院的发展献计献策。

4. 捐赠一件有意义的物品

赠人玫瑰，手有余香。一份捐赠便是一份希望，让我们奉献一份爱心，温暖一个心灵。将自己不便带走的书籍、衣物等捐赠出来，送给更需要的人。

5. 参加一次集体活动

希望全体毕业生积极配合学院工作，自觉按照学校离校流程办理相关手续。我们号召全体毕业生参加一次集体活动，按时参加毕业生晚会和毕业典礼，将最好的风采留给母校。

6. 美化一次环境

希望大家维护宿舍内外的环境卫生，保护和谐校园环境，爱护公共财物。我们号召每一个毕业班级，在离校前最后打扫一次宿舍卫生，将文明与整洁留给母校。

7. 留下一份美好回忆

让我们带着一颗感恩的心，再一次静赏校园里的一草一木，以积极向上的心态告别母校。让我们向敬爱的老师说一声感谢，道一声珍重。让我们留下美好的回忆，带着殷切的希望，愉快地奔向新的征程。

毕业不是终点，而是迈向新生活的起点。今日的离别是为了来日更好地相聚。离别之际，让我们努力做到：安全离校、文明离校、有序离校、从容离校、和谐离校。

祝全体毕业生前程似锦！一帆风顺！

×××××学院

2023年×月×日

解　析

这是面向全校毕业生的倡议书，内容紧贴学校生活，事项具体清晰、有条理，倡议要求切合实际，具有可操作性，易于遵照行动；文体格式规范，主要部件齐全，语言简洁明了，带有倡导、号召性。该倡议书的事项分条列举，采用"主旨句＋具体阐述"的形式。

任务练习

经调查发现，你校食堂存在巨大的浪费，请以校学生会的名义写一份倡议书，倡议全校师生厉行节约。

3.8　证明信写作

3.8.1　证明信的相关知识

1. 证明信的含义

证明信是单位或个人出具的用来证明某人的身份、经历或某事物的真实情况的专用书信。证明信的特点就是它的凭证作用，是持有者用以证明自己身份、经历或某事物真实性的一种凭证。

2. 证明信的应用情况

证明信一般由单位或熟悉情况的个人来写。具体来讲，证明信适用于下列一些情况：

① 加入某一级组织或党派，组织在进行调查时，原单位或有关人员要为其开具证明信。

② 为澄清历史事实或明晰事件的真相，由当时亲身经历的人写出证明，以澄清事实。

③ 个人在为单位办理某些事项，或个人由于具体情况而必须向单位作出解释说明时，也可以请有关人员出具证明。

3.8.2　证明信的写作模板与格式解析

证明信由标题、称呼、正文、结尾四部分组成。

1. 标题

在文首行的正中间书写"证明信"。

2. 称呼

顶格写收信单位名称。如果是外出办事只做身份证明，这一项可以略去。

3. 正文

写清楚证明的事项。如证明某人的工作经历，应写明姓名、时间、在本单位工作时担任的职务、工作能力、业绩等。

4. 结尾

写明固定用语"特此证明""情况属实，特此证明"等。

3.8.3　证明信的例文分析

示例 1

学生干部证明信

××××：

　　学生×××，男，中共党员，学号：×××，20××年9月入我校××学院××专业学习，该专业学制四年。该生现为我校20××级普通全日制应届本科毕业生。

该生在学期间，担任××学院学生会主席、20××级学生党支部书记等职，任职期间，能积极组织、参与学生各类课外活动，具备了较强的管理、组织和协调能力，得到了师生的广泛认可和好评。

特此证明

××大学××学院

20××年×月×日

解 析

学生干部证明信一般由学生所在院系或学生所在社团的管理部门开具。证明信不仅要提供学生的基本信息，还要证明其在学期间担任学生干部的情况。为了让对方了解学生的任职情况，还应提供任职起止时间。另外，在证明学生干部职务的同时，还可对其任期表现进行简要评价。如果是学生党员证明信或担任学生党组织的干部，应由所属党委或党总支提供证明并加盖党组织公章。

任务练习

一、证明信有什么特点？

二、根据以下材料，写一封证明信。

××同志从××财贸学院调往市财政局，表现突出，等待干部提拔。财政局希望原工作单位能够出具××同志工作经历及表现的证明。××，现年44岁，中共党员，在院财经系担任教师，副教授职称，工作认真负责，业务能力强，多次被评为优秀教师、教学能手。

三、假如毕业后你要到一家国有企业去应聘，对方要你出具一份在校表现证明，请以学校名义为自己拟写一封证明信。

3.9 述职报告写作

3.9.1 述职报告的相关知识

1. 述职报告的含义

述职报告是报告人向主管领导部门、人事部门或本单位的职工群众，陈述自己在一定时期内工作实绩、问题和设想的自我述评性的报告文书。

2. 述职报告的特点

（1）内容的限定性

述职，必须紧紧围绕岗位职责和目标来进行。无论是汇报工作成绩，还是说明存在的问题、概括今后工作打算，所用的材料都被限定在述职人的职责范围内，不属于自己的岗位职责，即使做了某些工作也不必写入报告中。

（2）实绩的呈现性

述职报告表述的重点应该是工作实绩，即在一段时间内做了哪些工作，有什么突出贡献，包括工作质量、效率、完成情况及程度、水准等，实事求是地做出自我评价。写述职报告，切忌泛泛空谈、抽象论证。

（3）时间的限制性

述职报告有严格的时间界限：一是述职的内容必须是在任职期限内的，不是这一期间做的工作不需要写入。二是报告时间的限制性。述职者必须在考核期间，按考核时间的要求写出书面报告，向本部门群众宣读并上交上级有关部门。

（4）行文的严肃性

述职报告是考察工作的重要依据之一，一般都要存入干部、人事档案，加上需要面对领导、群众报告，以及报告场合的庄重性，都决定了述职报告具有极强的严肃性。因此，述职者必须严肃认真地对待述职报告的写作。报告中表述的"实绩"，必须真实准确，语言质朴平易，切不可添枝加叶、主观想象，或含糊其词、文过饰非。

（5）主体的唯一性

用第一人称表述。

3．述职报告的种类

（1）从内容上划分

① 综合性述职报告：报告内容是一个时期所做工作的全面、综合的反映。

② 专题性述职报告：报告内容是对某一方面的工作的专题反映。

③ 单项工作述职报告：报告内容是对某项具体工作的汇报。这往往是临时性的工作，又是专项性的工作。

（2）从时间上划分

① 任期述职报告：从任现职以来的总体工作进行报告。一般来说，时间较长，涉及面较广，要写出一届任期的情况。

② 年度述职报告：一年一度的述职报告，写本年度的履职情况。

② 临时性述职报告：担任某一项临时性的职务，写出任职情况。

（3）从表达形式上划分

① 口头述职报告：需要向上级述职，或向本单位职工群众述职的，用口语化的语言写成的述职报告。

② 书面述职报告：向董事会或向人事部门报告的书面述职报告。

3.9.2　述职报告的写作模板与格式解析

述职报告由标题、称谓语、正文、落款四部分组成。

1．标题

述职报告的标题，常见的写法有以下三种。

① 文种式标题，只写"述职报告"。

② 公文式标题，姓名＋时限＋事由＋文种名称，如"××2018 年至 2019 年试聘期述职报告""××2018 年至 2019 年任主管经理职务的述职报告"。

③ 文章式标题，用正题，如"2019 年述职报告"。

2. 称谓语

① 书面报告的称谓语，写主送单位领导名称或单位名称，如董事长或人力资源部。

② 口述报告的称谓语，写对听者的称谓，如"各位同志""各位领导，同志们"。

3. 正文

述职报告的正文由开头、主体、结尾三部分组成。

(1) 开头

开头又叫引语，一般交代任职的自然情况，包括何时任何职，变动情况及背景；岗位职责和考核期内的目标任务情况及个人认识；对自己工作尽职的整体估价，确定述职范围和基调。这部分要写得简明扼要，给听者一个大体印象。

(2) 主体

主体是述职报告的中心内容，主要写实绩、做法、经验、体会或教训、问题。要强调写好以下几个方面：对单位部门规章制度、上级领导指示的贯彻执行情况；对上级交办事项的完成情况；对分管工作任务完成的情况；在工作中出了哪些问题，采取了哪些措施，做出了哪些决策，解决了哪些实际问题，纠正了哪些偏差，做了哪些实际工作，取得了哪些业绩；个人的思想作风、职业道德、敬岗爱业和关心群众等情况；写出存在的主要问题，并分析问题产生的原因，提出今后改进的意见和措施。

这部分要写得具体、充实、有理有据、条理清楚。由于这部分内容涉及面广、量多，因此宜分条列项写清。"条""项"要注意内在逻辑关系。

(3) 结尾

结尾一般写结束语，用"以上报告，请审阅""以上报告，请审查""特此报告，请审查""以上报告，请领导、同志们批评指正"等作结。

4. 落款

述职报告的落款，写上述职人姓名和述职日期或成文日期。署名可放在标题之下，也可以放在文尾。

3.9.3 述职报告的例文分析

示 例

述职报告

尊敬的各位领导、老师：

大家好！

时光荏苒，岁月如梭。我自 2018 年 9 月加入法学院学生会，转眼间已过了两个年头，现在我已是即将升入大三的学生，并且刚刚被选入执行主席团的行列。我很荣幸，同时也感谢各位老师、同学对我工作的认可，今后我将更加认真、负责，和大家一起努力，让法学院学生会发扬光大！在过去的两年中，我立足本职，围绕学生会工作大局，脚踏实地，开拓创新，以务实的工作作风、饱满的工作热情和旺盛的工作经历，全面履行职责，较好地完成了各项工作任务。现将我两年来的工作情况报告如下：

一、立足本职，积极组织并带头参加学生会各项活动

学生会是在学院党总支和团委的指导下代表广大同学利益的学生组织，是联系学生与学院的桥梁和纽带，是发展与繁荣校园文化的舞台和基地，是培养大学生全面成才的重要载体。我们的本职是立足同学，服务同学。我自加入学生会以来，从未脱离这一主题，认真履行职责，在当秘书处干事的一年间，我学到了不少东西，积累了很多工作经验，在组织活动的同时积极地带头参加了很多学生会的活动，取得了一定成绩。

1.2018 年 9 月，在艺术团主办的校园剧大赛中我荣获"最佳女主角"的称号。

2.2018 年 11 月，在女生部承办的礼仪小姐大赛中荣获"最具活力奖"。

3.2019 年 3 月，在"女月风尚主题秀"征文比赛中获得三等奖。

4. 曾担任学术部主办的学习经验交流会、考研经验交流会以及女生部主办的"唯舞独尊"晚会等各种活动的主持人，积极配合各个部门做好特色活动。

5. 在学生会 2019 年的迎新工作中，我作为迎新工作的主力之一，担任法学院 0701 班临时带班班主任，本着"真诚迎新生，努力创温暖"的原则投入迎新活动中，努力为新生创造一个温暖的家，我同其他带班班主任一起怀着一颗热忱的心，微笑着为每位新生和家长服务，在开学的一星期里经常到新生寝室去发掘文艺、辩论、体育等各方面的人才，关心他们的学习生活，帮助他们解决困难，在夏日炎炎的军训场地上随时准备为他们服务，使他们感受到家的温暖。

6. 在学校 2019 年春季运动会工作中，作为秘书处的干事，我听从部长安排，积极清点运动会所需各项物品，做好充分的准备，并在运动会开幕式上带领法学院代表队一展法学院学子的精神风貌，之后又一直在观众席做啦啦队的组织工作。经过大家的共同努力，法学院最终获得"体育道德风尚奖"的锦旗，为法学院学生会增光添彩！

7. 在学校组织的大合唱比赛中，我同众多学生会成员一起参与其中，每天早上六点半进行训练，牺牲了星期六、星期日休息的时间，持之以恒，坚持不懈，经过长达一个多月的训练，法学院终于取得了总成绩第三名的好成绩。

8. 在法学院迎新晚会上，我负责活跃观众席气氛的工作，为了达到台上台下欢聚一堂的互动效果，我积极筹备晚会所需道具，如荧光棒、礼花等，并仔细认真地安排了到席观众的座次区域，之后又投入迎新晚会舞蹈《朝花夕拾》的表演中。最后，在学生会全体成员的共同努力下，法学院迎新晚会再次赢得各学院的一致好评。

通过亲身组织并参与学生会的各项活动，我熟悉了学生会举办各种活动的大体脉络流程，并总结自己的心得体会，写入每次的活动总结中，自己的才智也在活动中得到了锻炼和提高。

二、恪尽职守，不断创新

升入大二，我荣升秘书处部长，凭借大一踏踏实实工作积累下的经验，我开始有了施展自己领导才能的空间。在做好秘书处原有本职工作的同时，我开始思考革新，思考如何改进秘书处存在的不足之处。

首先，做好规范的存档工作。学生会的每次活动都有计划、总结，以及由秘书处负责填写的活动记录表。做好活动记录的备份存档工作将为以后各项工作的开展带来很大的便利，但之前的存档工作做得不是很好，总是丢掉一些很有价值的文件。革新之处：要求各

部的活动备份一式三份，分别放在本部、秘书处、学办老师的档案盒内，并将电子稿发至学生会的邮箱内。这是不成文的规定，必须长久贯彻下去，使学生会的存档工作日益规范化。其次，制定法学院学生会章程。学生会自成立以来，逐渐发展形成了纳新、财务、会议、评优、奖惩等一系列规章制度，但林林总总，不成体系，也没有落实到文字上。今后学生会有了规范化的章程，就会有规范化的运作，也为法学院学生会长足的发展奠定了制度基础。再次，账目的明细公开化。学生会报账要遵守严格的报账制度，公开报账时间、地点，杜绝私自报账的现象；报账工作专人负责，并且定期向老师汇报工作情况，上交账目清单。当然，秘书处的工作性质决定了我要以更高的工作标准来要求自己，要考虑到更多的细微之处，要以自己的细心、耐心和热心换得秘书处的疏而不漏、有条不紊！

三、严于律己，不断进取

在开展学生会工作，不断提升自己的组织、领导、协调能力的同时，我严格要求自己，一定要学好专业知识，为以后的就业打下坚实基础。同时，我也深知如果一个部长没有相当好的学习成绩，是不能让干事们信服的，也不会在学生会长久地工作下去。本着这样的思想，我抓紧一切工作之余的时间来学习，参加了全国计算机等级考试，现在也加大了英语学习的力度，以顺利通过不久以后的英语四级考试。虽然上一年的综合测评我排名第七，拿到了三等奖学金，但这对我来说还远远不够，"路漫漫其修远兮，吾将上下而求索"，我要向那些工作出色又能拿一等奖学金的学长学姐们看齐！作为大二学生，我还在思想上、行动上积极向党组织靠拢，提交了入党申请书，接受了入党培训等一系列的教育活动，对党有了更加深刻的认识。现在我已经光荣地成为预备党员，审核材料已经上交，等待审批，相信只要我努力工作，不断学习，端正思想，紧跟党的步伐，一定会尽早加入伟大的中国共产党。

四、总结过去，昭示现在，指导未来

两年以来，我勤勤恳恳、踏踏实实地做了很多工作，取得了一定的成绩，从中得到了锻炼和提高；同时，也为丰富大学生课余活动、提高学生会在学生中的影响力做出了一些贡献。但我也存在许多不足之处，表现在：

1. 对各方面知识掌握得还不够，理论素养不高，明显地暴露在科创部和体育部举办的活动中。

2. 工作尚欠大胆，创新意识不强，总是在遵循前辈留下的经验。

3. 性格较直率，有些时候表达方式欠考虑。

4. 在用人技巧方面尚待提高。

这些问题我将在今后的学习、工作中认真加以改正和提高。总结过去，立足现在，指导未来，我将继续努力，不断提升自我，完善自我，把学生会工作做得更好。

以上是我的个人述职报告，若有不妥之处，敬请老师批评指正。再次感谢一直以来对我工作给予支持和肯定的学院各级领导。

述职人：××

××××年×月×日

解　析

这是一篇学生会干部的述职报告，全面阐述了任职两年的履行职责情况，层次清晰，表述明确。

任务练习

一、以下这则述职报告存在多处问题，请指出并予以改正。

卫生局个人述职报告

我于 2021 年 7 月从××医科大学毕业，同年 12 月分配进××县人民医院，借入县卫生局，任办公室文书一职至今。一年来，在局领导和办公室主任的领导和关心下，在同事及各位同仁的支持帮助下，我紧紧围绕办公室的中心任务，服务领导工作安排，加强学习锻炼，认真履行职责，全面提高了自己的思想认识、工作能力和综合素质，较好地完成了各项工作任务。现将一年来的个人主要工作情况总结如下。

1. 以踏实的工作态度，适应办公室工作特点。办公室是单位运转的一个重要枢纽部门，是上传下达和沟通领导与群众的枢纽和桥梁。因此，办公室的工作既宏观又具体，既要沟通上下又要协调左右，既需要具有前沿知识又需要具有实际工作能力，再加上办公室人手少，工作量大，这就决定了办公室工作繁杂的特点。一年来，我以踏实的工作态度，不仅适应了办公室繁杂的工作特点，还满意地完成了各项工作，赢得了同事的好评。

2. 加强学习，提高自身思想水平。结合工作实际，自己更加认识到学习的重要性。工作一年来，我一方面自觉学习时事政治及法律法规等相关知识，另一方面时时温习医学基础知识、公文写作及计算机知识等，不断提高自己的思想素质、工作水平和认识、分析、解决问题的能力。

3. 以学习整改活动为契机，树立良好的工作作风。一是积极参加执政为民服务发展学习整改活动，多次参加义务劳动，同时，撰写心得体会，不断加强自身工作作风建设。二是学习领悟党的十九大精神，认真收看党的十九大开幕会，多次参加职工大会专题学习，并认真聆听了县上十九大精神宣讲团到卫生局的专场宣讲报告。

4. 加强文秘工作，严格文件印发、送达、收发程序。一是严格公文签发和制发程序，在具体工作中，由各有关科室负责拟稿经局领导签字后，再由办公室负责公文审核、登记，全年共制发公文（简报）450 多件，做到分类明确、存档细致、无编发错误。二是加强公文收发传阅管理工作，根据自己工作需要，设有公文阅件卷和急办件卷，并按照局领导分工情况分别配置有领导阅文卷，从而大大提高了阅文速度和工作效率。在具体工作中，我认真阅读每一份文件，写好每一份拟办意见，传递好每一份文件，督促相关科室按时完成有关工作，做到条理清晰，心中有数。三是在工作中加强与同事间的配合，协助做好文稿修改、年度总结、工作汇报及领导讲话等的拟草工作。

5. 做好群众来信来访工作。信访工作不仅是办公室的重点工作，更是全局的重点工作，如果不重视此项工作，马马虎虎去应付，不仅会损害部门形象，更会影响社会和谐安定。因此，全局上下都高度重视信访工作。我严格按照相关条例要求，做好信访日常管理工作，按规定对群众来访做好接待工作，对群众来信进行专项登记、传阅及归档。同时，对 2021 年年度信访维稳工作进行了专项总结。

6. 做好了迎接市卫生局和县上考评工作。一是根据时间安排，及时向县属各单位部署迎检准备工作，积极协调各科室，做好各类资料归档立卷工作。二是按照县上考评要求，对信访稳定、帮乡扶贫、计划生育及劳务经济等 10 多项工作进行了专项总结，同时，我还参加了对创建国家卫生县城工作及全年卫生工作总结工作。三是按照年初市卫生局下达的年度基层单位目标责任书，我草拟了自查报告，制作了专题幻灯片，考评后，我还围绕此次考评工作撰文发表在《××》第 91 期上。

7. 做好了乡镇卫生院院长培训授课工作及全县农村卫生人员培训项目技术培训工作。一是按照安排，我很荣幸地为全县乡镇卫生院院长们作了《医院文化和医院团队建设》一讲的培训授课工作，使我获得了众多院长们的好评。二是根据县卫生局 2021 年农村卫生人员培训项目实施方案，应领导要求，我于 12 月 21 日在公平镇中心卫生院为全县乡镇卫生院进行了农村卫生人员培训项目技术培训。

8. 加强档案管理，提高归档质量。一是参加了县上组织的档案业务继续教育培训，就公文处理、归档文件整理、机关文件材料归档范围和文书档案保管期限规定等内容进行了学习，并获得了结业证书。二是制定了《××县卫生局机关文件材料归档范围和文书档案保管期限规定》，经××县档案局认真审查后同意施行，切实加强档案管理。三是将×××年以来的文书档案共 188 卷进行了归档立卷并移交县档案局。

9. 勤勤恳恳，做好办公室值日工作。除做好平时的值日工作外，还多次参与法定节假日值日工作；我在做好值日工作的同时，还认真做好了向市、县两级的维稳工作日报告工作。

总之，本人政治立场坚定，思想觉悟高。思想上，自觉加强理论学习，努力提高政治思想素质；生活上，艰苦朴素，勤俭节约，敢于吃苦耐劳，关心集体，热爱集体，具有较强的主人翁意识和集体荣誉感，服务意识强，有奉献精神；工作上，求真务实，与时俱进，工作热情高，精力充沛，能力强，能独当一面地开展工作，具有较强的人际协调能力和组织管理能力。工作一年来，本人完成了学生角色的转变，始终保持一种积极向上的心态，尽心尽责，服从领导，遵守纪律，严于律己，以踏实的工作态度，认真履行职责，努力开展工作。一年来，通过不断加强自身学习锻炼，我全面提高了自己的思想认识、工作能力和综合素质，较好地完成了各项工作任务，赢得了领导及同事的好评。

二、请班干部和学生会干部根据自身履行职责的情况写一篇述职报告。

3.10 研究报告写作

3.10.1 研究报告的相关知识

1. 研究报告的含义

研究报告是根据研究的资料写出的反映客观事实的书面报告，主要通过文字、图表的形式将研究的过程、方法和结果表现出来。其主要目的是告诉读者，该研究是如何实施的，获得了哪些结果以及这些结果有何理论和实际意义等。研究报告是调查与分析、实践与理论、客观与主观相结合的实用性文体，便于阅读和理解。从某种程度上来说，它和研究论文是相通的。

2. 研究报告的意义

研究报告是课题研究成果最集中的代表，是研究者在课题研究结束后对科研课题研究过程和研究成果进行客观、全面、实事求是的描述。其是课题研究所有材料中最主要的材料、科研课题结题验收的主要依据，也是上级部门和专家为课题研究作鉴定的主要依据。其写作意义主要表现为：

（1）总结科研成果

研究报告通常是一项研究的"收官"工作，是科研工作的系统总结与保存科研成果的重要载体，能总结科学研究中的新问题、新发现，并能上升到理论高度。

（2）促进学术交流

研究报告可以在实践与理论之间建立必然的逻辑联系，是研究者与实践者、研究活动与实践活动相互交流沟通的桥梁。研究报告通过期刊、网络以及学术会议进行交流，让更多的同行共享研究经验和成果，也有利于科研成果的传播、推广和应用，从而提升人们的知识水平和实践技能，促进学科的进步与发展。

（3）体现学术水平

研究报告是反映学术能力与水平的重要标志，其数量和质量不但可以反映个人学术水平的高低，也可以衡量其贡献的大小。研究报告的写作过程是对研究课题进行理性思考和理论建构的过程。通过研究报告的撰写与发表，能够提升个人的学术水平和学术影响，为个人与单位添加成果和赢得声誉。

（4）推广学术成果

研究报告不但是研究者对整个研究的全面总结，更主要的是为了将研究的结果通过各种途径，让更多的人能比较全面系统地了解，并由他们通过对研究报告的理解与验证，来评判、接受或应用这一研究成果。

3. 研究报告的种类

根据研究的选题、研究的对象、研究的目的以及阅读的对象等的不同，研究报告可以划分为以下几种类型。

① 根据收集研究资料的方式和资料的性质不同，可以分为定量研究报告和定性研究报告。

② 根据研究报告的性质和功能不同，可以分为描述性研究报告和解释性研究报告。

③ 根据研究对象范围的不同，可以分为综合性研究报告和专题性研究报告。

④ 根据研究目的和读者群体的不同，可以分为学术性研究报告和应用性研究报告。

3.10.2 研究报告的写作模板与格式解析

研究报告一般包含标题、作者署名与单位名称、摘要、关键词、引言、正文、研究结果与结论、问题与讨论、附录共9个部分。有些应用性较强的研究报告则可以省略摘要、关键词等内容，原则上以不破坏研究报告的整体性与科学性为好，不强求完全一致。

1. 标题

标题是研究报告主要内容和中心思想的高度概括，以简明、恰当的文字反映研究报告的内容与特色。对标题的每个字都要仔细推敲：首先要做到具体明确，反映研究主题或内容；其次要简洁，标题字数一般不超过 20 个字，最多不超过 30 个字，且标题中间不用标点；再次要注意体现特色，要有自己的推敲与润饰，不能落入俗套；最后要注意标题具有可检索性，便于查询与推广。

2. 作者署名与单位名称

作者署名与单位名称的意义在于：明确研究报告责任人与责任单位；尊重作者及单位的贡献；明确著作权；文献检索的需要；便于业绩考核；便于读者与作者联系。一篇研究报告署名不宜过多，一般 3～6 人即可，署名应署真名、全名，不用笔名。

3. 摘要

摘要是研究报告全部内容最精练、最概括的小结。一般放置在正文之前，或放置在论文末尾。有相对独立性，能够单独应用。摘要的目的在于使读者在短时间内了解全文内容，再决定是否精读全文。在篇幅上，一般中文摘要为 150～300 字，要求简明扼要，重点突出研究报告的目的、研究对象、资料来源、分析方法、主要成果、创新之处及研究意义等内容。

4. 关键词

关键词是用于表达研究报告内容的，一般直接从题目中选取，也可以从小标题、正文或摘要里抽取 3～5 个相关名词。

5. 引言

引言不是研究报告的主体部分，要简明扼要。引言应该包含：研究工作的起因和目的；研究工作的历史背景；国内外对研究工作的现状和研究动态；强调研究工作的重要性、必要性和研究意义；本研究与众不同之处。

6. 正文

正文主要包括：①本研究报告的主要指导思想和研究原则。②本研究报告的预定目标。③本研究报告的主要内容和重点。④本研究报告的主要方法。⑤研究的进程与研究工作的实施：扼要写出研究过程中各阶段研究工作的实施情况，着重写出各项主要研究内容的研究思路和实施情况或具体做法。

7. 研究结果与结论

研究结果与结论部分主要包括以下几个部分。

（1）研究结果分析

这是研究报告的主体部分，要求现实与材料要统一，科学性与通俗性相结合，分析讨论要实事求是，切忌主观臆断。用不同形式表达研究结果；描述统计的显著性水平差异；分析结果。

（2）研究的主要成果和所形成的理性认识

主要包括对现状进行归因研究时的理性分析，在研究过程中所发现的规律，在研究过程中所创造的新模式，在研究过程中总结出的科学的、系统的、有效的方法（在总结方法时，要注意方法的系统性，不要局限于"我是怎样做的"，而要从"应该怎样做"来进行归纳总结)，进行对策研究时所提出的有效措施与对策，在研究过程中所形成的新理论、新观点、新见解、新认识、新做法，等等。

（3）结论

这是研究报告的精髓部分。文字要简练，措辞慎重、严谨，逻辑性要强。主要内容：一是研究解决了什么问题，还有哪些问题没有解决；二是研究解决说明了什么问题，是否实现了原来的假设；三是指出要进一步研究的问题。

8. 问题与讨论

讨论是结果的逻辑延伸，是对结果的阐明论证。讨论也是研究报告的精华部分，是对引言所提问题的回答。在讨论中，通过综合分析和逻辑推理，使感性认识提高到理性认识，可以使研究报告的结论更具吸引力。

可讨论的内容相当广泛：对研究过程中各种数据或现象的理论分析和解释；评估自己结果的正确性和可靠性，与他人结果比较异同，并解释其原因；研究结果的理论意义及对实践的指导作用和应用价值；对所研究对象的作用机制或变化规律的探讨；同类课题国内外研究动态及与本文的关系；对意外的发现进行分析、假定或说明；作者在研究过程中的经验和体会；对同类研究课题的展望或建议，提出今后的研究方向和设想。

9. 附录

附录包括参考文献、调查表、测量结果表、采用行动研究的有关证明文件等。

3.10.3　研究报告的例文分析

示　例

"××市中小学全面实施素质教育研究"一级子课题
—— "深化'三课'研究，优化课堂教学"研究报告（删减版）

一、课题的提出和课题的界定

（一）课题的提出

（二）课题的界定

"三课"是指说课、上课、评课有机结合的一种课堂教学研究形式和课堂教学管理的形式。

"三课"中的"说课"是指说课教师运用独白语言、教学语言向其他教师或管理人员述说在课堂教学中如何以教育教学理论为指导、依据教学大纲和教材、根据学生的实际情况进行教学设计的一种教研活动形式。

"上课"是按照素质教育的要求，将教学设计付诸教学实践。

"评课"就是对教师的教学实践进行评价，作为交流、研究、指导、提高的过程，是对教学实践的反思和理性升华。

二、课题研究的目的、原则、方法

（一）课题研究的目的

（二）课题研究的原则

1. 全面性原则。

2. 理论联系实际的原则。

3. 系统性原则。

（三）课题研究的方法

行动研究法、实验法、调查法、经验总结法、文献资料法等。

三、课题研究的主要内容和主要措施

（一）课题研究的主要内容

1. 构建"三课"活动整体运行机制的研究。

2. "三课"的基本要求和评价标准研究。

3. 启发式、讨论式课堂教学模式研究。

4. 运用"三课"评价教师课堂教学的研究。

5. 运用"三课"评价管理教研组的研究。

6. "三课"研究和"三课"达标考核提高教师整体素质的研究。

（二）课题研究的主要措施

1. 组建教育行政部门、督导部门、教研部门、学校四结合的课题组。

2. 开展课堂教学现状调查研究。

3. 在全区干部教师中广泛开展了素质教育理论学习活动。

4. 提出了转变观念的具体要求。

5. 每年开展一次教研月活动，推动"三课"研究深入开展。

6. 抓区校两级骨干培训，带动全区中小学教师参加"三课"研究。

7. 抓典型示范，推动"三课"研究全面展开。

8. 制订《×××区中小学"三课"基本要求与评价量表》。

9. 制定一系列教学常规的管理制度。

10. 在全区所有中小学开展"三课"达标考核活动。

四、课题研究的成果

（一）"三课"研究激发了全区干部教师学习素质教育理论的积极性，促进了教育观念的转变。

开展了学习素质教育理论的活动，全区共办理论讲座890余次，开展了读书活动，干部教师学习理论蔚然成风，课堂教学改革呈现出一派生机勃勃的景象。

（二）"三课"研究提高了干部教师的整体素质

撰写的论文有864篇，一些文章在报纸杂志上发表，一些文章在市区获奖，课题组专门编辑出版了优秀论文集、优秀说案集等资料。

（三）"三课"研究促进了全区课堂教学的改革和课堂教学质量的提高

（四）形成了科学性、操作性都较强的"三课"活动的基本要求和评价标准

（五）强化了教学的科学管理

五、课题研究的启示与讨论

（一）"三课"研究要以学习现代教育理论为先导，以转变干部教师的教育观念为前提

（二）"三课"活动要坚持"说课、上课、评课"的一体化操作程序

（三）"三课"研究要把构建"启发式""讨论式"的教学模式作为研究的主要内容

（四）"三课"研究及达标活动要全员参与，重在集体研究

（五）"三课"研究要做到五个有机结合

1. "三课"研究与教师教学基本功训练有机结合。

2. "三课"研究与教研组建设有机结合。

3. "三课"研究与推广运用现代教育技术有机结合。

4. "三课"研究与骨干教师队伍建设有机结合。

5. "三课"研究与加强学校的教学管理有机结合。

（六）"三课"研究要正确处理好研究与达标的关系

课堂教学研究永无止境，提高课堂教学质量是教育改革的永恒主题。今后我们要牢牢抓住课堂教学这个实施素质教育的主渠道和主阵地，坚持以"三课"研究为载体，着力提高教师实施素质教育的能力，全面推进素质教育，全面提高教育质量。

××市××区"深化'三课'研究，优化课堂教学"课题组

××××年××月××日

解　析

该研究报告主题鲜明，条理清楚，层次的逻辑性较强，具体分类能够精准围绕主题展开，方法具体，措施得当，使得课题研究成果水到渠成。在最后的"课题研究的启示与讨论"中将理论性的问题升华到实际教学的案例中，完全符合研究报告服务现实的需求。

实战演练

一、填空题

（1）计划的正文分为_____、_____、_____三个部分。

（2）总结按照性质的不同可以分为_____。

（3）计划的全称标题由_____、_____和_____三部分组成。

（4）简报一般包括_____、_____和_____三部分。

二、单项选择题

（1）对短期内工作进行具体布置的计划，称为（　　）。

A. 规划　　　　　　　B. 方案　　　　　　　C. 设想　　　　　　　D. 安排

（2）对过去工作进行回顾分析，并从中找出对未来工作规律性认识的有指导意义的事务文书是（　　）。

A. 计划　　　　　　　B. 总结　　　　　　　C. 请示　　　　　　　D. 申请

（3）跟计划相比，总结最突出的特点在于（　　）。

A. 指导性　　　　　　B. 概括性　　　　　　C. 回顾性　　　　　　D. 可行性

（4）下列不属于获得直接材料方法的是（　　）。

A. 座谈　　　　　　　B. 问卷　　　　　　　C. 电话采访　　　　　D. 查阅图书

（5）"关于大学生就业情况的调查报告"这个标题属于（　　）。

A. 文章式标题　　　　B. 公文式标题　　　　C. 提问式标题　　　　D. 正副式标题

三、简答题

（1）简述会议记录和会议纪要的区别。

（2）简述计划和总结的联系和区别。

（3）简述申请书的写法。

（4）简述调查报告的特点。

四、写作练习

根据下列材料，请以英伦兴趣学习小组的名义，拟写一份工作计划。

① 英伦兴趣学习小组是以本校为主、附近两所高校为辅的学生自愿组织的外语兴趣学习小组。小组成员有200人，主要目的是提高英语听说能力。

② 最近召开了学习小组全体成员会议，确定了2023年学习小组的主要学习任务是口语训练。

③ 会议决定：2023年春秋两季广交会时，小组以义务服务的名义，借为外商义务服务的机会练习口语。要求5人一组。

④ 每星期一次口语课，以原分组运作。要求每个组员积极参与，并严格按指导老师（外籍老师）的要求，进行口语练习。

⑤ 每月召开一次学习汇报会。

⑥ 每两星期进行一次外语写作练习。

五、病文纠错

以下研究报告存在明显不足，请指出问题所在，并提出修改意见。

逐梦青春的研究

一、问题的提出

中学生每天面对日复一日的学习生活通常会感到迷茫。面对枯燥乏味的学习生活，我们应该在保障物质生活的同时，更加注重精神信念。我们应该有目标和梦想。那我们应该怎么去了解目标与梦想呢？

梦想，即做白日梦，空想；妄想；梦中怀想，指在未来想做的事。梦中怀想。汉代司马相如《长门赋并序》："忽寝寐而梦想兮，魄若君之在旁。"南朝梁武帝《与何胤敕》："本欲屈卿暂出，开导后生，既属废业，此怀未遂。延伫之劳，载盈梦想。"五代王定保《唐摭言·怨怒》："虽限山川，常怀梦想。"明代高启《咏隐逸·卢鸿》："开元始求治，贤哲劳梦想。"

1. 强烈排他选择性。

2. 描述未来。

3. 依赖个人经验。

4. 有的梦想还具有虚幻性，脱离现实。

二、研究的过程和方法

1. 确定有代表性的梦想具体研究对象。

2. 通过上网、查阅书籍、阅读报刊等方式搜集与梦想有关的资料。

3. 通过多种方式来搜集梦想的目标。

4. 整理与归纳我搜集的资料。

以下是我整理的研究情况：

1. 要树立适合自己的梦想。认识自我，确定自己究竟想要什么，有意识地树立起自己的梦想。因为适合于自己客观实际的渴望，才好像是设造了天空，而梦想好像是一双翅膀。只有有了广阔的空间，梦想才有可能从心底里放飞。不基于事实的梦想，只能是自欺欺人，徒劳无益。

2. 静心研析，分解梦想。树立了适合自己的梦想以后，进一步就得静下心来研究和分析梦想、分解梦想，制定出一步步实现梦想的行之有效的计划方案和实施策略，这就会使自己的梦想显得并不遥不可及。不记得是哪位名人曾说过：一个人梦想的目标越明确、细致，他实现自己梦想的概率就越大。

3. 自信努力，追逐梦想。只有心存一份"梦并不遥远"的自信和敢于努力去拼搏的勇气，才会拥有"梦想成真"的一天。也许我们在试图实现自己梦想的过程中，可能会遇到各种各样的挫折和困扰，请一定要坚持住，千万不要因为感到梦不可及而失去信心或停下追逐梦想的脚步，只有持之以恒，才能铁棒磨成针。纵观人类历史，哪个叱咤风云的成功者为了实现自己的梦想只是奋斗一时的？

4. 学习榜样，破解梦想。一般说来，我们拥有什么样的梦想，就应该努力结识什么样梦想成真的榜样，了解他们的成长经历和成就梦想的历程。了解他们的习惯、选择、吸收、消化他们的成功经验，以此来铸造一把适合自己破解梦想之锁的钥匙，打开梦想成真之门。因为善于借鉴他人的成功经验，就是"站在巨人肩膀上"，使自己看得更远、行动得更快。

5. 把握机遇，实现梦想。许多人的成功多是来自偶然的灵感，许多人之所以不能实现梦想，是因为灵感到来时没有抓住机会。机会是转瞬即逝的，如果抓住了它，就能实现梦想，但它只垂青于有梦想和有准备头脑的人。

三、研究结果

我的幻想毫无价值，我的计划渺如尘埃，我的目标不可能达到。一切的一切毫无意义，除非付诸行动。

我们要努力明确自己的梦想，让梦想之花在彼岸绽放。

第4章 礼仪经济文书写作

4.1 请柬、邀请函写作

4.1.1 请柬的相关知识

1. 请柬的含义

请柬又称请帖，是邀请客人参加酒会、宴会、婚礼、会议、典礼、招待会、茶话会、展览会、联欢会、洽谈会等喜庆、纪念、礼仪活动时所写的文书。请柬一般使用于较为庄重的场合，为显示隆重，可以购买印制精美的空白请柬卡片，然后用黑色钢笔或签字笔填入各项内容。

电子请柬是利用电子贺卡、电子邮件、手机短信等发出的请柬。电子请柬一般流行于私人朋友之间，图文并茂，伴随有音乐、动画，妙趣横生，还可以加入卡通漫画、个人照片、幽默文辞等元素，随着时尚的流行不断创新。如网上人气很高的一份"羊入虎口"婚礼请柬，用卡通形式画了一只张大嘴巴的老虎，虎口里是一只美丽可爱的小羊，老虎志得意满，小羊也是一副甘心被吞的幸福表情，令人莞尔开颜。

请柬可以印制或手写，可以竖排或横排，但都有封面、封里两部分，内容结构基本相同。

2. 请柬的特点

① 内容简洁、明确。

② 富有强烈的礼节性。

③ 装帧精美，有艺术性。

3. 请柬的种类

标准不同对请柬的划分也不同，常见的分类有：

① 按书写形式分，有横式请柬和竖式请柬。竖式请柬从右写到左，文字竖排。

② 按目的分，有会议请柬、仪式请柬、参展请柬、宴会请柬等。

③ 按印刷形式分，有单帖、双帖、组合帖三种。

4.1.2 请柬的写作模板与格式解析

请柬一般由封面、称谓、正文、结尾、落款五部分组成。

1. 封面

请柬的封面居中有"请柬"两字，字体稍大，且美观、醒目、庄雅。

2. 称谓

请柬的称谓有三种形式：一是首行顶格书写受邀单位或个人姓名，姓名后加上尊称用语，如邀请夫妻两人，则两人名字并列书写，并加"伉俪"二字；二是书写在正文后的"恭请"和结语前的"光临"间的留空上；三是写在请柬的封面上，柬内没有称谓，这种情形多见于商业信函。

3. 正文

请柬的正文部分另起一行空两格写明邀请目的、活动内容、时间地点。如有其他注意事项，包括有无人接送、到达路线等安排，都可作出适当说明，以方便受邀请者做准备。

4. 结尾

请柬通常以"敬请光临""恭候莅临""敬请拨冗光临""致以敬礼"等期盼性用语结尾。书写位置或在正文之下另起一行，空两格书写；或空两格写"恭请"或"敬请"，转行顶格写"光临"或"莅临"等。

5. 落款

请柬的落款一般空一至两行写明发柬单位或个人姓名，换行标明时间。

4.1.3 请柬的例文分析

示例 1

请　柬

×××女士/先生：

　　兹定于 6 月 15 日晚 7：00—9：00 在市政协礼堂举行端午节茶话会，届时敬请光临。

　　此致

敬礼

××市政治协商会
6 月 1 日

解　析

这是政协邀请有关人士端午节聚会发的请柬，既庄重严肃，又显出喜庆和对知名人士的尊重。时间、地点和具体内容在短短的一句话中全部表达出来，显得简洁明确。

示例 2

请　柬

××电视台：

　　兹定于五月四日晚八时整，在××大学学习堂举行"五四"青年诗歌朗诵会，届时恭请贵台派记者光临。

××大学团委会
五月二日

■ 解 析

这是以团体的名义发出的，所不同的是该文的邀请对象不是要作为客人参加会议或聚会，而是要前往进行采访工作。这份请柬实际还起到了提供某种新闻信息的作用。语言上也是用语不多，却将所要告知的信息全部说出，简洁明快，不拖泥带水，典雅不俗。

🔗 任务练习

假如你是某公司公关部职员，要邀请数据公司的曹先生参加座谈会，会后备有午餐，请你设计制作一份请柬。

4.1.4 邀请函的相关知识

1. 邀请函的含义

邀请函，也称邀请信、邀请书，它是邀请亲朋好友或知名人士、专家等参加某项活动时所发的请约性书信。它是现实生活中常用的一种日常应用写作文种，在国际交往和日常的各种社交活动中，这类书信使用广泛。

2. 邀请函的种类

根据邀请函的发送者情况，可分个人发送的邀请函和机构、组织发出的邀请函；根据邀请函的发送对象，可分为发给个人的邀请函和发给机构、组织的邀请函；根据邀请的内容，可分为普通邀请函和正式邀请函，前者适用于朋友、熟人，仅表明邀请的意图、活动的时间和地点等，后者常由活动主办方或活动主办机构发出，一般会在邀请函中具体说明活动的概况和意义，内容具体，篇幅较长。

4.1.5 邀请函的写作模板与格式解析

从撰写方法上说，不论哪种样式的邀请函，都包括标题、称谓、正文、结尾、落款五部分。

1. 标题

邀请函的标题由礼仪活动名称和文种名组成，还可包括个性化的活动主题标语。如北京大学 112 周年校庆邀请函及活动主题标语——"5 月 4 日，让我们相聚燕园"。活动主题标语可以体现举办方的文化特色。

2. 称谓

邀请函的称谓是被邀请单位名称或个人姓名，其后加冒号。个人姓名后要注明职务或职称，如"××先生""××女士"，个人姓名的前面还通常加上敬语，如"尊敬的"，以表示尊敬。

3. 正文

邀请函的正文是指正式告知被邀请方举办礼仪活动的缘由、目的、事项及要求，写明礼仪活动的日程安排、时间、地点，并对被邀请方发出得体、诚挚的邀请。活动的各种事宜必须写得清楚、周详。若距离较远，则应写明交通路线以及来回接送的方式。

4. 结尾

邀请函的结尾处通常写上礼节性的问候语，如"欢迎参加""致以敬意""敬请（恭请）光临"等。

5. 落款

邀请函的落款需写明邀请单位名称或个人姓名，下边写日期。

4.1.6　邀请函的例文分析

示　例

上海××公司年终客户答谢会邀请函

尊敬的××先生/女士：

过往的一年，我们用心搭建平台。您是我们关注和支持的财富主角。

新年即将来临，我们倾情实现公司客户大家庭的快乐相聚。为了感谢您一年来对××公司的大力支持，我们特于××××年×月×日×时在××大酒店一楼××殿举办××××年度××公司客户答谢会，届时将有精彩的节目和丰厚的奖品等待着您，期待您的光临！

让我们同叙友谊，共话未来，迎接来年更多的财富、更多的快乐！

上海××公司
××××年×月×日

解　析

这是一封答谢邀请函，首先向被邀请人简单问候，然后写清了邀请活动的内容、时间、地点等，态度诚恳，值得借鉴。

任务练习

××教授是民间文学理论家，××市文学研究会想邀请××教授于 2023 年×月×日在××宾馆黄山厅举办一场专题讲座，请你以文学研究会的名义拟一份邀请函。

4.2　简历写作

4.2.1　简历的相关知识

1. 简历的含义

在求职过程中，除了使用求职信、应聘信，还经常使用个人简历来代替求职信。

广义的简历是指简要的个人履历或经历，如在求职信中当作附件材料的简历、各种表格中填的个人简历等。狭义的简历特指求职者为了谋求职位向用人单位递交的"自荐材料"，包括个人的姓名、性别、年龄、民族、籍贯、政治面貌、学历、联系方式、自我评价、学习经历、工作经历等。这里介绍的是狭义的个人简历。

---

2. 简历的特点

① 目的性。简历的写作目的很明确，就是求职者希望通过对自身学识、能力、业绩的展示，以博得用人单位的青睐，为最终被录用打下良好的基础。

② 针对性。简历要针对用人单位的需求有的放矢，使自己的优势、强项与用人单位的条件相契合。

③ 简洁性。简历贵在简单而有力。简历的写作要简洁，重点突出，条理清晰。简历最好不超过两页纸，如果能够用一页纸清晰地表达自己，就不要用两页纸。

3. 简历的种类

（1）按格式分类

个人简历可分为表格式简历和文字式简历。

① 表格式简历。表格式简历就是把求职者的相关信息通过表格反映出来。其优点是简便、使人一目了然。

② 文字式简历。文字式简历把求职者的信息分类，用文字表述的方式罗列出来。其优点是能最大限度地展示求职者的个性和优势。

（2）按载体分类

个人简历有纸质简历、电子简历等。

① 纸质简历，就是用纸张把求职者的有关信息抄写或打印出来。

② 电子简历，就是在互联网上投放的个人简历，可以是一个网页，可以是用 Flash 制成的动画，也可以是电子表格。

4.2.2 简历的写作模板与格式解析

1. 表格式简历

表格式简历一般没有统一的模式，由求职者根据社会需要而制作。表格一般包括以下内容：求职者的基本情况、教育与培训经历、技能及资格证书、工作经历、所获奖励、求职意向、自我评价等。表格式简历示例如下。

姓名	××	性别	男	照片
婚姻状况	否	出生年月	1988 年 6 月	
民族	汉族	身高	175cm	
学历	本科	籍贯	江西	
毕业学校	湖南师范大学	专业	中文	
联系电话	××××××	邮箱	××××××	
联系地址	××××××××××			
教育与培训经历				
时间	校院名称/培训机构	专业/课程	学历	
2007.9—2011.7	湖南师范学院	文秘专业	本科	
2009 年暑假	专业资格培训中心	三级秘书资格培训		

（续表）

技能及资格证书
★ 秘书技能功底扎实，获全国秘书资格三级证书 ★ 能熟练操作 Office 等基本办公软件，获全国计算机二级证书 ★ 英语口语表达较好，能进行基本的口语交际，获全国英语六级证书 ★ 普通话表达流畅，交际能力强，获普通话二级甲等证书
工作经历
★ 2008 年暑假在市秘书协会实习，主要负责接待工作 ★ 2009 年暑假在报社实习，任实习记者一职，发表了数篇文章 ★ 大学四年校文学社编辑及主要撰稿人 ★ 曾任系秘书协会会长一职，组织承办了系第一届歌唱比赛的所有事宜 ★ 大学期间任班级组织委员一职，组织策划了辩论赛、演讲比赛等多项活动
所获奖励
★ 2008 年 12 月获"大学生艺术节"一等奖 ★ 2009 年 12 月获学院"十佳青年"荣誉称号 ★ 连续多年获专业"一等奖学金" ★ 2010 年 5 月获"优秀实习生"称号
求职意向
办公室文秘、助理、人力资源岗等
自我评价
★ 专业功底扎实，拥有文秘实际工作经验 ★ 对生活充满热情，为人稳重，诚实守信 ★ 工作责任心强，组织协调能力强

2. 文字式简历

文字式简历和表格式简历的内容基本一致，在排版上应注意清晰美观，使人方便阅读。基本信息板块，一排设置 2～3 项内容；其他信息板块，一条信息设置为一段。文字式简历示例如下。

个人简历

基本信息

姓名：×××	性别：男
学历：专科	专业：公关文秘
出生年月：1988 年 1 月	手机：139×××1234
联系电话：××××××	
Email Address：××××××@sohu.com	
联系地址：××××××××××××	

学习经历

毕业院校：××大学中文系公关文秘专业

所学课程：秘书学、文秘写作、公关实务、谈判学、人际心理学、公共关系、公关语言、应用文写作、政治经济学、哲学、外国文化史、档案管理学、中国文化史等。

另：其他培训情况。

现正在清华大学进修行政管理本科学历。

参加过驾考培训，并获得了C1驾照。

2018年参加了接待礼仪课程培训，并获得了结业证书。

工作经历

2013年5月—2015年　××公司　前台接待。在此期间工作认真负责，深受领导和同事的好评。

2015年6月至今　××公司　办公室秘书。负责文档管理工作、文书写作、文件打印、机票和酒店预订及外联工作，协助负责人进行重要日程安排，协调同其他各部门的关系，做好沟通工作，收发来往信件，订购办公用品及其他办公事务。

求职意向

愿到企事业单位、国家行政机关从事行政管理、人力资源管理、文秘、行政助理等相关工作。

获得证书情况

国家英语四级证书、全国计算机二级证书、秘书中级技能证书、公共关系资格证书等。

个人简介

多年的行政工作，使我深深体会到秘书工作的重要性，更喜爱上了这个工作。这是一个需要更多责任心和细心去完成的工作。我使用五笔字型的中文录入速度达到每分钟100字以上；英语的听、说、读、写能力达到四级水平（目前正在进修行政管理本科学历）；较擅长进行社交活动，更有组织各种文艺活动的经验；能够熟练地运用 Microsoft Office（Word、Excel、Exchange、Photo Editor、PowerPoint、Frontpage、Ulead iPhoto Express 等）的各种功能进行高效的办公室日常工作。本人工作认真、负责，做事一丝不苟，且具有很强的责任心和进取心。

自我评价

爱好广泛，是公司的文艺骨干，性格踏实肯干，工作认真，责任心极强。

性格温和、谦虚、自律、自信，有较强的实际动手能力与团队合作能力，能迅速适应各种环境。

✎ **任务练习**

一、根据个人的专业学习、在校表现及参加社会实践活动的能力等情况，写一份个人简历。

二、下面有一段材料，李洋看了以后觉得公关宣传人员一职比较适合自己。请你按照简历的要求，代李洋写一份个人简历。

江西××公司是一家集研发、生产、经营、售后为一体的公司，主要生产经营保健类产品。为了扩大公司的业务，现向社会招聘以下人员：

公关宣传人员：大学专科以上学历，形象气质佳，普通话标准，文笔流畅，有才艺者优先，男生 1.72 米以上，女生 1.6 米以上，人数 6 名。

营销人员：大专以上学历，五官端正，身体健康，有营销经验者优先，人数 10 人，男女不限。

专卖店店长：专科以上学历，有较强的组织、沟通、语言表达能力，形象好，有魄力，有亲和力，人数 5 人，男女不限。

财务人员：大专以上学历，财会类相关专业，诚实敬业，人数 2 人，男女不限。

工资待遇面议。

4.3 贺信写作

4.3.1 贺信的相关知识

1. 贺信的含义

贺信是指党政机关、企事业单位、社会团体或个人向有关单位或个人取得的成就、获得的某种职位或荣誉，以及组织的成立、庆典、会议、纪念日、寿辰等喜庆之事表示祝贺时使用的一种书信体的社交礼仪文书。

贺信从古代的祝词演变而来，除了具有祝贺的作用，还有表彰、赞扬、慰问、教育的作用。贺信可以现场宣读，也可以用邮寄、刊登等方式送达对方。

2. 贺信的特点

贺信一般是以函件形式送达的贺词，因此具有贺词的一般特点和书信的特点。

3. 贺信的种类

按作者的不同，贺信有单位发出和个人发出之分。

行文方向的不同，贺信可分为上级给下级的贺信、下级给上级的贺信、平级单位之间的贺信、国家之间的贺信、个人之间的贺信等。

上级给下级的贺信：可以是节日祝贺，也可以是对工作取得的成绩、实现重大突破等表示祝贺，这类贺信一般会在正文结尾处对下级提出希望和要求。

下级给上级的贺信：对上级全局性的工作成绩表示祝贺，这类贺信一般要在正文结尾处表明对完成上级交办的有关任务的信心和决心。

平级单位之间的贺信：对对方单位所取得的工作成就表示祝贺，这类贺信一般会在正文结尾处表明向对方学习的谦虚态度、希望与对方保持良好关系的意愿。

国家之间的贺信：一般在有外交关系的国家新首脑就职或友好国家有重大喜事时使用。

个人之间的贺信：用于亲朋好友之间在重要节日、重大喜事中互相祝贺、慰勉、鼓励，或祝贺对方在工作、学习中取得了好成绩，以分享喜悦。

4.3.2 贺信的写作模板与格式解析

贺信一般包括标题、称谓、正文、署名和日期等几部分。

1. 标题

贺信的标题写法灵活，因人因事而异。可直接用"贺信"作标题，也可加上祝贺者和祝贺对象的姓名，如"××致××的贺信"或"致××的贺信"，还可直接用事由作标题，如"祝贺市六届二次团代会胜利召开"。

2. 称谓

在标题左下方顶格书写祝贺对象名称或姓名，后加冒号。祝贺对象是单位，则写单位名称；如果是对会议的祝贺，只写会议名称；如果贺信是写给个人的，除了在姓名前加上敬语外，还应该在姓名之后加上其职务或体现双方关系的称呼，如"同志""贤弟""吾兄"等，以体现尊重之情。

3. 正文

先在概述事由的前提下，用简洁的语言向对方的喜庆事项表示热烈的祝贺，继而陈述目前形势和工作发展情况，说明对方取得的成绩和原因，并再次表示祝贺。如果是上级机关和领导给下级单位和个人致贺信，就要对今后的工作提出希望和要求，以体现上级对下级、长辈对晚辈的激励、关心。如果是兄弟单位之间发贺信，要简明回顾双方在真诚的合作中建立的友谊，并对增进友谊与合作提出良好的祝愿。

结尾时通常另起一行写上表示祝贺的礼节性语言，如"祝取得更大的成绩""祝大会圆满成功""祝您老福如东海、寿比南山"等。

4.3.3 贺信的例文分析

示　例

为庆贺朱总司令六十大寿的祝词
周恩来

亲爱的总司令朱德同志：

你的六十大寿，是全党的喜事，是中国人民的光荣！

我能回到延安亲自向你祝寿，使我万分高兴。我愿代表那反动统治区千千万万见不到你的同志、朋友和人民向你祝寿，这对我更是无上荣幸。

亲爱的总司令，你几十年的奋斗，已使举世公认你是中华民族的救星，劳动群众的先驱，人民军队的创造者和领导者。

亲爱的总司令，你为党为人民真是忠贞不渝。你在革命过程中，经历了艰难曲折，千辛万苦。但你永远高举着革命火炬，照耀着光明的前途，使千千万万的人民，能够跟随着你充满信心向前迈进！

在我们相识的二十五年当中，你是那样平易近人，但又永远坚定不移，这正是你的伟大！对人民你是那样亲切关怀，对敌人你又是那样憎恶仇恨，这更是你的伟大。

全党中你首先和毛泽东合作，创造了中国人民的军队，建立了人民革命的根据地，为中国革命写下了新的纪录。在毛泽东同志的旗帜下，你不愧是他的亲密战友，你称得起人民领袖之一！

亲爱的总司令，你的革命历史，已成为二十世纪中国革命的里程碑。辛亥革命、云南起义、北伐战争、南昌起义、土地革命、抗日战争、生产运动，一直到现在的自卫战争，你是无役不与。你现在六十岁了，仍然这样健壮，相信你会领导中国人民达到民族解放的最后胜利，亲眼看到独裁者的失败，反动力量的灭亡！

你的强健身体，你的快乐精神，象征着中国人民的必然兴旺。

人民祝你长寿！

全党祝你永康！

解　析

这是一篇内容充实、情真意切的祝词。其正文部分用饱含感情的语言，回顾了朱德总司令几十年来的革命历程，充分肯定了总司令为中国革命和人民的解放事业建立的丰功伟绩，高度赞扬了朱德同志的伟大人格和风范，字里行间洋溢着对总司令的衷心祝愿和对革命事业的无比信心。值得注意的是，尽管全文内容十分丰富，要说明的方面很多，处理不好极易冲淡祝愿感情的抒发，作者巧妙地使用了概括性语言、感叹的句式和简短的段落，不仅没有出现上述缺陷，相反却强化了情感。

任务练习

一、阅读下面材料，请以镇政府的名义向获得"凡人善举"荣誉称号的小赵加以祝贺。

早在几年前，××镇的共产党员、退伍军人小赵和妻子去江南打工，用聪明与智慧在打工单位——××汽车与零件制造厂学得一手汽车配件加工技术，几年下来手里有了积蓄。在村两委的帮助下，小赵夫妇回乡创业——盖起了厂房，购买了生产设备，汽车配件制造厂顺利开张。他们又在该镇关工委和计生站的支持下，顺利招聘本村育龄妇女和回乡知青做员工。几年来，小赵夫妇带领工人苦干实干，通过奋力拼搏，员工的腰包都鼓了起来，家家都盖起了楼房，用勤劳的双手走上了致富之路。自己富了不忘桑梓，看到本村五组组前还是土路，每逢阴雨天，泥泞不堪，小赵便与妻子商议出资 5 万元把土路修成水泥路，又安装十几盏式样新颖的路灯。平坦的水泥路加上明亮的路灯，极大地方便了村民们的出行。

两年前，小赵担任村党支部书记，在干好本职工作的同时，对关心下一代工作又倾注辛勤的汗水。他与村干部一起走村入户，了解留守儿童的情况，帮助他们解决学习与生活上的困难；定期护送留守儿童去医院接受免费体检；节假日，还组织留守儿童祭扫烈士陵园，接受爱国主义教育；组织儿童参与力所能及的公益活动，让下一代的德育、体育、智育得到全面发展。

2019 年年底，小赵被评为市"凡人善举"明星。他身披绶带满怀激情地说："党委、政府对我们创业给予了极大的支持。我富了不能忘了父老乡亲，要回报社会，把'爱心接力棒'继续传递下去！"

二、请为某大学九十年校庆写一篇祝贺词。

4.4　讣告写作

4.4.1　讣告的相关知识

1. 讣告的含义

讣告，也称讣文、讣闻，是人死后报丧的书面文书。"讣"原指报丧的意思，"告"是让人知晓，讣告就是告知某人去世消息的一种应用文体。它是死者所属单位组织的治丧委员会或者家属向其亲友、同事、社会公众报告某人去世的消息。讣告可以张贴于死者的工作单位或住宅门口，较有影响的人物去世，还可登报或通过电台向社会发出，以便使讣告的内容迅速而广泛地告知社会。

2. 讣告的种类

我国现代讣告形式有三种：一般式讣告、公告宣告式讣告和新闻报道式讣告。

（1）一般式讣告

一般式讣告是人们常用的讣告。这类讣告往往用来传达某人去世的消息，简要介绍逝者生平，通知举行告别活动的时间、地点。

（2）公告宣告式讣告

公告宣告式讣告一般用于党和国家领导人、国内的重要人物或影响力大的人物。它是由党和国家机关、团体作出决定发出的，形式隆重、庄严。

（3）新闻报道式讣告

新闻报道式讣告作为一则消息在报纸上公布，旨在让社会各界人士知道。这种讣告的内容和形式都很简单，但也有的报道得较详细。

4.4.2　讣告的写作模板与格式解析

讣告一般由标题、正文和落款三部分组成。

1. 标题

讣告的标题一般写"讣告"二字，或冠以逝者名字"×××讣告"，字体应大于正文。宜用楷、隶书体。

2. 正文

讣告的正文通常包括三方面的内容：

① 写明逝者姓名、身份、民族、因何逝世、逝世的日期和地点、终年岁数。

② 简介逝者生平。主要写其生前重要事迹、具有代表性的经历。

③ 写清吊唁、开追悼会或举行遗体告别仪式等的办法和时间、地点。

3. 落款

讣告的落款写明发出讣告单位的名称或个人的姓名，以及讣告发出的日期。

讣告示例如下。

袁隆平同志逝世讣告

新华社长沙 5 月 24 日电 享誉海内外的著名农业科学家，我国杂交水稻事业的开创者和领导者，中国共产党的亲密朋友，无党派人士的杰出代表，"共和国勋章"获得者，湖南省政协原副主席，国家杂交水稻工程技术研究中心原主任，中国工程院院士袁隆平同志，因病于 2021 年 5 月 22 日在长沙逝世，享年 91 岁。

袁隆平同志病重期间和逝世后，中央有关领导同志以不同方式表示慰问和哀悼。

袁隆平，江西德安人，1930 年 9 月出生于北京。1949 年至 1953 年在西南农学院农学系作物遗传育种专业学习。1953 年至 1971 年任湖南省安江农业学校教师。1971 年至 1984 年任湖南省农业科学院助理研究员、副研究员、研究员。1984 年后，历任湖南杂交水稻研究中心主任、国家杂交水稻工程技术研究中心主任、湖南省农业科学院名誉院长、湖南农业大学名誉校长等职务。1988 年任湖南省政协副主席。1995 年当选中国工程院院士。

袁隆平同志是第五届全国人大代表，第六届、七届、八届、九届、十届、十一届、十二届全国政协常委。他一生致力于杂交水稻技术的研究、应用与推广，为我国粮食安全、农业科学发展和世界粮食供给作出杰出贡献，被誉为"杂交水稻之父"。曾荣获国家最高科学技术奖、国家科学技术进步奖特等奖、国家发明奖特等奖、联合国教科文组织科学奖、世界粮食奖等，2018 年荣获"改革先锋"称号，2019 年被授予"共和国勋章"。

任务练习

指出下列病文存在的问题，并将其改正过来。

讣 告

夫：××同志（××市原政协委员）因病医治无效不幸于××××年×月×日×时×分在××市逝世。今定于××××年×月×日在××殡仪馆举行遗体告别仪式，敬请参加。

妻：××

××××年×月×日

4.5 合同写作

4.5.1 合同的相关知识

1. 合同的含义

合同，也可称为协议。按照《中华人民共和国民法典》的规定，合同是民事主体（包括自然人、法人和其他组织）之间设立、变更、终止民事法律关系的协议。

2. 合同的特点

① 合同是平等主体之间的民事法律关系。合同是平等当事人之间从事的法律行为，任何一方不论其所有制性质及行政地位，都不能将自己的意志强加给对方。非平等主体之间的合同不属于法律的调整对象。

② 合同是双方或者多方法律行为。合同至少需要两个当事人；同时，合同是法律行为，故当事人的意思表示是合同的核心要素，合同成立不但需要当事人有意思表示，而且要求当事人之间的意思表示一致。

③ 合同是当事人之间建立民事权利与义务关系的协议。根据《中华人民共和国民法典》的规定，民事主体之间有关民事法律关系设立、变更、终止的协议均在其调整范围内，但婚姻、收养、监护等有关身份关系的协议，适用有关该身份关系的法律规定，设有规定的，可以根据其性质参照适用合同编规定。合同作为一种法律事实是当事人自由约定、协商一致的结果，当事人之间的约定合法则在当事人之间产生相当于法律的效力，当事人就必须按照约定履行合同义务。任何一方违反合同，都要依法承担违约责任。

3. 合同的种类

根据合同的实际用途，《中华人民共和国民法典》把合同分为19类：

① 买卖合同。买卖合同是出卖人转移标的物的所有权于买受人，买受人支付价款的合同。

② 供用电、水、气、热力合同。供用电合同是供电人向用电人供电，用电人支付电费的合同。供用水、供用气、供用热力合同，参照适用供用电合同的有关规定。

③ 赠与合同。赠与合同是赠与人将自己的财产无偿给予受赠人，受赠人表示接受赠与的合同。

④ 借款合同。借款合同是借款人向贷款人借款，到期返还借款并支付利息的合同。

⑤ 保证合同。保证合同是为保障债权的实现，保证人和债权人约定，当债务人不履行到期债务或者发生当事人约定的情形时，保证人履行债务或者承担责任的合同。

⑥ 租赁合同。租赁合同是出租人将租赁物交付承租人使用、收益，承租人支付租金的合同。

⑦ 融资租赁合同。融资租赁合同是指出租人根据承租人对出卖人、租赁物的选择，向出卖人购买租赁物，提供给承租人使用，承租人支付租金的合同。

⑧ 保理合同。保理合同是应收账款债权人将现有的或者将有的应收账款转让给保理人，保理人提供资金融通、应收账款管理或者催收、应收账款债务人付款担保等服务的合同。

⑨ 承揽合同。承揽合同是指承揽人按照定作人的要求完成工作，交付工作成果，定作人给付报酬的合同。

⑩ 建设工程合同。建设工程合同是承包人进行工程建设，发包人支付价款的合同。

⑪ 运输合同。运输合同是承运人将旅客或者货物从起运地点运输到约定地点，旅客、托运人或者收货人支付票款或者运输费的合同。

⑫ 技术合同。技术合同是当事人就技术开发、转让、许可、咨询或者服务订立的确立相互之间权利和义务的合同。

⑬ 保管合同。保管合同是保管人保管寄存人交付的保管物，并返还该物的合同。

⑭ 仓储合同。仓储合同是保管人储存存货人交付的仓储物，存货人支付仓储费的合同。

⑮ 委托合同。委托合同是委托人和受托人约定，由受托人处理委托人事务的合同。

⑯ 物业服务合同。物业服务合同是物业服务人在物业服务区域内，为业主提供建筑物及其附属设施的维修养护、环境卫生和相关秩序的管理维护等物业服务，业主支付物业费的合同。

⑰ 行纪合同。行纪合同是行纪人以自己的名义为委托人从事贸易活动，委托人支付报酬的合同。

⑱ 中介合同。中介合同是中介人向委托人报告订立合同的机会或者提供订立合同的媒介服务，委托人支付报酬的合同。

⑲ 合伙合同。合伙合同是两个以上合伙人为了共同的事业目的，订立的共享利益、共担风险的协议。

根据合同的外在样式，主要可以分成两种类型：格式合同和条款式合同。格式合同属于企业大量反复使用的一种合同形式，比如买卖合同、承揽合同、运输合同等。应该说明的是，格式合同尽管多采用表格的方式，但也经常附有条文进行说明；条款式合同也可以采用表格来说明相应的条款。

4.5.2 合同的写作模板与格式解析

现实生活中合同内容丰富多样，合同形式也多种多样，但合同文本的书面结构模式一般由首部、正文、尾部和附件四部分组成。

1. 首部

合同的首部由标题、当事人基本情况及合同签订时间、地点构成。标题是合同的性质、内容、种类的具体体现。如"商品房买卖合同"，表明该合同是买卖合同中有关商品房的买卖合同。切不可出现标题与合同内容不一致的现象。当事人基本情况及合同签订时间、地点居标题之下、正文之上。当事人基本情况即当事人的名称或者姓名和住所，同时写明双方在合同中的关系，如"买方""卖方"等。当事人是法人或其他组织的，写明该法人的名称和住所；当事人是自然人的，写明该自然人的名称和住所。

2. 正文

合同的正文是合同最重要的部分，也是合同的内容要素，即合同的主要条款。正文部分是合同主体之间权利和义务的具体规定。按照《中华人民共和国民法典》的规定，合同正文应该主要包括以下组成部分：

① 标的。合同中的标的是指当事人权利义务指向的对象，比如买卖合同中的货物、赠与合同中的财产。

② 数量。合同必须对标的数量有明确的规定，包括计量单位和计量方法，必须在合同书中书写清楚。

③ 质量。质量是标的内在素质和外在形态的优良程度。产品质量有国家和行业标准的，不得低于国家或行业强制性标准；没有国家和行业标准的，可以由当事人双方协商

确定。

④ 价款或者报酬。价款或者报酬是取得合同标的一方当事人向对方当事人支付的代价，使用一定的货币量来表示。

⑤ 履行期限、地点和方式。履行期限是合同当事人实现权利和义务的日期界限；履行地点一般是指当事人交付标的物的地点；履行方式是当事人履行义务的方式和方法。

⑥ 违约责任。违约责任是当事人不履行合同义务或者履行合同义务不符合约定，按照法律或者合同约定而承担的补救或者赔偿责任。

⑦ 解决争议的方法。解决争议的方法是指合同在履行过程中如发生争议拟采取的解决办法。

3. 尾部

合同的尾部，即合同结尾，主要是双方当事人签名、盖章。也可以写明单位地址、电话号码、邮政编码、银行开户名称、开户银行账号等内容（如果这些已经在合同首部写明可以不写以免重复）。

4. 附件

附件并非合同必备内容和组成部分，主要是对合同标的条款或有关条款的说明性材料及相关证明材料。如技术性较强的商品买卖合同，需要用附件或附图形式详细说明标的的全部情况。

4.5.3 合同的例文分析

示例 1

买卖合同

合同编号：（2004）0132

卖方：成都市××机床厂（以下简称甲方）

买方：株洲市××商场（以下简称乙方）

经双方充分协商，签订本合同，以资共同遵守。

一、标的："海洋"牌洗衣机，型号规格为×PB0—3。

二、数量和金额：总共壹仟台，每台单价为壹仟零玖拾伍元整，总计金额壹佰零玖万伍仟元整。

三、交货日期：2004 年 7 月 15 日交 300 台，四季度交 200 台。2005 年第一季度交 200 台，二季度交 300 台。

四、产品质量标准：按部颁质量标准。

五、产品原材料来源：由甲方解决。

六、产品验收方法：乙方按质量标准验收。

七、产品包装要求：用硬纸箱包装。

八、交（提）货方法、地点及运费：由甲方铁路运输到株洲市车站，运费由乙方负责。

九、货款结算方法：通过银行托收，验货承付。

十、经济责任：按《中华人民共和国合同法》第17条第2款规定："供方必须对产品的质量和包装负责，提供据以验收的必要技术资料或实样。"因产品数量短少，不符合规定，甲方必须偿付不能交货部分总值5%的罚金；因包装不符合要求造成的损失，由甲方负责赔偿；因交货日期违约，比照银行延期付款规定，每延期1天，按延期交货部分总值的0.03%偿付乙方。乙方半途退货，由乙方偿付退货部分货款总值5%的罚金；乙方延期付款，比照银行延期付款规定偿付甲方罚金。

十一、非人力抗拒的原因造成不能履行合同时，经双方协商，合同签证机关查明证实，可免于承担经济责任。

十二、本合同自签订之日起生效，任何一方不得擅自修改或终止。本合同有效期到2005年6月30日。

十三、本合同正本两份，甲乙双方各执一份；副本四份，甲乙方业务主管部门、签证机关、银行各执一份。

卖方：（甲方）　　　　　　　　　　　买方：（乙方）

成都市××机床厂　　　　　　　　　　株洲市××商场

代表人：×××（章）　　　　　　　　代表人：×××（章）

电话：（略）　　　　　　　　　　　　电话：（略）

开户银行：（略）　　　　　　　　　　开户银行：（略）

账号：（略）　　　　　　　　　　　　账号：（略）

地址：（略）　　　　　　　　　　　　地址：（略）

2004年×月×日

解　析

合同标题简明，直接表明合同的种类；正文包括引言和主体，引言写明双方签订合同的依据和目的；合同主体写明合同的基本条款，包括标的、数量和质量、价款或酬金、履行期限、地点、方式、违约责任和其他条款，此外还写明了合同的有效期限、合同的份数及保存等。

示例2

租车合同

签订日期：××××年×月×日

合同编号：×××××××

出租方：×××××货运公司

承租方：×××××建筑公司施工三队

一、出租方根据承租方需要，同意将四吨载重量解放牌汽车租给承租方使用，经双方协商订立如下条款。

二、承租方租用的汽车只限于工地运砂子、水泥、砖、木料和预制板用。承租方只有调度权，行车安全、技术操作由出租方司机负责。

三、承租方要负责对所租车辆进行维护保养，在退租时如给车辆设备造成损坏，承租方应负责修复原状或赔偿，修复期照收租费。因出租方所派司机驾驶不当造成损坏的由出租方自负，如果致使承租方不能按合同规定正常使用租赁车辆，承租方不但不给付出租方不能使用期间的租费，而且出租方每天还要偿付承租方×××元钱的违约金。

四、租用期定为一年，自××××年×月×日起至××××年×月×日止，承租方如果继续使用或停用应在5日前向出租方提出协商，否则按合同规定照收租费或按合同期限将车调回。

五、租金每月为××元，从合同生效日起计，每月结算一次，按月租用，不足一个月按一个月收费。

六、所用燃料由承租方负责。

七、违约责任。出租方不得擅自将车调回，否则将按租金的双倍索赔承租方。承租方必须按合同规定的时间和租金付款，否则，每逾期一天，加罚一天的租金。

八、其他未尽事项，由双方协商，另订附件。

九、本合同一式×份，双方各执正本一份，副本送有关管理机关备案。

出租方：（盖章）　　　　　　　　　　　　　承租方：（盖章）

法定代表人签字：　　　　　　　　　　　　　法定代表人签字：

解　析

本合同是一则租车合同，符合合同的基本条款，条款完备、具体，表述准确、严密，是一则比较标准的合同。

示例3

茶叶订购合同

甲方（需方）：_____　　　　乙方（供方）：_____

地址：_____　　　　　　　　地址：_____

邮码：_____　　　　　　　　邮码：_____

电话：_____　　　　　　　　电话：_____

法定代表人：_____　　　　　法定代表人：_____

职务：_____　　　　　　　　职务：_____

兹因甲方向乙方订购茶叶，经双方平等协商，一致同意签订本合同，以资共同遵守。

第一条　乙方向甲方交售茶叶品名、数量如下：

项目 ＼ 品名	名茶鲜叶（按四折一填）	春毛茶	夏、秋毛茶	细茶小计	粗、细茶
数量（斤）					
参考价格（元）					
合计金额（元）					

第二条　结算办法：批货批款、当天兑现。

第三条　交售地点：＿＿＿＿＿＿＿＿＿＿＿＿＿＿＿＿＿＿＿＿

第四条　甲乙双方必须严格执行国家的样价政策：在各基层收购站张榜公布国家规定的评茶等级标准、价格和样茶；坚持对样评茶、按质论价，不得压级压价和提级提价。

第五条　乙方交售的茶叶，不得掺杂使假，必须表里如一。

第六条　乙方向甲方按合同交售名茶原料和春毛茶，甲方将保证收购乙方生产的低档茶，如乙方不按合同交售茶叶，甲方可不收乙方的低档茶叶。

第七条　除不可抗力的原因外，任何一方违反本合同，应向对方支付未履行合同部分金额 10％的违约金。

第八条　本合同有效期限自＿＿＿年＿＿＿月＿＿＿日至＿＿＿年＿＿＿月＿＿＿日。

甲方：＿＿＿＿＿＿＿＿＿＿＿＿　　　　乙方：＿＿＿＿＿＿＿＿＿＿＿＿

代表人：＿＿＿＿＿＿＿＿＿＿＿　　　　代表人：＿＿＿＿＿＿＿＿＿＿＿

　　＿＿＿年＿＿＿月＿＿＿日　　　　　　＿＿＿年＿＿＿月＿＿＿日

解　析

本合同是最为常见的购销合同，条款齐备，事实清楚，短小实用。

任务练习

一、王女士是一名下岗职工，与邻居张太太交谈中透露出想租房开办一家网店。正巧张太太有两套闲置住房，愿意租赁给王女士，经协商，拟签订一份三年期合同，月租为 2000 元。请你为其代写一份合同。

二、根据下列材料，拟写一份经济合同。写作要求：合同格式规范，标的、双方的权利和义务、违约责任明确。公司和茶场的地址及开户银行、账号、电话自拟。

吴县××茶叶公司法人代表李明志和吴县××茶场代表王强明于 2013 年 3 月 18 日签订了一份茶叶买卖合同，具体货物是绿云特级绿茶，数量为 2000 千克，每千克价格 68 元。双方商定，2013 年 6 月 18 日交货，茶叶用塑料袋内装，外用纸箱包装，由茶场直接运往公司仓库，包装费和运费由茶场负责。货到当天抽样验收，验收合格后，公司于收货五天内通过银行托付货款。本合同由吴县工商行政管理所鉴证。

4.6　招标书、投标书写作

4.6.1　招标书、投标书的相关知识

1. 招标、投标的含义

招标是指招标人在规定时间和地点，发出招标书或招标单，提出准备施工的工程或准备买进商品的品种、数量及有关条件，招引或邀请应招单位或人员进行投标的行为。投标

是指投标人应招标人的邀请根据招标书或招标单位的规定条件，在规定的时间内，向招标方报价，争取中标从而达成交易的行为。

2. 招标和投标的基本程序

招标和投标业务的一般程序如下。

① 招标单位组织有关人员编制招标文件并报请有关部门审批。

② 公开发布招标公告或发送招标邀请通知书。

③ 进行投标人前期资格预审，必要时，还可发售资格预审文，对愿意参加投标的公司进行资格预审。

④ 发售招标文件。

⑤ 投标者递交投标书，密函报价，并交纳投标保证金。

⑥ 开标。

⑦ 评标，确定中标人，并发出中标通知书。

⑧ 双方签订合同，中标人交纳履约保证金。

⑨ 履约合同。

3. 招标书、投标书的特点

（1）招标书的特点

① 公开性。招标本身就是一项公开进行的周知性交易行为，发布招标公告的目的，就是要将事项告知于人，吸引人们参与投标，这就决定了招标书的公开性。

② 明确性。为了吸引人们参与投标，招标书必须写明招标的内容、条件和有关要求，因此具有明确性。

③ 竞争性。招标通过发布招标书来吸引众多的单位参与投标竞争，以使"货比三家"，择优录用，因此招标书的内容和语言都要表现出竞争性。

④ 具体性。招标书是涉及具体业务项目的文书，其内容越具体，越能引导人们通盘考虑是否投标竞争，不能笼统抽象、含糊不清。

（2）投标书的特点

① 针对性。投标书的针对性表现在两个方面，一是必须针对招标项目、招标条件和要求来写；二是必须针对投标单位自身的实际承受能力来写。

② 真实性。投标书的内容必须真实，因为投标单位一旦中标，便对自己的承诺负责，要承担法律责任。

③ 竞争性。投标是一种竞争性很强的商业交易行为。为了中标，投标书的内容和语言必须具有竞争性，尽可能显示投标单位所具有的某些优势条件，以击败其他竞争者。

4. 招标书、投标书的种类

（1）招标书的种类

按照招标范围，可分为招标书、招标启事和招标函三种类型；按照招标目的的不同，可分为采购招标书、科技项目招标书、建设工程招标书、企业法人招标书四种类型。

招标选聘法人代表公告，是国有大中型企业、集体企业、私营企业等，通过招标的形式来选聘法人代表的活动。这种形式的招标书的重点内容要交代招聘条件（如年龄、性别、学历、专业水平等）、任期及中标后的权利和义务等。

招标竞争承揽商公告，是国家政府或企事业单位为了采购大宗商品、开展科学研究、进行建筑设计和工程建设而进行的招标活动。这种类型的招标书技术性要求比较强，其主要内容有招标的项目、有关的各项交易条件、投标须知等。

（2）投标书的种类

按照对招标书种类的划分，投标书也可以分为相应种类。

竞争法人代表的投标书，是投标者根据招标书的要求和具体条件，将自己的经营方针、经营策略，以及为达到招标者要求的经营目标而进行的可行性分析、具体措施和方案及违约责任全部表示出来而写成的投标方案。这类投标书的重点是投标者对经营方案的可行性分析，要切实可行，让招标者满意。

竞争承揽商的投标书，是投标者根据招标书的具体要求，将自己在规定期限内愿意接受招标任务或项目的愿望表示出来，并且提出自己的应标条件或报价，以及顺利完成招标书中提出的任务所准备采取的措施、方法、步骤及完不成任务或出现意外问题所承担的责任等内容全部表示出来而形成的书面投标方案。这类投标书的重点应说明自己能够完成招标书中各项要求所具备的技术条件、设备条件、管理优势以及自己报价的合理性。

4.6.2　招标书、投标书的写作模板与格式解析

1. 招标书

由于招标的目的不同，招标书的写法也就各不相同。但不论哪种类型的招标书，在结构上都应包含以下几个方面的内容。

（1）标题

招标书的标题一般由招标单位名称、招标项目和文种三部分构成。招标单位的名称要写全称；招标项目要用简洁的文字概括招标的具体内容；文种可以用"公告""通知""启事"等，如"××学院教学楼施工招标书""重庆市××公司选聘总经理公告"。

（2）前言

招标书的前言也称"导语"或"引言"，其内容主要是说明该项工程或贸易活动或选聘活动的性质、特点、意义，以及要公开招标的意义、招标单位的基本情况等。

（3）正文

招标书的正文一般要用分列条款的形式将主要内容和具体事宜叙述出来。正文的主要内容有招标项目、招标步骤、保证条件、落款和附件等。

招标项目应写明项目的具体情况，如具体名称、数量、质量要求、价格条款、投标者资格等。

招标步骤包括招标的起止日期，发送文件的日期、方式、地点，文件售价，开标日期和地点等。

保证条件包括担保人、保证金等保证投标人中标后工作顺利开展的基本条件。

落款要写清招标单位的全称、地址、邮政编码、电话、网址、传真、联系人姓名等内容。

在大型的招标书中，常常为了正文的简洁，而把复杂的内容或技术性的要求，如建筑工程中的工程质量要求、材料质量、建筑图纸、技术规格等有关内容，作为附件列于文后或编号另发。

2. 投标书

投标书是针对招标书的内容进行逐项回答的书面文字。由于招标书的内容各不相同，投标书的写法也自然不同，但在结构上基本有以下几方面。

（1）标题

投标书的标题应和招标书的标题相对应，只是在文种上有差异，一般由投标项目加文种组成，也有的是由"投标单位名称＋文种"构成。例如，针对"××建筑科技职业学院科技楼施工招标书"的投标书标题应为"××建筑科技职业学院科技楼施工投标书"或"××建筑公司投标书"。有的投标书的标题直接写成"投标书"或"投标申请书"，而不涉及招标的项目和投标单位。

（2）称谓

这里的称谓是指在投标书的标题下写招标单位的名称或招标机构的名称。如果招标书中对投标书的递送有明确规定，则按规定要求写称谓即可。这一项有时也可以省略。

（3）导语

导语部分是投标单位或个人把自己对招标、投标意义的认识，对竞标的态度以及自己的基本情况等用简洁的语言表达出来。

（4）主体

主体是投标书的中心内容，是鉴定投标方案是否可取、投标人能否中标的关键部分。

竞争法人代表的投标书，一般要写自己的年龄、学历、工作经验、工作业绩、对招标对象现状的分析，包括存在的问题、不足、优势，接着要提出自己的经营目标，这一目标一般和招标书中的要求相符合，然后对实现经营目标进行可行性分析，同时提出自己的具体措施。其中心内容是实现经营目标的具体措施。投标者提出的措施要切实可行，令招标者信服，切忌自吹自擂、夸大其词。

竞争承揽商的投标书，首先要写投标单位的基本情况，如级别、技术力量、过去的经营业绩；标价以及对自己提出标价的分析证明；投标者的承诺，如时间保证、技术质量、设备状况、固定资产的情况等。

投标书主体部分的内容较多，一般按照相应的招标书的要求顺次写出即可，有时也可根据招标书的要求分部分来写。总之，无论怎么写都要做到数据准确，分析有力，标价适当，方法妥当，措施可行。只有这样，才能令招标者信服，才有中标之可能。

（5）落款

落款就是在投标书正文后署名，应依次写上投标单位或投标者个人的名称、法人代表姓名、盖章、通信地址、联系电话、传真、网址等，最后写上发文日期。

（6）附件

投标书正文的有些内容，由于对正文只具有补充或解释的作用，就不必在正文部分详细写出，而以附件形式列于投标书之后。例如，担保单位的名称、营业执照、银行开出的保证金或提供的担保函、商品的规格及价格、企业的设备清单、工程清单或单位工程主要部分标价明细表等。

4.6.3　招标书、投标书的例文分析

示例 1

××大厦建筑安装工程招标书

通州区××建筑公司：

为了提高建筑安装工程的建设速度，提高经济效益，经上级主管部门批准，我单位决定对××大厦建筑安装工程的全部工程实行邀请招标。

一、招标工程的准备条件

本工程的以下招标条件已经具备：

1. 本工程已列入我市年度计划。

2. 已有经国家批准的设计单位出的施工图和概算。

3. 建设用地已经征用，障碍物全部拆迁；现场施工的水、电、路和通信条件已经落实。

4. 资金、材料、设备分配计划和协作配套条件均已分别落实，能够保证供应，使拟建工程能在预定的建设工期内连续施工。

5. 已有当地建设主管部门颁发的建筑许可证。

6. 本工程的标底已报建设主管部门和建设银行复核。

二、工程内容、范围、工程量、工期、地质勘察单位和工程设计单位（略）

三、工程可供使用的场地、水、电和道路等情况（略）

四、工程质量等级、技术要求、对工程材料和投标单位的要求与工程验收标准（略）

五、工程供料方式和主要材料价格、工程价款结算办法（略）

六、组织投标单位进行工程现场勘察、说明和招标文件交底的时间地点（略）

七、报名、投标日期、招标文件发送方式（略）

八、开标、评标时间及方式，中标依据和通知

开标时间：_____年_____月_____日

评标结果时间：_____年_____月_____日

开标、评标方式：建设单位邀请建设主管部门、建设银行和公证处参加公开开标，审查证书，采取集体评议方式进行评标、定标工作。

中标依据及通知：本工程评定中标单位的依据是工程质量优良，工期适当，标价合理，社会信誉好，最低标价的投标单位不一定中标。所有投标企业的标价都高于标底时，如属标底计算错误，应按实予以调整；如标底无误，通过评标剔除不合理的部分，确定合理标价和中标企业。评定结束后五日内，招标单位通过邮寄方式将中标通知书追发给中标单位，并与中标单位在一个月内签订建筑安装工程承包合同。

九、其他

本招标方承诺，本招标书一经发出，不得改变原定招标文件内容，否则，将赔偿由此给投标单位造成的损失。投标单位按照招标文件的要求，自费参加投标准备工作和投标，投标书（即标函）应按规定的格式填写，字迹必须清楚，必须加盖单位和代表人的印鉴。投标书必须密封，不得逾期寄达。投标书一经发出，不得以任何理由要求收回或更改。在招标过程中发生争议，如双方自行协商不成，由负责招标管理工作的部门调解仲裁，对仲裁不服，可诉诸法院。

招标单位：通州区××物资有限公司

地址：通州区××路××号

联系人：王先生

电话：×××××××

××××年×月×日

附：施工图纸，勘察、设计资料和设计说明书

▷ 解　析

这是一份采用有限招标方式的招标书。它具有一定的发送范围，因为建筑安装工程专业性比较强，一般是向有承包能力的若干单位直接发出邀请。本招标书把有关安装工程的准备条件、工程内容、工程质量等事项逐条逐项加以介绍和说明，表述条理有序，层次分明。

📚 示例 2

××商学院体育馆设计方案招标通告

一、项目名称

××商学院体育馆方案设计。

二、地理位置及周边环境

××商学院坐落在××市××，南靠××路，东靠××路，北靠××路，西靠××公园。规划用地 38 万平方米（其中部分为山体面积和水库 3.9 万平方米）。体育馆规划坐落于××路与××路交叉口学院建设用地内，概算投资 4000 万元。

三、工程概况及设计要求

1. 符合国家建设部有关规定、规范和标准，在总体规划基础上适度超前。

2. 结合周边的地理环境合理解决好朝向、采光、道路、绿化、噪声等问题；各功能布局能满足现代化教学的需要。

3. 体育馆应含 2500～3000 座的综合馆及 1500 座的游泳馆（不包括临时看台），综合馆能同时满足比赛和教学要求，场地要求至少 2 个篮球场，可提供篮球、排球、网球、羽毛球、体操等各项比赛用地。

4. 应合理组织各种人流流线，避免相互干扰，并且使主要人流便于疏散。

5. 除为主场馆设置的辅助用房之外，同时应考虑设置一定规模的健身房、乒乓球室等师生体育活动用房。

6. 在结构选型上既能考虑合理的受力形式，控制造价，同时应充分考虑校园群体建筑的总体风格。

四、设计成果要求

1. 设计方案文本一式6份。文本至少包括设计说明、总平面图、功能分析图、景观分析图、竖向规划图、单体平立剖面图、单体效果图。

2. 设计平面图包括建筑布局、绿化景观、配套设施布置图、各项建筑设计技术指标等。

3. 中标单位还应承担中标后方案修订任务。

五、劳务费

经评标小组评定，设一等奖1名（为中标单位，不付奖金）、二等奖1名（付奖金2万元）、三等奖1名（付奖金1万元）。

六、评标原则

本着公开、公平、公正、优胜劣汰的竞争原则，由××市建设局邀请专家和领导组成评标小组进行论证、讨论，择优录取。

七、注意事项

1. 投标单位可同时设计出两套方案。

2. 投标单位一律不准采用印有投标单位的标志、符号、图签的图纸。

3. 各设计单位送达的资料成果不论是否中标，均不返还。

4. 方案中标后，中标单位不得将本方案用于其他项目，否则视其侵权。

5. 若发现投标方案有类似现象，按不符合甲方要求处理。

6. 设计费在方案标书中报价，作为评标的依据之一。

八、时间安排

1. 方案设计时间：12月30日止。

2. 交标时间：2007年12月30日下午2时前。

3. 交标地点：××市学院路××号（××商学院基建办）

招标单位：××商学院

联系人：张老师

联系电话：×××××××

解析

这是一份采用无限竞争招标方式的招标书。开门见山直接说明招标项目是体育馆设计方案。接着介绍招标项目工程概况和设计要求，并说明招标步骤和招标的起止时间等。本招标公告将招标事项划分为不同的类别和层次，招标项目明确具体，招标时限清楚明白，使投标者一目了然，了解招标的内容、条件和有关要求。

示例 3

××××公司办公楼工程招标通告

××市计委〔2002〕第三产业××号文已批准我公司办公楼工程项目并列入今年施工计划，工程所需资金已经安排落实。为确保工程质量，决定对该项工程施工实施招标，特通告如下：

一、工程地址：××路××段。

二、工程发包范围：办公楼、土方工程、室外排水及化粪池。

三、建设面积：10000平方米。

四、结构类型：钢筋混凝土框架结构，主体8层，面部10层。

五、工程质量：要求达到优良工程。

六、开工竣工日期：办公楼工期400天（包括电梯安装时间）。要求××××年×月×日开工，××××年×月×日竣工交付使用。

七、现场施工条件：办公楼工程所处地段交通便利，场地开阔。水、电、通信设施根据施工的需要，可及时接通，施工条件良好。

八、土方工程：目前基础尚未标明，土方工程、室外下水道及化粪池暂不编入标的。

九、脚手架：按金属脚手架计算。

十、垂直运输：采用塔吊。

十一、场内构件运输：有场内构件运输，如过梁、盖板等。

十二、木门窗按设计施工，自由门加地板弹簧，门加保险锁，可编入标的。造型和质量必须按建设单位要求进货。

十三、标的要提供三大材料（木材、钢材、水泥）及四小材料（玻璃、油毡、沥青、汽油）的数量，我公司只负责三大材料供应。四小材料及外地采购材料由施工单位进货，差价暂不编入标的，最后按实结算。

十四、大型临时设施费：先编入标的，以后按我公司提供临时设施数量及范围再扣。

十五、施工流动津贴：先编入标的，中标企业没有时再扣。

十六、取费标准：按一级企业取费，编入标的。

十七、二次材料运输：我公司不存在该问题，不编入标的。

十八、结算办法：分期付款。

十九、施工企业必须按基建程序办事，隐蔽工程记录、设计变更、材料试验资料、竣工图等工程资料，竣工验收时必须如数交给建设单位。

二十、××××年5月20日上午9时在公司会议室发放图纸及有关文件，然后组织投标单位察看现场，各投标单位务必于××××年5月30日下午5时前将投标书送交我公司基建办公室，过期不候。

二十一、××××年7月3日上午9时在我公司会议室开标，请各有关单位携带办公楼工程全套图纸按时与会。

招标单位：××公司

法人：×××

地址：××省××市××路××号
邮政编码：××××××
联系人：×××
联系电话：×××××××××
传真：×××××××××
E－mail：××××××××××××

××公司基建办公室
××××年×月×日

解　析

这份招标文件在前言部分明确了招标的缘由，含背景、目的、根据等；主体部分通过多条文的方式逐一列明文件编号、招标项目名称、招标范围、招投标办法和具体要求、招标时限、招标地点等。内容清晰，一目了然。

示例 4

承包××厂移址改造工程投标书

××建筑工程招标办公室：

根据你处××××年×月×日发布的《××厂移址改造工程招标公告》，以××建筑设计院设计的扩建设计图纸内容，我公司具备承包施工条件，决定对此项工程投标。

我公司经历了长期建筑工程的施工实践，××××年被认定为一级建筑安装施工企业。公司现有干部职工近千人，有 5 个建筑安装工程处，共 25 个建筑队，并配有预制品厂、机修厂、装修队和大型运输车队。公司具有对液压滑模、全框架现浇、大跨度钢架、预应力工艺、轻钢骨架、装配式工业厂房等的施工能力和经验。具备大型土石方工程、建筑工程和水电安装工程总承包施工的能力。

我公司决心在此项工程建设中以全面质量管理为中心，严格编制施工计划，发挥企业优势，挖掘企业潜力，保证缩短工期，力争在该项目上创优质工程。

一、工程标价

预算造价为 2500 万元，标价在预算总造价的基础上降低 1%（见报价表）。

二、建设工期

在接到《中标通知书》后 15 天进场，做好开工前的一切准备工作。××××年 6 月 1 日正式破土动工，××××年 8 月 3 日竣工，总工期为 456 天（评见进度计划）。

三、工程质量

根据图纸要求，保证工程质量达到优良级，保证质量安全的主要措施见《施工组织设计》。

四、施工措施

1. 计划控制：采取总进度计划控制与各单位分部分项工程计划控制相结合。

2. 质量控制：制定质量目标，坚持 TQC 管理方法，建立各单位工程中的分部分项工程质量预控网络体系。

3. 健全技术档案：做到技术资料"十二有"，提高施工管理科学性。

4. 安全生产：运用安全"三定"，搞好安全教育，加强安全检查监督，防患于未然。

5. 思想工作：加强职工队伍思想教育工作，增强劳动纪律，讲求职业道德，为社会主义建设多做贡献。

6. 主要措施：各项工程，分部分项实施挂牌施工，落实岗位职责，推行栋号承包。

五、建议

建设过程中如有设计变更、材料串换代用等现象，相互间都应本着实事求是的原则来处理。

××省××市第七建筑安装工程公司

法人代表：××

××××年×月×日

解 析

这是一篇承包建筑施工工程的投标书。正文包括了综合说明、工程标价、工程工期、工程质量、主要施工方法与质量保证措施、建议等项内容。用条款式写法，条理清楚。落款处标明了投标单位、法人代表及投标日期。总体看，这是一份符合格式要求的投标书，但局部写作上尚有不足。如综合说明时忽视了企业技术力量状况、财力、企业信誉等重要内容的介绍。另外，落款处还可以写上投标单位的地址、电话号码、邮政编码、网址等。

任务练习

一、××××职业院校第二食堂拟实行社会承包经营，请在调查了解情况的基础上写一份招标书。

二、请根据下面的材料，拟写一份招标公告。

为了加强学院精神文明建设进程，给学生提供良好的精神食粮，××学院拟采购新图书一批（分旅游类、综合类两部分），价值约140万元。资金来源：学院事业收入中的设备购置专项资金。报名起止时间：2014年8月15日—2015年8月31日。报名时须带齐相应资质证书（工商营业执照、税务登记证、法人授权委托书等）。

三、试从结构、内容、语言方面指出下面这份招标通知书的不足之处，并修正过来。

华中水泥厂2号窑易地建设工程前期准备工作已基本就绪。根据建设单位申请，工程施工招标建议采用议标方式。经资质审查和与有关部门商定，特邀请贵单位参加施工投标，并参与议标。现将工程议标有关事项通知如下：

1. 定于四月三十日在××市建委会议室召开议标交底会议，领取议标有关图纸资料，交押金人民币300元，交还资料退押金。

2. 标函内容说明：

（1）工程造价按照省预算定额，省建委、建行200号文件规定的费用标准，以及当地材料调价表为依据进行报价。

（2）主要材料价格报价。水泥、砖瓦按计内价由厂方提供。其余钢材、木材、石灰等主要材料按当地市场价格报价。

（3）建设工期按工程项目建设周期，根据企业管理水平和技术措施报投标工期。

（4）工程质量达到国家规定合格标准，创造优良单项工程，按规定给奖。结合企业技术力量和质量保证体系确定投标质量等级。

凡按以上规定参加投标，并提供完美投标资料，对未中标者给予适当的投标补偿费。中标单位按投标报价、工期、质量等级以及优惠条件签订合同。

3. 招标纪律规定：

（1）对标函和报价在评标前应保密，不得泄露给他人或单位。

（2）各投标单位不得串通舞弊，哄抬或压低标价，违者取消投标资格。

此致

2014 年 4 月 27 日

四、请你根据下面材料，以××有限公司秘书身份代写一份投标书。

××职业技术学院拟购置黑板 200 块、讲台 80 个、电脑操作台 20 个、课桌椅 4000套（其中连排椅 1000 座、单座椅 3000 套）、学生公寓床铺 700 套（上下两铺为一套）、书桌 300 套（每套含小方凳一个）等设备，分 5 个标段进行。资金来源：学院事业收入中的设备购置专项资金。采购形式：邀请招标。报名条件：有意与学院合作且具有相应资质、诚实守信的商家均可报名，报名时须带齐相应资质证书（工商营业执照、税务登记证、公司介绍信、法人授权委托书、投标人身份证）。

4.7　协议写作

4.7.1　协议的相关知识

1. 协议的含义

协议是指在经济活动中，协作的双方或多方，为了解决或预防纠纷，或确立某种法律关系，保障各自的合法权益，实现一定的共同利益、愿望，经双方或多方共同协商达成一致意见后签订的书面材料。协议是契约文书的一种，是具有法律效力的记录性文书。

2. 协议的特点

① 约束性。订立协议，其目的是更好地从制度上乃至法律上，把双方协议所承担的责任固定下来。作为一种能够明确彼此权利与义务，具有约束力的凭证性文书，协议对当事人双方（或多方）都具有制约性，它能监督双方信守诺言、约束轻率反悔行为，这种作用与合同基本相同。

② 书面性。"空口无凭，立此存照"，口头协议一律无效，书面协议才有法律效力。书面形式有三种：合同中的条款、独立的协议书和信函（电报、传真、电子邮件）等。

4.7.2　协议的写作模板与格式解析

协议通常由标题、正文、签署三部分组成。

1．标题

标题有以下四种写法。

①"双方单位名称＋事由＋协议书"，如"××大学与××大学关于培养工商管理硕士研究生项目的协议书"；

②"事由＋协议书"，如"出国留学协议书"；

③"双方单位名称＋协议书"，如"××厂与××公司协议书"；

④ 直接写文种"协议书"，如"协议书"。

签订协议双方的名称一般要写全称。为叙述方便，可分别确定为"甲方""乙方"或"丙方"；也可简称为"双方"。

2．正文

这是协议的主体和核心部分。一般是写明双方或多方达成协议的各个事项，如合作的项目、方式、程序、双方的义务等。一般包括开头与主体两个部分。

① 开头。通常是写协议的目的、依据和意义。

② 主体。这是协议的重点，一般采用分条列项的方法，有的协议每个条项还列出小标题，一目了然。这部分主要是要明确协议的内容、双方的权益与义务以及文本的形式和法律效力等。这些条款是双方合作的基本依据。这部分的条款要完备，避免疏漏；文字要准确无误，不允许有歧义。

3．签署

签署包括双方的签名和签订日期两项。签名要写出合作各方的单位全称并标明甲、乙方，并由订立协议的双方单位代表签名，此外还要加盖公章或按上指纹，写明订立协议的具体时间；签订日期要写全年、月、日。

4.7.3 协议的例文分析

示 例

技术合作协议书

甲方：××建筑工程公司

乙方：××装修设计公司

为发挥双方优势共谋发展，并为今后逐步向组成集团公司过渡，双方经过充分友好协商订立本协议。

1．建立密切的技术合作关系，今后凡甲方承接的工程，装修设计任务均交给乙方承担。

2．乙方保证，在接到任务后，将立即组织以高级工程师为领导的精干设计队伍，在10 日内提出设计方案，并在方案认可后 30 日内完成全部设计图纸。

3．为保证设计的质量，甲方将毫无保留地向乙方提供所需的一切建筑技术资料。

4．装修施工队伍由甲方组织，装修工程的施工由甲方组织实施。施工期间，乙方派出高级工程师监督施工，以保证工程的质量。

5．甲方按装修工程总费用的千分之×向乙方支付设计费。

6. 甲乙双方在适当的时间，就有关事项进一步洽商，提出具体实施方案。

7. 本协议自签订之日起生效。

8. 本协议书一式两份，双方各执一份。

附件：《××建筑装修工程集团公司组建意向书》一份

甲方：××建筑工程公司（盖章）　　　　乙方：××装修设计公司（盖章）

法人代表：（签字）　　　　　　　　　　法定代表人：（签字）

地址：　　　　　　　　　　　　　　　　地址：

邮政编码：　　　　　　　　　　　　　　邮政编码：

电话（传真）：　　　　　　　　　　　　电话（传真）：

电子邮箱：　　　　　　　　　　　　　　电子邮箱：

银行账号：　　　　　　　　　　　　　　银行账号：

联系人：　　　　　　　　　　　　　　　联系人：

_____年_____月_____日　　　　_____年_____月_____日

解　析

这份协议书结构完整、条款明确，符合写作要求。标题部分采用了"事由＋协议书"的写法。在正文的开头先写明了合作的原则与前提，然后用"双方经过充分友好协商订立本协议"自然引入主体部分；而主体部分则采用分条列项的方法，把协议的共识具体表述清楚，并写明"在适当的时间，就有关事项进一步洽商，提出具体实施方案"，使整份协议显得更加完整而严密。

任务练习

协议写作有什么特点？

4.8　广告文案写作

4.8.1　广告文案的相关知识

广告顾名思义就是广而告之，就是在商业领域中，商家通过各种传播媒体，以多种表现形式向公众介绍商品、文化、娱乐等服务内容，以促进和扩大商业活动。任何一则广告，都不能没有文案。

1. 广告文案的含义

广告文案又称广告文稿、广告词，它分广义和狭义两种。

广义上的广告文案，指从设计到表现整个过程中凡能传递广告信息内容的所有文本，它的内容包括广告作品的全部，如广告文字、绘画、照片及其布局等。例如报纸广告的广告文案就不限于文字，还包括色彩、绘画、图片、装饰等。它是广告人撰写的与广告活动有关的文字作品。

狭义的广告文案，仅指广告作品中的语言文字部分。

2. 广告文案的作用

广告文案的作用主要是用来表现广告创意的核心，传达广告意图、诉求和承诺，塑造企业形象，达到引起消费者注意、唤起兴趣、加强注意以促成其购买的目的。

3. 广告文案的种类

以不同媒介为标准，广告文案可分为印刷广告文案（包括报纸广告、杂志广告和其他印刷广告，如招贴、宣传样本、直邮广告等）、广播广告文案、电视广告文案及其他媒介文案（如网络广告文案、新媒体广告文案、户外广告文案）。

4.8.2　广告文案的写作模板与格式解析

广告文案的撰写，同一般文章的写作有不同的要求。它并不追求文字的华丽，也不完全要求成为受众鉴赏的对象。广告文案要服从广告传播活动的总体目标，符合广告总体设计的要求，能够在瞬间形成强烈的刺激，引起消费者的关注，使消费者认知、感觉，产生浓厚的兴趣，留下深刻的印象，并能具有强烈的号召力，促使消费者采取一定的购买行动。

1. 引起注意

生活在当代社会，人们每天要接触大量信息，要受到各种广告信息的刺激。一则广告能否被注意到，是广告效果能否实现的关键。因此，首先要能抓住受众的眼睛和耳朵。

2. 唤起兴趣

广告针对目标消费者的诉求，从他们的生理和社会需要出发，调动其情感等。为达到这一要求，必须明确广告的传播对象，了解其有什么样的需求。

3. 刺激欲望

广告通过文字的表述，能够使消费者从喜爱某种商品，发展到产生购买此商品的欲望。要注意突出商品的特质，表明能给消费者带来的实际利益和好处等，进行引导。

4. 加强记忆

为了让消费者记住广告的内容，广告文案应简练、易懂、有节奏，特别是广告标题、广告口号、商品和企业名称等，要突出、醒目。也可设置悬念、促使联想、进行多重刺激，以加深消费者的印象。

5. 促成购买

广告的目的之一是促使消费者能尽快采取购买行动。所以，广告文案中也要注意含有促销的内容，如能享受优惠、得到赠品、欲购从速等。

4.8.3　广告文案的例文分析

示例 1

珑珥楼盘广告文案

临江金脉，领启老城复兴；

两岸新贵赣江大宅；

"一江两岸"吸附顶级资源齐赴江畔，盛景已现；

"西湖建设"催动千亿发展利好，复兴正当时；

铭威珑珺，先处西湖区新老城交汇纽带，又立临江金脉，兼得共享城市两大发展战略……

新城建可再建，老城金地且临江，却不再生，寸土又何止寸金！

珑珺 252 米精装大平层敬候品鉴

解　析

这则广告情理结合，抓住了消费者的消费行为的典型特征，将消费者所关心的内容不露痕迹地融入流畅的诉求中，读来不仅不会产生累赘感，而且对产品的性能、功能、定位起到了良好的宣传作用。

示例 2

荷花牌涤棉蚊帐广告文案

如烟如雾，玉洁冰清，飘飘然使你如入仙境，甜蜜蜜伴君美梦。

借问蓬莱何处寻？就在那"荷花"帐中。

解　析

这是一则感性诉求广告文案，抓住消费者的情感需要，增加产品的心理附加值。

任务练习

一、请为你所在的学校设计一则广告宣传文案。

二、评析下面广告存在的不足。

本柴油机设计合理，外形美观，结构紧凑，性能优良，价格低廉，欢迎选购，代办托运，实行三包。

三、阅读下面这则报刊广告，指出其存在的问题并进行改写。

我厂生产以下文化用品：各种作业本、文具盒、各类笔、各种墨水、各种纸张、多种日记本等。

上述产品，质量优良，装帧美观，价钱合理，颇受国内用户好评。

欢迎来人来电来函订货。

本厂地址：××省××市

电话号码：×××××××

邮政编码：×××××

实战演练

一、填空题

（1）请柬的特点有＿＿＿＿＿＿＿。

（2）邀请函包括＿＿＿、＿＿＿、＿＿＿、＿＿＿和＿＿＿五部分。

(3) 简历的特点包括_____、_____和_____。

二、写作练习

(1) 2016 年 5 月 4 日是××大学九十年校庆,请你给所有校友写一份请柬。

(2) ××先生系××大学金融系教授,在财金信息化理论与实务方面造诣极高,天津财经大学珠江学院金融系拟请××教授到该校××楼阶梯教室举办财税金融电算化课程建设与模拟银行的创立及综合利用方面的讲座。请你以天津财经大学珠江学院金融系的名义写一封邀请函。

(3) 小张接到他的恩师××老师去世的讣告,万分悲痛。请以××老师家属的名义写一则讣告。

三、病文纠错

交换写字楼合同

甲方:××贸易总公司

乙方:××市广告集团公司

甲乙双方为了便于在穗深两地联系业务,需交换写字楼作为各自的办事处。现本着友好合作的精神制定如下协议:

一、甲方在广州市隆兴路×××号大楼为乙方提供单元住宅(三房一厅,实用面积不得小于 80 平方米)作为乙方驻穗的办事处用房。

二、乙方在深圳市为甲方提供同样的单元住宅,规格同上,作为甲方驻深办事处用房。

三、双方分别负责为对方上述办事处供水、供电及安装电话,以确保日常业务活动的正常开展。

四、本合同有效期为 5 年,是否延期届时根据需要商定。

五、本合同自双方同时履约之日起生效。

六、未尽事宜,由双方另行商定。

甲方代表签名:	乙方代表签名:
甲方公章:	乙方公章:
年 月 日	年 月 日

购销合同

立合同单位:××饮料厂(以下简称甲方)

××纸箱厂(以下简称乙方)

甲方为保证市场供应,提高经济效益,经与乙方商定同意以下几点,特签订本合同,以资共同遵守。

一、乙方库存的 3500 个纸箱由甲方全部提出,提货方法:甲方先提出一车,剩余部分由乙方帮助运送。

二、甲方收货后将货款于 2015 年 2 月支付。

三、上述数量的纸箱作价处理，按每只 1.50 元计算货款。

四、库存纸箱的配件可以由乙方配套提供给甲方。

五、库存纸箱中如有质量问题而无法使用者，乙方不予计入提货数量之内。

六、此协定自签订之日起生效，双方不准违约。

甲方代表：××

乙方代表：×

2014 年 12 月

第 5 章 法律信息文书写作

5.1 起诉状写作

5.1.1 起诉状的相关知识

1. 起诉状的含义

起诉状是诉讼当事人因自身的合法权益受到侵害，或与他人对有关权利和义务问题发生争执而未能协商解决时，向人民法院提起要求依法审理、裁决时所制作的书状。

在诉讼过程中提出诉讼者即为原告，被诉讼者为被告。原告诉讼时应向人民法院提交起诉状，并具有正本和副本，其中正本一份，副本数根据被告人数确定，有一个被告就有一份副本。人民法院在收到起诉状并立案后，将副本送达被告。

起诉状既是原告用以陈述案件的事实过程，表明诉讼的请求和理由，以维护自身合法权益的途径，同时又是人民法院调解或审理案件的基础和凭据。没有起诉状，一审诉讼程序就无从开始。

2. 起诉状的特点

① 起诉状是由公民、法人及非法人团体向人民法院提起诉讼的书状。任何公民、法人及非法人团体，当他们的合法权益受到非法侵害，都有权向人民法院提出刑事或民事的诉讼。这种诉讼缩写的书状就是起诉状；起诉状同起诉书不同，起诉书是由人民检察院，就较重大的刑事案件，代表国家机关，向人民法院提起的公诉。

② 起诉状有具体的被告与明确的请求。起诉状不仅要有具体的指控对象，而且要将自己的诉讼请求明确具体地写在开头。

③ 起诉状的用语要高度概括而明确。起诉状的叙事，是事情大体的发展脉络，关系重大的典型细节；起诉状的说理，是分析事实，引用法律条文。

5.1.2 起诉状的写作模板与格式解析

起诉状由标题、首部、主部、尾部四部分组成。

1. 标题

标题，即文种名称，要根据具体案件的性质和类别确定其写法，如"民事起诉状"

"刑事自诉状""行政起诉状"等。在刑事自诉案件中，如果自诉人由于被告人的犯罪行为遭受了物质损失而提起附带的民事诉讼，其起诉状的标题应为"刑事附带民事自诉状"。

2. 首部

首部，即当事人的基本情况。

先写原告方的基本情况。原告（刑事自诉状中写"自诉人"）是公民的，依次写明原告的姓名、性别、年龄（出生年月日）、民族、籍贯、职业或工作单位和职务、住址等项，以上各项顺序不能颠倒，也不能随意增删。如果原告无诉讼行为能力，就在原告的下一行写明其法定代理人的基本情况，并注明与原告的关系。原告是法人、其他组织的，依次写明其名称、所在地址及法定代表人或负责人的姓名、职务、电话，企业性质、工商登记核准号，经营范围和方式，开户银行、账号。原告有诉讼代理人的，就在原告的下方另起一行写明诉讼代理人的基本情况及与原告的关系。原告不止一人的，按其在案件中的地位与作用、享受权利的大小依次列写，各原告的代理人要分别写在各原告的后面。

再写被告方的基本情况。写法与原告方相同。被告不止一人的，也按照他们在案件中的地位与作用、其责任的轻重依次介绍。

如果案件的处理与另外的公民、法人或其他组织有法律上或事实上的利害关系的，则应将其列为第三人。在被告之后另起一行写明第三人的基本情况，内容与原、被告相同。如果是涉外案件，还要说明有关当事人的国籍。

3. 主部

这是起诉状的主体，由诉讼请求、事实与理由、证据和证据来源等三部分组成。

（1）诉讼请求

这是原告提起诉讼所要达到的目的，即要求人民法院作出怎样的判决。不同性质的案件，诉讼请求各不相同。

民事起诉状的诉讼请求是请求法院解决有关民事权益争议的具体事项，如请求法院解决债务清偿、合同履行以及给付赡养费、继承遗产、赔偿损失等事项。如果涉及钱款，应写明具体数额。有多项具体请求的，应分项表述。

刑事自诉状的诉讼请求，要说明案由，即指控被告人的行为构成的《中华人民共和国刑法》所规定的罪名，诉讼请求要写明追究被告人犯何种罪的刑事责任。如果是提起附带民事诉讼的，还需另项写明附带民事赔偿要求，提出赔偿项目和具体数额。

行政起诉状的诉讼请求有三种：一是请求人民法院判决撤销或部分撤销行政机关的违法的行政行为；二是请求人民法院判决变更不当的具体行政行为；三是请求人民法院判令被告履行法定职责。如果原告已遭受财产损失，可同时提出损失赔偿要求。

（2）事实与理由

这部分是起诉状的核心，写明足以支持诉讼请求的事实与依据，以证明其请求的合法性和合理性，同时便于人民法院调查核实。即摆事实，讲道理。

① 事实。要写明案件的具体事实及其经过情况。民事和行政案件，要写明被告侵犯原告权益的具体事实或当事人双方发生权益争议的具体内容，交代当事人之间的法律关系以及发生纠纷的时间、地点、起因和发生、发展的过程及结果，着重把当事人双方争执的焦点、实质性的分歧，被告违约或侵犯行为造成的后果、应承担的责任写清楚。刑事案

件，写清当事人之间的关系，具体交代被告人实施犯罪行为的事实，包括时间、地点、动机、目的、手段、情节和结果等因素，突出关键性的犯罪情节。已遭受物质、经济损失的，还应写明实际损失情况。

② 理由。包括认定案件事实的理由和提出法律根据的理由。要在说清事实的基础上，分析认定被告犯罪或侵权行为的性质、所造成的后果以及应承担的责任，引用相关的法律条文，阐述起诉的理由和根据，用以说明提起诉讼是有根据的、合情合理合法的。

（3）证据和证据来源

根据法律规定，当事人应对自己的主张负举证责任。即当事人要求人民法院对事实作出有利于自己的认定，要向人民法院提供相应证据，以证明事实的真实性，使诉讼具有说服力。证据包括人证、物证、书证及其他能证明案件真相的证实材料。如果是书证、物证，应写明名称、件数及来源；如果是人证，则应写明证人姓名、职业、住址，以便人民法院通知证人出庭作证。

4. 尾部

尾部要写明受理此案的人民法院名称、按照对方当事人人数所附起诉状副本份数，起诉人签名或盖章（如果是法人或其他组织，写明全称并加盖公章）并写上起诉日期。

5.1.3 起诉状的例文分析

示　例

民事起诉状

原告：东阳市经济开发区××装饰工程公司

法定代表人：王××

职务：经理

电话：×××××××

住所：东阳市开发区阳光住宅小区×楼×号

委托代理人：张×，东阳市伟业律师事务所律师

电话：×××××××

被告：东阳市×××娱乐城（私营企业）

法定代表人：严××

职务：董事长

住所：东阳市幸福路××号

电话：×××××××

诉讼请求

1. 被告偿还拖欠原告的工程款人民币 35870 元及利息。

2. 被告承担全部诉讼费用。

事实与理由

1998 年 9 月 2 日，被告与原告签订装修工程合同，约定原告为被告装饰铜门、扶手、吧台等项目，工程款为 118700 元。原告在施工期间和完工后的 1998 年 9 月 30 日、1998

年 11 月 20 日，先后共收到被告的工程款 82830 元，尚欠 35870 元，至今未付。原告多次催要，但被告以工程质量不合格、娱乐城已歇业、无款可付等理由拖延。为保护原告的合法权益，根据《中华人民共和国经济合同法》等法律法规的规定，特起诉至贵院，请求依法解决。

证据及证据来源、证人姓名和住所：（略）

书证 4 件：（略）

此致

东阳市××区人民法院

附：本诉状副本 1 份

起诉人：东阳市经济开发区××装饰工程公司

法定代表人：王××

委托代理人：张×

2003 年 10 月 15 日

解　析

这则民事起诉状内容全面，标题、诉讼参与人基本情况、诉讼请求、事实与理由、接受诉状的人民法院、落款、附件等要素齐全。诉讼请求具体明确；事实与理由部分中的时间、地点、人物、事件、原因、结果叙述清楚，事实确凿，援引法律条文恰当。

任务练习

根据以下材料，你作为吴某的律师，为吴某写出民事起诉状。

吴某向律师反映的事实：

杨某和吴某是邻居。吴某原先住在某区某路某号，2000 年 9 月，吴某在某市某路购买坐北朝南私房一间。吴某所购房屋，与杨某家居住的私房的东山墙之间相距大约 4 米。杨某居住私房的东山墙没有窗户。2001 年 4 月，吴某为了改善其房屋内的采光、采风条件，向有关部门提出申请想在其居住的私房西山墙中间新开一个 0.9×0.57 米的窗户。经过有关部门批准后，开始施工。在施工时，杨某及家人出面干预，为此，双方之间发生纠纷。

2001 年 12 月，杨某认为吴家新开的窗户影响其家庭生活，在没有经过吴某同意的情况下，强行将吴家新开的窗户和原有的窗户都用砖头堵塞。吴某认为，自己的平房西山墙上新开一窗户，是经过有关部门批准的，杨某强行把新开的和原有的窗口用砖头堵塞，侵害了自己的合法权益。因此，他要向人民法院提起诉讼，要求法院判令杨某停止侵害，恢复原状。

律师调查取得的事实和证据：

1.2001 年 6 月，在吴某家开了个新窗户后不久，杨家也在他的私房的东山墙开了一个相对应的窗户，由于两窗相对，杨某故意说吴某侵犯了杨家的隐私权，影响了其家庭生活。

2.2001 年 8 月，杨某向吴家铝合金窗扔东西，砸坏了吴家铝合金窗。律师拍下了照片作为证据。

3.杨某经常借故破口大骂吴某。律师取得了邻居林某某、黄某某的证言。

5.2 答辩状写作

5.2.1 答辩状的相关知识

1. 答辩状的含义

答辩状，又叫答辩书，是指在诉讼活动中民事、行政案件被告人或被上诉人在收到人民法院送达的起诉状或上诉状的副本后，针对起诉和上诉的事实和理由，请求进行回答或辩解所用的一种文书。

答辩是应诉行为，是法律赋予被告人和被上诉人的诉讼权利。

答辩状是与诉讼状、上诉状相对应的文书，一审程序的答辩状，是被告人针对原告人的诉状提出的；二审程序的答辩状，是被上诉人针对上诉人提出来的。

答辩状可以分为民事答辩状、刑事答辩状和行政答辩状。

2. 答辩状的特点

① 针对性。答辩是一种相对于起诉、上诉和申诉的应诉行为，是被告和被上诉（申诉）人依法享有的一项诉讼权利。法律赋予当事人答辩的权利，是为了保障当事人平等地行使诉讼权利，依法保护自己的合法权益，同时，允许应诉方答辩，有利于人民法院全面了解案情，正确实施法律。

② 说理性。在答辩状中，答辩人可以承认对上所诉属实并接受其诉讼请求，也可以在认为对方所作不符合事实或所提出的诉讼请求不合事实时进行反驳，但不得用答辩状提出反诉。如果具备反诉的条件，应用反诉状或答辩与反诉状。

③ 时效性。按照我国《中华人民共和国民事诉讼法》的规定，人民法院对民事案件和经济纠纷案件的起诉状或上诉状应当在立案受理 5 日内，分别将其副本送交对方当事人，对方当事人在接到副本后，应在 5 日内提出答辩。

3. 答辩状的种类

① 民事答辩状。民事答辩状是指民事诉讼的被告收到原告的起诉状副本后，针对民事诉状的内容，提出的依据事实和理由进行回答和辩驳的诉讼文书。根据《中华人民共和国民事诉讼法》第一十三条第一款的规定，被告在收到起诉状副本后，在法定期限内，针对起诉状的内容进行答辩时，使用第一审民事答辩状。通过答辩状，被告可以充分阐明自己的观点和主张，还可以提出事实和证据证实自己的观点，用正确的事理驳斥错误的事理，以正确适用的法律条文校正引用不当的法律条文。

② 行政答辩状。行政答辩状是指行政诉讼的被告根据行政起诉状的内容，针对原告提出的诉讼请求作出答复，并依据事实与理由进行回答和辩驳的诉讼文书。根据《中华人民共和国行政诉讼法》第四十三条的规定，被告在收到起诉状副本后，在法定期限内，提

交作出具体行政行为有关材料的同时，针对起诉状内容进行答辩时，适用第一审行政答辩状。行政答辩状是一种应诉的意思表示，内容侧重于证明答辩人的行为行之有据且程序正当。

③ 刑事答辩状。刑事答辩状是指刑事自诉案件的被告人根据刑事自诉状的内容，针对原告提出的诉讼请求作出答复，并依据事实与理由进行辩驳的诉讼文书。虽然被告人可以不提交答辩状，但为了更好地保护自身的合法权益，有利于人民法院全面了解案情以作出公正的判决，最好不要放弃陈述理由的机会。

5.2.2 答辩状的写作模板与格式解析

1. 标题

写明答辩状的性质和审级，如民事（或者行政、刑事）答辩状；民事（或者行政、刑事）被上诉答辩状。

2. 答辩状基本情况

应写明答辩人姓名、性别、年龄、机关、民族、职业、单位、住址。答辩人如属企业事业单位、机关、团体时，则要写明单位全称、地址和法定代表人的姓名及职务，有委托代理人的也应写明。

3. 答辩事由

具体行文是：①一审答辩状："因原告人×××诉我××（案名）一案，现答辩如下"。②二审答辩状："上诉人×××因为不服×××人民法院（年度）字第×号判决，提起上诉，现就上诉状所列各点，答辩如下"。

4. 答辩理由

这是答辩状的主体部分，或者说是关键部分，这部分应该针对起诉状或者上诉状提出的问题来确定，可以从以下两方面进行答辩：

① 从事实方面进行答辩，针对诉状或者上诉状中提出的事实和证据的不实，用符合客观真实的事实和证据进行辩解，大致有以下两种情况：一种是诉状或上诉状中提出的事实和证据，全是虚假、捏造的；还有一种是一部分证据和事实是真的，一部分证据和事实是假的。写答辩理由时候，要针对以上两种情况，各有侧重，分别予以回答和辩解。

② 从适用法律方面进行答辩：第一，原告对法律条文理解错误，以致提出不合法的要求；第二，原告起诉违背法律程序。

5. 结束语

可用一两句话来结束答辩，例如"根据所答，请驳回原告起诉"，或者"请详查事实，予以公正审理"等。

6. 机关名称

写明答辩状送达的机关名称。

7. 答辩人署名，答辩状递交的日期

8. 附注

答辩状副本几份、书证几份。

5.2.3 答辩状的例文分析

示例 1

答　辩　状

答辩人：江苏××公司

住所地：××市××区××路××弄××号××室

法定代表人：范××

职务：董事长

答辩人因与金××（申请人）劳动合同纠纷案，作民事答辩如下：

答辩人江苏××公司与金××之间没有建立劳动合同法律关系，应依法驳回金××的仲裁请求。

1. 答辩人江苏××公司与金××之间没有签订《劳动合同书》。

金××向仲裁庭提交了《劳动合同书》，根据《中华人民共和国劳动合同法》第十六条规定："劳动合同由用人单位与劳动者协商一致，并经用人单位与劳动者在劳动合同文本上签字或者盖章生效。"本案中，答辩人江苏××公司从未与金××协商一致，更没有签订劳动合同，申请人提交的《劳动合同书》上没有答辩人江苏××公司盖章，因此，答辩人江苏××公司与金××之间没有建立劳动合同法律关系，金××申请劳动争议仲裁没有事实依据。

2. 答辩人江苏××公司财务部负责人李××在《劳动合同书》上签字没有得到答辩人江苏××公司授权，也没有获得答辩人江苏××公司追认，李××无权对外招聘人员，其行为不能代表答辩人江苏××公司，其与金××签订《劳动合同书》的个人行为与答辩人江苏××公司无关，答辩人江苏××公司不应对李××的个人行为承担任何法律责任。

3. 金××没有为答辩人江苏××公司提供过工作成果或服务，双方之间不存在事实劳动关系。

综上所述，答辩人江苏××公司与金××之间未建立劳动合同法律关系，金××申请劳动争议仲裁没有事实和法律依据。为了维护答辩人江苏××公司的合法权益，请求仲裁庭依法驳回金××的仲裁请求。

此致

××区劳动争议仲裁委员会

答辩人：江苏××公司

二〇一〇年二月二十四日

解　析

这份答辩状对金××申请江苏××公司劳动纠纷一案进行了答辩，在叙述事实的同时，提出了自己的意见："答辩人江苏××公司与金××之间没有建立劳动合同法律关系"，"金××没有为答辩人江苏××公司提供过工作成果或服务，双方之间不存在事实劳动关系"，并指出了具体理由。

示例 2

经济纠纷答辩状

答辩人：永耀灯饰有限公司，地址：××市人民路 48 号，邮政编码：×××××××

法定代表人：李××，经理

委托代理人：张××，天平律师事务所律师

答辩人因华天灯饰制造厂（下简称华天）诉新颖灯饰有限公司（下简称新颖公司）还款一案，现提出答辩如下：

华天与新颖公司曾签订 3 万元灯饰的购销合同，由答辩人对有关的款项进行担保，答辩人也在合同上确认了这一点。但是，这种担保只是一般担保，不是连带担保，按照《中华人民共和国担保法》的规定，被告新颖公司是有还款能力的，不应由答辩人承担担保责任。而且原、被告曾就还款事项修改过合同内容，又没有通知答辩人，因此答辩人不应承担担保责任。请法院考虑上述原因，作公正的判决。

此致

××区人民法院

答辩人：永耀灯饰有限公司

法定代表人：李××

××××年×月×日

解　析

该答辩状在写作上存在以下问题：首先，标题"经济纠纷答辩状"中的经济纠纷可以去掉，直接用答辩状简单明了。其次，应注明华天和新颖公司的原被告身份，并明确答辩人的被告身份。再次，"还款一案"非法律术语，应该为"合同纠纷一案"。最后，答辩理由中应明确答辩人在购销合同中保证人处盖章和在购销合同中担保责任的性质为一般保证还是连带保证以及保证范围、保证的期限等信息，一般在购销合同中会明确约定。答辩状应抓住关键问题即答辩人是否列为被告、是否应承担担保责任有针对性地辩驳。

5.3　上诉状写作

5.3.1　上诉状的相关知识

1. 上诉状的含义

上诉状，是诉讼当事人或其法定代理人，不服地方各级人民法院第一审的判决、裁定，依照法定程序，在法定期限内，请求上一级人民法院依法撤销、变更原审裁决，或者重新审理而制作的诉讼文书。它既是诉讼当事人不服人民法院作出的一审裁判的"声明"，也是第二审人民法院开始第二审程序的依据。

上诉状分为民事上诉状、刑事上诉状和行政上诉状三种。

2．上诉状的特点

① 必须是有权提起上诉的人才能书写上诉状。被告人的辩护人和近亲（夫、妻、子女、同胞兄弟姐妹），经被告人同意，可以提起上诉。如果没有得到被告人的同意，即使认为判决和裁定有误，也无权提出上诉，提出了也不具有引起第二审程序的法律效力，他们只能提出申诉，按照法定的审判监督程序处理。

② 必须是由当事人不服地方人民法院第一审判决或裁定而有上诉请求的才能书写。

③ 必须在法定期限内上诉。对刑事上诉状，不服判决的上诉和抗诉的期限为 10 天，不服裁定的上诉和抗诉的期限为 5 天。对民事上诉状和行政上诉状，对判决提起上诉的期限为 15 天，对裁定提起上诉的期限为 10 天。

3．上诉状的种类

① 民事上诉状、刑事上诉状。它是民事、刑事诉讼当事人向第二审人民法院提交的请求依法撤销或变更原审裁判的法律文书。它既是民事、刑事诉讼当事人不服人民法院作出的一审裁判的"声明"，也是第二审人民法院开始第二审程序的依据。

② 行政上诉状。它是行政诉讼的当事人不服人民法院作出的未生效的第一审行政判决、裁定，在法定期限内向上一级人民法院提交的请求重新审理并撤销或变更原审裁判的法律文书。

5.3.2 上诉状的写作模板与格式解析

上诉状一般由以下几个方面组成。

1．标题

一般写"民事上诉状""刑事上诉状""刑事附带民事上诉状""行政上诉状"等。

2．当事人身份等基本情况

刑事上诉状，先写上诉人，次写被上诉人。二者均要写明姓名、性别、年龄、民族、机关、职业、工作单位和住址。同时要注明当事人在一审中是原告还是被告。

民事上诉状、行政上诉状，当事人身份等基本情况写法和刑事上诉状基本相同。

如果上诉是法定代理人或者委托代理人提起，也应该写明上述身份等基本情况。

3．事由

写明因为何案，不服从何法院的判决或裁定，于何时，以何字号判决或裁定而提起上诉。

4．上诉理由

这是上诉状的核心部分，要根据民事、刑事、行政案件的不同特点来写。

刑事上诉状，应该针对以下四个方面上诉：

一是针对原审判决、裁定认定事实方面的错误进行申辩，或指出认定事实有出入，或指出遗漏了重要事实，或指出缺乏证据，或另外提供证据，从而阐明原判决认定事实不准确。

二是针对原审判决、裁定认定性质的不当进行申辩，提出法律依据，或做罪轻的申辩，或做无罪的申辩。

三是还可以针对原审判决、裁定量刑畸重进行辩解，并提出正确量刑的理由和法律依据。

四是也可针对原审判决、裁定在审判程序上的不当进行申辩，指出在审判程序上违反了什么法律规定，从而导致实际处理不当。

民事、行政上诉状的理由，除针对原审判决、裁定认定事实有误和违反诉讼程序外，主要还要围绕权利和义务以及行政机关的侵权行为来写，并写明原审判决、裁定，适用法律条文不当，提出纠正的法律依据。

5. 上诉请求

主要写明请求第二审人民法院撤销（一部分或全部）、变更原审判决、裁定或者请求重新审判。

6. 写明上诉状递交地人民法院名称

7. 上诉人签名或盖章，注明年月日

8. 附注事项

示例 1

刑事上诉状

上诉人：（原审被告人）赵××，男，23岁，汉族。原籍××省××县××县××乡××村。

上诉人赵××因伤害致人死亡一案不服××人民法院××××年×月×日（×）字第××号刑事判决，提出上诉。上诉的请求和理由如下：

原判决书对案件事实的认定是基本正确的，但对上诉人的行为所作的法律论断是不恰当的，因而对本案的判决也是不恰当的。

纠纷开始的时候是在被上诉人汪××的家中，本属一般口角。汪××首先动手抓扯上诉人的衣领，上诉人并没有还手。当汪××的姐姐、姐夫和外甥女张××等一拥而上围打上诉人时，上诉人被打伤多处，并未还击，采取忍让的态度，挣脱逃走。汪××等人追赶上诉人直至上诉人家中，意欲继续加害上诉人人身，上诉人仍未还手，以免事态扩大。但是汪××等人还不肯善罢甘休，认为上诉人软弱可欺，并采取殃及池鱼的态度，仗着人多势众对上诉人之妹赵××人身采取加害行为，肆意进行调戏。上诉人为保护妹妹的人身免受正在进行的不法侵害，在忍无可忍的情况下，顺手拿起一块木板，用以制止汪××的不法侵害，但还未伤人。当汪××和张××捡起院中的木棍来打上诉人时，上诉人一边躲避，一边用木板招架。但汪××步步紧逼，并用木棍打中上诉人身体，上诉人在这时才进行了自卫还击。这是上诉人为了使本人免受正在继续进行的不法侵害而采取的正当防卫行为。在实施正当防卫的过程中，上诉人不慎失手打中汪××的头部，使其当即昏迷倒地，而后送到医院抢救无效死亡。这是上诉人正当防卫超过必要限度所造成的不应有的危害，应负一定的刑事责任，但绝不是故意伤害他人致死。

为此，特请求上级人民法院撤销原判而使罪行相当。

此致

××中级人民法院

上诉人：赵××

××××年×月×日

附：

1. 上诉状副本一份

2. 证物两件

3. 书证两件

示例2

民事上诉状

上诉人（一审原告）：王某，男，生于×年12月8日，汉族，××科技发展有限公司经理，住××市二环东路3966号D座2204室。

被上诉人（一审被告）：山东××房地产公司。住所地：××市历下区七家村33号。法定代表人：邓某某。职务：董事长。

上诉人王某不服××市历城区人民法院20××年10月21日作出的（20××）历城民商初字第1150号民事判决书，现提出上诉。

上诉请求：

1. 请求人民法院撤销一审判决，依法改判。

2. 本案的诉讼费用由被上诉人承担。

事实与理由：

一、一审法院以因原、被告在合同中仅约定逾期办证退房退款，而未约定支付违约金为由，认定上诉人要求被上诉人支付违约金、增加违约金的诉求无法无据，属于适用法律错误，涉嫌枉法裁判。

本案毋庸置疑的事实是被上诉人在履行与上诉人之间的商品房买卖合同中严重违约，在商品房交付使用后360个工作日内没有将办理权属登记需由出卖人提供的资料报产权登记机关备案，致使上诉人的房产证无法在约定期限内正常办理，对此被上诉人应当承担逾期办理房产证的违约责任。

上诉人和被上诉人在20××年5月26日签订的商品房买卖合同第十五条约定，出卖人应当在商品房交付使用后的360个工作日内，将办理权属登记需由出卖人提供的资料报产权登记机关备案，如因出卖人的责任，买受人不能再在规定期限内取得房地产权属证书的，双方同意按以下第 1 项处理：

1. 买受人退房，出卖人在买受人提出退房要求之日起 30 日内将买受人已付房价款退还给买受人，并按已付房价款的 0.5％赔偿买受人损失。

2. 买受人不退房，出卖人按已付房价款的 0.5％向买受人支付违约金。

依据合同的此款约定，在被上诉人办证期限违约的情况下，上诉人有选择退房的权利，但不能认为此条款是赋予了违约方在违约后有收回房屋的权利。

也就是说，在被上诉人违约而上诉人又不想行使退房的权利时，对于违约方如何承担违约责任的问题在合同中没有约定。正是没有合同双方的约定才能按法定，《最高人民法院关于审理商品房买卖合同纠纷案件的司法解释》明确合同没有约定违约金或者损失数额难以确定的，可以按照已付购房款总额，参照中国人民银行规定的金融机构计收逾期贷款利息的标准计算。根据上述法律规定，在上诉人选择不退房的情况下，主张参照合同 15 条第 2 款关于不退房时的违约金计算标准并要求增加违约金有明确的法律依据。一审法院以合同仅约定退房而未约定支付违约金驳回起诉显然是判决错误，明显违反了《中华人民共和国合同法》和《最高人民法院关于审理商品房买卖合同纠纷案件的司法解释》的相关规定。

二、一审法院对本案部分主要事实没有查清。

1. 对双方有争议的房屋交付时间没有查清。

2. 对双方有争议的住房公共维修基金缴纳时间没有查清。

3. 对双方有争议的被上诉人开发建设的××市东环国际广场房产证大证的办理时间没有查清。

三、一审法院在判决书第 5 页第 4 行关于"证实被告于 20××年 7 月 19 日才将该基金予以缴纳"的表述令人费解。如果是笔误，则应及时修正，以维护法律文书的严肃性。

四、上诉人诉求的是请求法院判令被上诉人在 30 日内为上诉人办理××市二环东路 3966 号 D 座 2201～2204 号房屋权过户手续，而一审法院判决结果却是限被上诉人于判决生效 90 日内协助办理。既然被上诉人已经具备了办证条件，为何不判决其在 30 日内协助办理呢？

综上所述，被上诉人存在明显违约的过错行为，极大地损害了上诉人的合同权益，而在这种情况下一审法院却判决被上诉人不承担任何违约责任，放纵违约方，漠视弱者的合法民事权益，明显违反了法律的公平原则以及诚实信用原则，损害了当事人的合法权益。为了正确适用法律，依法维护法律的尊严，维护上诉人的合法权益，请二审法院对本案依法改判。

此致
××市中级人民法院

上诉人：王某
二○××年十一月三日

5.4 公证文书写作

5.4.1 公证文书的相关知识

1. 公证文书的含义

公证文书是指国家公证机关根据当事人的申请，按照法定程序办理公证业务时，所制作的各种具有国家证明效力的法律文书的总称。在公证业务中，公证文书可以有狭义和广义之分。

狭义的公证文书即公证书，是公证机关对当事人要求公证的事项所出具的证明文件；广义的公证文书则泛指用文字形式记载公证活动全过程的文书，除公证书之外，还包括办理有关公证的辅助性文书（如公证申请表、谈话记录、调查笔录等）和代书文书（遗嘱、委托书、声明书、协议书等）

2. 公证文书的特征

① 由法定的证明机构制作。

② 依照法律的程序和格式制作。

③ 证明客体是民事法律行为、有法律意义的事实和文书。

④ 真实、合法是公证文书的标准。

⑤ 属于非诉讼文书。

3. 公证文书的种类

（1）公证书

公证书，指的是国家公证机构根据当事人的申请，根据事实和法律，依照法定程序和规定或者批准的格式和要求制作的，具有特殊法律效力的司法证明文书。

（2）公证决定书

公证决定书，指的是公证机构根据法律和事实，为了解决某些公证程序事项而作出的书面处理意见。

（3）公证通知书

公证通知书，指的是公证机构向当事人通告公证决定或者其他公证程序事宜时所制作的法律文件。

（4）辅助性公证文书

辅助性公证文书指的是办理公证业务活动中制作的服务于办理公证的文书。

5.4.2 公证文书的写作模板与格式解析

《公证程序规则》第三十八条明确公证书应包括以下内容：公证书编号、当事人的基本情况、公证证词、承办公证员的签名（签名章）、公证处印章和钢印、出证日期。

公证书的证词页可分为首部、正文（证词）、尾部三部分。

1. 首部

（1）公证书名称

在文书开头正中位置写"公证书"。

（2）公证书编号

编号的位置在公证书名称右下方，依次写明：年度全称、制作机构简称、书类别简称和案件顺序号。如："（2020）厦证经字第 108 号"。

（3）当事人基本情况

① 申请人和关系人（如果具体案件中没有"关系人"，此项就不写）：申请人为自然人的，依次写明其姓名、性别、出生年月日、住址。外国人应写明国籍。申请人为法人的，首先写明法人全称和住所地，另段写明法定代表人的姓名、性别、出生日期。申请人为非法人组织的，首先写明其全称、住所地，另段写明代表人的姓名、性别、出生日期。

② 委托代理人：申请人有代理人的，应在申请人下面另起一段，写明：委托代理人姓名、性别、住址、职务。

（4）公证事项

例如："公证事项：房地产拍卖。"该项类似于法院民事调解书的案由，如"案由：购销合同贷款纠纷"。

（5）申请事由

明确写明三个要素：①申请人提出申请的时间；②申请人向公证机构提出申请、要求公证的意思表示；③公证对象的具体类别。如："申请人厦门××集团股份有限公司于××××年九月十八日向我处提出申请，要求我处为其办理厦门市××批发市场厦门市××饲料贸易有限公司侵权销售同该公司注册商标相同产品之保全证据公证。"

2．正文

公证书正文，又称"证词"。

公证书的正文包括以下几部分：

① 公证机构查明的事实：如实写明案件发生的时间、地点、具体过程和相关证据等内容。

② 公证的理由，即公证的事实依据与法律依据，是公证书写作的重点和难点。应根据具体案件，论述公证结论的合理性与合法性，为作出公证结论打下基础。

③ 公证结论，即公证书的主题，是公证书的制作目的。应用简洁的文字写明公证的结论。

3．尾部

① 公证机构全称：位置在正文的右下方。

② 公证员签名章或签名。

③ 出证日期。

④ 公证机构公章。加盖在出证日期的正中间位置，须使用红色印油。

示　例

公　证　书

（××××）长公字第×号

兹证明出租方周××与承租方张×于××××年×月×日来到本公证处，在公证员杨

×的面前，签订了我面前的《房屋租赁合同》。

经查，上述双方当事人的签约行为符合《中华人民共和国民法通则》第五十五条的规定；合同上双方当事人的签字属实，合同内容符合《中华人民共和国合同法》和《商品房屋租赁管理办法》第六条之规定。

中华人民共和国××省××市××公证处

公证员：杨×

××××年×月×日

5.5 申诉状写作

5.5.1 申诉状的相关知识

1. 申诉状的含义

申诉状是指诉讼当事人及其法定代理人、被害人及其家属或者其他公民，对已经发生法律效力的判决、裁定认为确实有错误，向人民法院或者人民检察院提出申请复查纠正的书状。它是运用特殊程序维护申诉人的合法权益的文书。

申诉状有民事申诉状、刑事申诉状和行政申诉状。

2. 申诉状的特点

（1）内容的针对性

根据有关法律的规定，申诉状的制作及提呈，必须有一个前提条件，即一定要针对法院确定的判决或裁判的错误或不妥之处。申请再审要符合下列条件：

① 有新的证据，足以推翻原来判决、裁定的；

② 原判决、裁定认定事实的主要证据不足的；

③ 原判决、裁定适用法律确实错误的；

④ 人民法院违反法定程序，可能影响案件正确判决、裁定的；

⑤ 审判人员在审理该案件时有贪污受贿、徇私舞弊、枉法裁判的；

⑥ 当事人违反自愿原则的调解协议和调解协议内容违法的。

（2）申诉人的法定性

根据有关法律规定，刑事申诉状的制作及提呈者是刑事案件的当事人、法定代理人、被害人及其家属或其他公民；民事申诉状的制作、提呈者是民事案件的当事人或其他法定代理人；行政申诉状的制作、提呈者是行政案件的当事人或其他法定代理人。因此，并不是每个人都有资格提呈申诉状。

（3）提呈的无时限性

申诉状的制作及提呈，一般不受时间限制。

5.5.2 申诉状的写作模板与格式解析

申诉状一般由以下几个方面构成：

1. 标题

根据案件性质分别写明"民事申诉状""刑事申诉状""行政申诉状"。

2. 申诉人基本情况

如果是刑事案件的在押人申诉，应写明现押处所；如果是被告人的辩护人、亲属或者其他公民申诉的，应该写明申诉人姓名、职业、同被告人的关系，并加写被告人基本情况。

如果是民事案件当事人申诉的，还应该将对方当事人（被申诉人）的基本情况写明。

如果是行政案件的当事人申诉的，要写明被申诉机关的名称及其法定代表人的姓名、职务。

3. 案由

写明何人因何案，不服何法院何字号的判决、裁定而提出申诉。具体表述为："上诉人×××因×××（案件性质）一案，不服××××人民法院于××××年×月×日×法（刑、民、经、行）初字第×号刑事（或民事等）判决（或裁定），现提出申诉。"接着用"申诉的请求和理由如下"过渡。

4. 请求事项

扼要地写明申诉目的，提出请求法院撤销、变更原审判决、裁定再审。

5. 申诉理由

不论民事、刑事还是行政案件，均应写明以下主要内容：

一是如实写明客观事实。在叙述事实时，针对原审判决，裁定认定事实方面的不当，提供完全、准确、最新、真实的事实。

二是列示证据。为了说明申诉的事实准确可靠，列示与请求目的相符的人证、物证、书证。

三是依法说理。要抓住原审判决、裁定在适用法律条文方面的错误，用法学原理和法律条文进行申辩。

在申诉理由之后，用"为此，特向你院申诉，请求依法撤销（变更）原判决（或裁定），予以改判（或重新审理）"来收束正文。

6. 写明申诉书递交地人民法院的名称

7. 申诉人签名或盖章，注明年月日

8. 附注事项

示例 1

民事申诉状

申诉人：刘燕，女，48岁，汉族，四川省××县人，××县建材厂合同工，住××县临江路30号。

申诉人刘燕因房屋产权一案，不服××省××县人民法院（01）民上字第78号民事判决，现依法申诉如下：

1. 我和徐建婚姻关系存续期间所住的房子，购房款是我独自筹措，也是我独自承担偿还的，有债权人江明生、冯平证明。

2. 买房子时，我的亡夫、对方当事人的父亲×××公开表态：不与我共买此房。我坚持要买，故请×××代写了不愿共买房的声明。声明内容请见代写人×××的书面证明。

3. 一审法院只是简单地认定了事实，援引法律条文。对我提出的证人证据则不加调查，不作分析。这样主观武断地认定案件事实，作出的判决怎能使人信服呢？

4. 夫妻关系存续期间所得财产，应理解为包括双方或一方的劳动所得。如属这样的性质，其产权应归夫妻所共有。

我买房子虽是在婚姻关系存续期间，但购房款是由我个人借债来支付的。还债则是在我丈夫死后，靠我个人的劳动所得偿还的。一审法院引用《中华人民共和国婚姻法》第十三条，只讲"夫妻在婚姻关系存续期间所得财产，归夫妻共同所有"，不提该条的最后一句"双方另有约定的除外"是不恰当的。

以上理由陈述，敬请市中级人民法院按审判监督程序调卷审理，依法判处，以维护法律公正，保护公民合法财产。

此致

××市中级人民法院

申诉人：刘燕

××××年×月×日

附：

1. 证明材料四份

2. 房产证影印本一份

3. 一审判决书副本一份

示例 2

刑事申诉状

申诉人：刘××（被害人死者刘×平之兄），男，31岁，汉族，××市人。

案由：××市高级人民法院（××）高刑终字第××号判决书对于杀人犯彭××在定罪和量刑上均有失公正，认定的事实亦有出入。

申诉请求：

请求终审法院按照审判监督程序，重新审理此案。

事实和理由：

1. 判决书定彭××为伤害致死人命罪是不恰当的。我认为彭××应定为故意杀人罪。因为刘×平并未对彭××或其他人造成任何人身威胁，彭××没有必要用三棱刮刀来主持"正义"。他如果真是出于"正义"，不是出于故意杀人的动机和目的，在刘×平赤手空拳的情况下，完全可以采取劝阻和以理服人的方法。为什么要选择最要害的部位——心脏，并一刀刺死刘×平呢？

2. 判决书认定事实有出入。判决书说修建队书记要去医院看病，刘×平进行拦截和挑衅，这与事实不符。事实是：我母亲多次去找××镇修建队要求解决工作问题，遭修建队队长袁××毒打。为此，我母亲找到××区委和××法院，但都未作处理，仍叫我母亲找修建队书记。6月19日我母亲找到书记杨××后，又遭到书记的打骂。然后书记要坐卡车上医院，我母亲拦车不让去，因他打了我母亲，问题还没有解决。可是他们强行把我母亲拉开，把车开走了。我和我母亲也走路去了医院。在这个过程中，我弟弟刘×平根本不在场，何来的"拦截"和"挑衅"呢？到了中午12点，刘×平找我母亲回家吃饭，彭××从仓库里拿出三棱刮刀，一刀刺中刘×平的心脏然后穿过马路逃跑了。我弟弟怎么会跟他们"挑衅"？彭××刺死我弟弟并逃跑，为什么判决书对此只字不提？

3. 高级法院终审判决书以刑法第134条第2款之规定，判处彭××有期徒刑七年，实属定性不当，适用法律错误，判刑太轻。本案被告人犯的是故意杀人罪，应按我国刑法第×××条惩处。为此，申诉人请求法院对此案重新复查审理，依法对杀人犯彭××从严惩处，替我弟弟刘×平申冤，以维护法律的尊严，保护公民的合法权益。

此致
×××市高级人民法院

申诉人：×××
××××年××月××日

5.6　启事写作

5.6.1　启事的相关知识

1. 启事的含义

启事是机关、企事业单位、社会团体或个人需要向社会公众公开告知、说明某事或请求公众帮助和参与时所写的一种应用文。启事经常登载于报刊，或在公共场所张贴，或在电视台、电台播放，也是企业常用的一种文书之一。

2. 启事的特点

① 公开性。启事是向社会公众公开发布的，无秘密可言，具有典型的公开性。

② 单一性。启事的事项要求单一，不掺杂无关的内容。

③ 广泛性。启事篇幅短小精悍，运用方便灵活，适用范围很广，涉及社会生活的许多方面，使用频率越来越高，已成为经济生活不可或缺的常用文书。

3. 启事的种类

按内容分，启事有征文启事、招聘启事、招生启事、征订启事、开业启事、迁址启事、征婚启事、结婚启事、离婚启事、寻人启事、遗失声明等。

按公布的形式分，启事有报刊启事、电视启事、广播启事、张贴启事等。

5.6.2　启事的写作模板与格式解析

启事通常由标题、正文、结尾三部分组成。

1. 标题

启事的标题要醒目，通常在标题中写出事由。标题的写法：用文种作为标题、用内容作为标题、内容和"启事"组成标题、启事者和内容组成标题或启事者、内容和"启事"组成标题。

2. 正文

具体说明启事的内容，必须将有关事项一一交代清楚。正文一般包含启事的目的、原因、具体事项、要求等。如果内容较多，可分条列项，逐一交代明白。正文部分是体现各种启事不同性质和特点的关键部分，应依据不同启事的内容和要求，变通处置，注意突出启事的有关事项，不可强求一律。如《寻物启事》应着重交代丢失物品的名称、特征、时间、地点、失主姓名或单位名称、地址，发现后交还的办法和酬谢方式等；《开业启事》则应写明开业单位的名称、概况、性质、地点、经营项目和开业时间等内容；《招聘启事》一般包括招聘基本情况、招聘对象、应聘条件、招聘待遇、招聘方法等内容。文末可写上"此启"或"特此启事"，亦可略而不写。

3. 结尾

启事的结尾一般包括联系地址、电话、联系人姓名或签署启事者姓名、时间等。以机关、团体、单位名义张贴的启事，一般应加盖公章。

5.6.3　启事的例文分析

📚 示例1

诚　聘

因公司发展需要，现向社会征聘驻地人事主管一职。

岗位职责：

1. 负责本地经销商×××专卖店团队（门店导购、施工、业务等）人员的招聘配置；

2. 负责执行门店团队人员的培训工作；

3. 负责门店团队人员考勤、绩效考核、社保缴纳、薪资发放等工作；

4. 负责门店员工关系管理，不定期与在职员工进行面谈沟通，了解员工心理动态；

5. 负责门店上部分行政工作及领导交办的其他工作。

任职要求：

1. 25～35岁，三年以上人力资源工作经验，熟悉人力资源六大模块专业知识和技能；

2. 熟悉国家及当地相关的一些法律法规；

3. 有较强的亲和力、沟通能力、团队协作能力，工作主动、积极热情；

4. 居住本地或想回原籍长期发展者优先；

5. 有零售行业、专卖店人事管理工作经验者优先。

注：本岗位隶属于一家上市公司。岗位培养方向：主管—区域主管—省区主管—经理。

薪酬结构：底薪＋绩效＋经销商回款提成＋年度奖金。

解　析

这是一则招聘启事。启事对岗位职责、任职要求作了较为具体、详细的叙述，采用分项分条形式，陈述清楚，一目了然。启事单位未作交代，对招聘起止的时效、联系方式、受聘的基本薪酬也没注明，让受聘者不明就里，或无法应聘，势必会影响招聘的实际效果。

示例 2

更正启事

由于作者和编辑的疏忽，本刊 2013 年第 6 期 66 页刊登的《福特福克斯 1.8L 车怠速抖动》一文中，"接着对 PCM 的标定做了更新，又对免钥匙启动模块（KVM）做了重设后再次试车，故障仍存在"有误，应为"接着对 PCM 的标定做了更新，又对保活存储器（KAM）做了重设后再次试车，故障仍存在"。特此更正，并向广大读者致歉。

该车没有 KVM，作者笔误将"KAM"写成了"KVM"。KAM 存储着 PCM 的一些自适应参数，在清洗节气门后，需要对其进行清除，以便重新自适应。

在此特别感谢火眼金睛的维修技师俞勇（昆山市周市镇 339 省道 479 号福特 4S 店）对本刊的指正，同时也希望广大读者在发现文章中有不妥之处时，能及时与我们取得联系。

《汽车维护与修理》
2013 年 7 期

解　析

这是一则更正启事，发布在本期刊，对此前刊发的错误内容进行更正。标题由事因、文种构成；正文对此前刊发的错误文字、期刊号等精确注明，对其中差错作了还原，对工作失误本着实事求是、认真负责的态度；致歉，言辞诚恳；致谢，真挚热忱；期盼，真诚急切。

示例 3

寻物启事

3 月 23 日晚 8∶00 左右，本人在淮河路公交 6 路车站候车时，不慎遗失公文包一只，内有委托书、重要合同、票据及现金支票等物。本人现万分焦急，恳请拾到者速打电话与我联系，我将立即前往认领，当面致谢并愿重金酬谢。

联系电话：13007628×××

××××公司　万先生
××××年×月×日

解 析

这是一则寻物启事。失主在正文中交代出失物的具体时间、地点及丢失原因，遗失物为公文包，详细介绍内装物品；为感谢送还者，失主许诺重金酬谢，并留下了联系电话。文字精练、篇幅短小、格式规范、态度诚恳。

示例 4

招领启事

10 月 8 日晚，在校运动场拾到白色手提包一个，内有钱物若干。望失主携带证件到校保卫处认领。

×××学校保卫处

2014 年 10 月 9 日

解 析

这是一则招领启事，与寻物启事不同，写拾到物品的内容均不需要精确，且要求认领者携带证件，以防假冒。文字精练，格式规范。

示例 5

征文启事

为隆重纪念中国共产党成立 90 周年，省委宣传部、省委党史研究室、省社科联、浙江日报报业集团和《今日浙江》杂志社联合举办庆祝中国共产党成立 90 周年征文活动。

一、征文要求

1. 内容要求：（1）研究阐释中国共产党成立 90 年来团结带领全国各族人民谱写的光辉奋斗史、创业史、改革开放史；（2）研究我党推进马克思主义中国化、时代化、大众化的宝贵历程和成果，探讨中国特色社会主义理论体系在浙江的生动实践；（3）研究并印证党的建设是党领导的伟大事业不断取得胜利的重要法宝；（4）研究浙江各级党组织在党的思想、组织、作风、制度和反腐倡廉建设方面的创新实践经验。

2. 撰写要求：（1）坚持党的基本理论、基本路线、基本纲领和基本经验，坚持正确政治方向，主题鲜明，观点准确；（2）逻辑严密、语言流畅、文风朴实，有较强的说服力和感染力；（3）每篇文章字数在 8000 字以内，个人或集体署名均可，未经公开刊发。

二、征文组织和评审

1. 省有关部门将组织专家学者对推荐文章进行评审。本报择优刊登入选文章。如文章在《人民日报》、《光明日报》、《求是》杂志发表，可列入我省"庆祝中国共产党成立 90 周年"社科专项课题规划。

2. 入选文章将汇集出版，入选文章作者将参加 2011 年 6 月举行的全省庆祝中国共产党成立 90 周年理论研讨会。

3. 征文活动从今日起至 2011 年 4 月 30 日，来稿一律不退。参选文章请报送至省委宣传部理论处，联系电话：×××××××，邮箱：×××××××。

解　析

　　这则征文启事首先讲明目的：隆重庆祝中国共产党成立 90 周年，交代了征文的意图和意义，明确了主题，激发作者的创作参与热情；其次是征文内容要求和撰写要求；再次提出了征文组织事项、征文时间等。总体来讲这是一则合乎规范的征稿启事，条理清楚，事项完备，语言简洁。

任务练习

　　一、分析下列启事的错误并进行修改。

寻书启事

文/余维庆

　　本人失书一本：《城北地带》，苏童著，今日中国出版社出版。该书于一九九八年十月四日下午四时被不良友人借走，至今下落不明。据该不良友人追忆，该书被三借四借之后曾流落上海，辗转北京，至今线索全断，追讨无方。该书由保定市第二印刷厂印刷，规格：850 毫米×1168 毫米，13/2 开本，定价 8.8 元。该书被外借时封面下角略有破损，扉页有"书虫藏书"印鉴，编号○二四七。第八十八至第八十九页码之间有蚊子尸体一具，无血迹。望子成龙天下书友，本着一家亲的思想，帮忙寻找，狠批深揭，造成一定的舆论攻势，把隐藏在我们中间的"孔乙己"式人物揪出来。另，若有哪位"孔乙己"良心发现，把书还给某某，某某又还给谁谁……一直回到我手中，我就不作深究了。我这里也有一批来路不明的"野"书，还可以当作薄酬奉赠，反正这些书，也不知道哪年哪月跟谁借的。

书虫
二○○六年 1 月 12 日

广州××宾馆诚聘

　　1. 业务助理：数名，大专文化，懂电脑操作，能熟练运用 Office 办公软件。
　　2. 业务员：数名，有业务经验者优先。
　　有意者请带好个人简历来面试。

联系人：×××
电话：××××××

　　二、假如你是某公司人力资源部的工作人员，请结合公司的岗位需求拟写一份招聘启事。

　　三、袁芳在第五教学楼捡到了一个皮夹，里有身份证、学生证、借书证、银行卡各一张，同时还有现金若干，请为袁芳写一则招领启事，同时为失主拟写一则寻物启事。

5.7 解说词写作

5.7.1 解说词的相关知识

1. 解说词的含义

解说词就是用于对事或物进行口头解释、说明的文稿。这里的事或物，一般都是有实物参照，或是配有图像、图表、视频、声音等多媒体材料。

2. 解说词的特点

（1）解释性

解说词是针对事或物进行解说，所以在写作上，在必要的情况下，一方面对事或物进行分析，并进一步阐明；另一方面说明事或物的含义、原因、理由等，弥补视觉或听觉的不足。

（2）次序性

解说词对于事或物的解说一般是按照一定的时间或空间顺序进行，基于此，在写作时，需适当考虑到事或物本身的复杂程度，进而进行详略取舍，再就是考虑到事或物之间的时间和空间因素，留足衔接的时间和距离。

5.7.2 解说词的写作模板与格式解析

1. 标题

一般是解说对象加"解说词"构成，也可根据实际需要采用双标题等形式。

2. 正文

按照事或物的时间或空间因素展开，依据时间的分段或空间的分区，保持各部分解说的相对独立及文字表述上的段落分别。

3. 结尾

根据实际解说的事或物，可以用对事或物未来的展望结尾，也可用对解说的简单总结来结尾，或自然结束，省略结尾。

5.7.3 解说词的例文分析

示 例

××电视台直播解说词

这是××省××市的××山，每年这个时候，梅花吐蕊，势若雪海，故名曰"香雪海"。作为江南著名的赏梅胜地，"××探梅"已有两千多年的历史，享有"××梅花甲天下"的美誉。这里的梅花有三十多种，站在山顶眺望，十里香雪嵌在山间，成片的白梅犹如灵动的浪花。徜徉花海间，一缕缕暗香环绕，美不胜收。

勤劳智慧的××人因地制宜，借助独特的自然环境，将赏梅与苗木盆景、传统手工艺相结合，通过举办节庆活动促进农、文、旅融合发展，全市近一万人从事工艺、苗木生产，赏花和苗木经济及文化产业带动当地年收入超过十二亿元。

绿色是××市的底色，从 2013 年起，这里关闭了二十多家企业，在生态红线范围内，禁止任何污染源，保护好这一方水土。

解　析

这篇解说词简明扼要，根据直播的时间顺序，依据画面推移来逐个解说各个画面内容，文字优美，解说简括，地方特点抓取准确鲜明，让人有身临其境之感。

任务练习

××大学将于 2023 年 10 月×日至×日举行第×届秋季运动会，请根据你的班级情况，为班级写一篇运动会开幕式的入场解说词。

5.8　便条写作

5.8.1　便条的相关知识

1. 便条的含义

在不能面谈的情况下，以书面形式转达需要说明的事项，因行文简洁，使用方便，又称为便条。

2. 便条的特点

① 告知性。便条主要是告知对方某个信息，向对方说明某件事情。

② 无法律效力性。便条的主要作用是告知，不具备法律效力。

3. 便条的种类

常见的便条有请假条、留言条、托人办事条等。

5.8.2　便条的写作模板与格式解析

1. 便条的格式

便条是一种最简单的书信。应写清四点：写给谁，什么事，谁写的，什么时间写的。其内容包括四部分。

① 称呼。第一行顶格书写对方的称呼。

② 正文。第二行空两格写清楚向对方说明的事情。

③ 结尾。写完正文，另起一行空两格写"此致"，下一行顶格写"敬礼"。这一项也可以省略。

④ 落款。在正文的右下方署名，署名下一行写日期。

2. 几种常见便条的写法

① 请假条。其是因病、因事不能上班、上课或参加某项活动，向有关领导请假而写的便条。它可以由当事人自己书写，也可由别人或单位代写。

请假条要写清：向谁请假、请假理由、请假期限、请假人姓名、日期。请病假时要附医生证明。请假条常用"请准假""希予准假""特此请假"等习惯用语作结。

② 留言条。访人不在，又有事相商或代人转告某事；本人不在，又有事通知来人；替别人接电话，不能当面交代。这些情况下都可以写留言条。

写留言条时要说清楚留言内容。访人不遇时，要写明来访目的，或另约会面时间、地点；本人外出，要把回来时间告诉对方。

留言条的有效时间短，可不写年、月，但需要写清具体日期和时间。

③ 托人办事条。其是要托他人代办某件事情时写的条子。它有时需要托人转交代办人。托人办事条与请假条、留言条的写法类似，但要把托付对方的事情写清楚，正文结束后还要表示谢意，通常写上"谢谢""拜托了"或"××拜托"之类的字样。

5.8.3 便条的例文分析

示例 1

请假条

××学院李院长：

我是今年毕业的××专业（1）班的学生，因到××公司联系工作，该公司要求我于今年 4 月 5 日进行专业实习两个月。为此，特请假两个月，恳请批准。

此致
敬礼

请假人：××

××××年 3 月 20 日

解 析

这是学生实习请假的请假条，请假人信息翔实，请假事由充分，格式正确，值得借鉴。

示例 2

留言条

建平：

今天上午，我来约你一道去陈红家，适逢你外出。明天下午 3 点，我再来找你，望等候。

张武

××××年 7 月 5 日

解 析

这张留言条语气平和，来访目的与另约时间、地点都写得非常清楚。

5.9　单据写作

5.9.1　单据的相关知识

1. 单据的含义

在领到、收到、借到钱物以及出售商品时，写给对方的字条，作为报销、查考、保存的凭证，具有法律效力，又称为单据。

2. 单据的特点

① 广泛性。便条式的字据，应用广泛，寥寥数语，但千万不能大意，特别是涉及人名、地点、时间、数字（包括电话号码），一旦错漏，于人于己都会增添麻烦。

② 方便性。凭证性条据写起来简便，看起来方便，携带也很方便。

③ 有法律效力性。凭证性条据是双方当事人的真实意思表达，是证据性文书，具有法律效力。

3. 单据的种类

常见的单据有收条、领条、借条、欠条等。

5.9.2　单据的写作模板与格式解析

1. 格式

格式一般包括三个部分。

① 标题。通常在第一行写"借条""收条""领条"等，或写"今借到""今收到""今领到"等字样，表明性质。

② 正文。第二行空格开始写，要写明从什么单位或什么人处借到或领到什么财物，要详细写明名称、种类、数量、时间等。

表示钱物的数量要用大写的"壹、贰、叁、肆、伍、陆、柒、捌、玖、拾、佰、仟、万、亿"，在钱的数额前，必须写明币种，整数额后写"整"字。

正文后可写上"此据"。

③ 署名和日期。正文下面偏右处写上经手人的姓名及日期。

2. 几种常见写法

① 借条。借到个人或公家的现金、财物时写给对方的条子，就是借条。钱物归还后，把条子收回作废或撕毁。其格式是：

借　条

今借到大学城第一中学椅子叁拾把，用于社区表彰大会，会后立即归还。此据

××居委会

经手人：××

××××年×月×日

② 欠条。借了个人或公家的钱物，归还了一部分，还有部分拖欠，对所欠部分所打的条子，叫欠条。其格式是：

欠　条

原借×××同志人民币伍佰元整，已还叁佰元整，尚欠贰佰元整，壹个月后还清。此据

×　×

××××年×月×日

③ 收条。在收到别人或单位的钱款、财物时写给对方的条子，就是收条。其格式是：

收　条

今收到××学院宣传科学习文件《党员必读》伍拾本。

批发部：×　×

××××年×月×日

④ 领条。向单位领取钱物时，写给负责发放人留取的条子，称领条。其格式是：

领　条

今领到厂部福利科发给三车间的保温桶壹个、保温杯伍拾个、手套伍拾双。

经手人：×　×

××××年×月×日

5.9.3　单据的例文分析

示例 1

借　条

今借到计算机一台、音箱一对。一星期后还。

借物人：×　×

××××年×月×日

解　析

这个借条写得比较粗糙，首先，向谁借写得不清楚；计算机、音箱的型号特征应写明确；归还时间"一星期"不具体；格式上应写上"此据"；"一台""一对"中数字应用大写"壹"。

示例 2

欠　条

今借到××门市部鸡蛋款陆佰叁拾柒元肆角整，准于 3 月 1 日如数付清。

××职业学院学校食堂科
经手人：李四
××××年×月×日

解　析

这是一则单位之间的欠款条。标题居中写"欠条"二字。正文部分写欠谁的款、欠什么款、欠多少款和什么时候还款这几个内容。因为是单位欠条，落款处要加盖公章，同时还要写上经手人的姓名，以示负责。

实战演练

一、填空题

（1）便条的特点是_____、_____。

（2）常用便条有_____、_____、_____等。

（3）单据的特点是_____、_____、_____。

（4）常用的单据有_____、_____、_____、_____、_____等。

（5）启事是机关、单位和个人公开向社会公众_____有关事项并请求公众予以_____的一种日常文书。

（6）启事具有_____、_____、_____等三个特点。

（7）启事与声明都是有事情要告诉大家，但二者的适用情况是不同的。声明适用于_____的事情。

二、请指出下面这份答辩状存在的问题或不足

答　辩　状

××市××区人民法院：

　　××公司告我厂违约实在是冤枉。事实是双方签订了一份合同，约定由我厂为××公司加工装配一批电子元件，但××公司未能按规定的时间提供原材料。我厂为了不使机器停机，只能改做其他单位的加工订货，因此才使得我们的交货超过了规定时间。所以责任主要在对方，希望人民法院能查明事实，作公正的判决。

答辩人：××电子元件厂厂长雷××
××××年×月×日

三、写作题

（1）请以"师生共庆'十九大' 不忘初心跟党走"为主题，拟一则启事，面向全校师生进行诗文征稿。

（2）你的母校××中学的高三×班将到你所读的大学×专业参观，将由你任解说员。请收集专业相关情况，并写一篇解说词。

（3）2022 年 7 月 3 日万××按租房合同向房东交了 2022 年第三季度的房租 2000 元，请你代替房东刘××写一张收条。

第6章　申论和综合应用能力

6.1　申　论

6.1.1　申论的基本知识

1. 申论的概述

申论是测查从事机关工作应当具备的基本能力的考试科目。试题全部为主观性试题,考试时限为180分钟。申论,取自孔子的"申而论之",即申述、申辩、论述、论证之意。它既有别于中国古代科举考试中要求就给定题目论证某项政策或对策、撰写论文的策论形式,也有别于传统作文的形式。但申论考试的内容、方法及其要达到的测评功能,实际却涵盖了策论和作文这两种考试形式的基本方面。申论可以说是中国古代科举制艺文、现代高考作文、相关公务文书等文体结合而成的产物。国家公务员考试中,申论考试按照省级以上(含副省级)综合管理类、市(地)以下综合管理类和行政执法类职位的不同要求,设置两类试卷。省级以上(含副省级)综合管理类职位申论考试主要测查报考者的阅读理解能力、综合分析能力、提出和解决问题能力、文字表达能力。市(地)以下综合管理类和行政执法类职位申论考试主要测查报考者的阅读理解能力、贯彻执行能力、解决问题能力和文字表达能力。考试形式既严格又灵活,要求考生摒弃套话、闲话,要求分析、论证和解决问题透彻、全面、清晰,同时又保证考生能充分发挥自己的潜力,展示真才实学。

2. 申论的特征

(1)形式的灵活性

申论答卷一般由三部分组成:概括部分、方案部分、议论部分。概括部分可能是记叙文、说明文、议论文、应用文中的某一种形式,也可能综合了多种文体形式;方案部分则是应用文写作;议论部分则是议论文写作。测试形式灵活实用。

(2)材料的广泛性

申论所给定背景资料涵盖了政治、经济、法律、教育等诸多方面的内容,涉及范围极其广泛,且表述比较准确,一般不会出现偏差。申论的背景资料所反映的问题大部分已有定论,也有一些问题尚无定论或存在争议,需要考生自己去理解、分析和判断,并做出结论。至于一些难以定论的问题,特别是一些争议激烈的前沿问题,一般不会成为背景材料。

（3）较强的针对性

申论测试考查的目的明确，针对性很强，即主要考查考生阅读、分析、概括、解决问题的能力。这些能力主要通过对背景材料的分析、概括、论述体现出来，从所提出的方案对策是否具有针对性和可行性体现出来。从这一角度看，考查的目的与测试的命题是密切相关的有机整体：目的具有针对性，试题也具有针对性；试题为测试的目的服务，目的则是试题设计的指导思想。

（4）极具政策导向性

申论的背景材料是应试者在生活、工作中经常接触到的事情，或是社会生活中的热点问题，或是国家治理过程中的难点问题，具有强烈的时代特征，是以国家的法律法规和政策为依据的，政策导向性较强。

（5）多方面的测试优势

申论命题既有规范性，又有创新性。规范性是创新性的基础，创新性是规范性的提升。高质量的申论试题，从测试效果上可以起到以下几个方面的作用：其一，为国家选拔优秀人才；其二，规范考试竞争，引导考生备考；其三，具有严格的程式性，能有效预防考生作弊；其四，便于阅卷老师快速、客观、公正地进行试卷评阅；其五，训练考生思维，测验考生智力。

（6）答案的非标准化

申论测试从资料背景来看，都是有关当前政治、经济、法律、教育等社会问题，有的已定论，有的尚未定论，完全要考生自己来解决。从这个角度来看，无论是提出对策还是对对策进行论证，都不会有一个非常确切、固定、唯一的标准答案。

6.1.2　申论的基础题型与写作范例

1. 基础题型

随着公务员考试报考人数的增加、竞争程度的加剧，申论考试题型越来越趋向多样化。具体题型概述如下。

（1）归纳概括题

归纳概括题指的是对给定资料中特定部分的内容要点、精神主旨、思想意义进行提炼，并用简明的语言加以概述。这类试题的提问方式多使用"归纳""概括""概述""简述"等关键词。作答的基本要求主要有四点，即全面、准确、客观、简明。

（2）综合分析题

综合分析题要求考生对给定资料中深层的、隐含的意义做出理解，并多角度地进行思考，作出自己的推理和评价。综合分析题最常出现的作答要求为：条理清晰、观点明确、分析合理。这三点是作答该类题型贯彻始终的要求，对作答题目具有指导性意义。

（3）提出对策题

提出对策题要求考生在全面理解给定资料内容的基础上，发现资料中的问题，然后提出合理、有效的解决对策。该类题型的作答要求主要有四点：角色意识、有针对性、有可行性以及可操作性。

（4）贯彻执行题

贯彻执行题是要求考生能够准确理解给定资料中所包含的工作目标与组织意图，遵循依法行政的原则，依据给定资料以及设定题目所反映的客观实际，撰写某类文书，以便及时有效地完成任务的试题。这些文书包括宣传演讲类（如新闻报道、讲话稿、宣传稿、倡议书等）、方案总结类（如方案、提纲、建议书、报告、意见、通知等文书）、观点主张类（如短评、回帖等）和灵活写作类（没有固定的可以直接套用的结构形式）等。其作答要求为：目的明确、符合实际、语言得体、格式正确、结构合理。

（5）文章论述题

文章论述题指的是要求考生围绕给定的标题、主题、话题等，写一篇文章的试题。该题是对文字表达能力的集中测查。无论是国家的还是任何一个地方的公务员考试，它都是最后出场、分值最高、字数最多、难度最大。从历年申论考试真题来看，文章论述题的分值一般为 40 分，要求一般在 1000 字左右。作答要求为：观点明确、联系实际、结构完整、内容充实、思想深刻、论证有力、语言合理。

2. 写作范例

材料 1：

黑熊被活体取胆汁的现象引起社会极大关注。有网民披露："熊肚上有一道永远无法痊愈的刀口，一种瘘管直通熊的胆囊，外连一根透明的塑料软管，平时用一种黏性很强的敷料把软管和创面包扎起来，抽取胆汁时打开包扎，将针筒插入塑料软管。在抽吸墨绿色的胆汁时，熊张大嘴，两眼暴凸，肝区颤个不停。最要命的是，那针管为了等待胆汁而时抽时停，熊的哀叫也就展现一种间歇性的上滑颤音和下滑颤音……"

在某医药协会 2 月 16 日召开的媒体沟通会后，协会有关人士 F 有关"熊在无管引流过程中很舒适"的表述，已在网上广为流传。F 一再表明："如今活熊取胆是自体造管，无痛引流，并未对黑熊产生影响。"

但世界保护动物协会项目协调员向记者表达，实际上从熊第一次做手术准备取胆起，对熊的疼痛的"虐待"就存在，由于手术对专业要求是相当高的，而目前并不知道手术的成功率、引起的疾病及并发症等数据。

在一次有关研讨会上，某医科大学 J 专家简介了人工熊胆的坎坷历程。

此前，F 曾表达："到目前为止还没有任何替代品出现，更不能简朴地根据功能主治用草药替代。"也有专家表达，熊胆没有替代品。

但 J 专家介绍说，人工熊胆于 1983 年经卫生部同意立项，相继由某药科大学等单位共同承担。科研人员通过几十次配方选择，最终使人工熊胆的化学构成、理化性质、稳定性等均与优质天然熊胆一致，重要有效成分相似、含量靠近，并且质量稳定，并由上海某医院完毕了二期临床试验，成果显示：治疗急性扁桃体炎以及肝火亢盛型高血压，人工熊胆与天然熊胆的疗效无明显性差异。

J 专家说，人工熊胆完成了研制、试验等所有工作，一直在等待国家同意。

J 专家还介绍，"我们研制的人工熊胆的重要成分的含量和优质天然熊胆一致，且质量稳定"，而活熊取出的胆汁和优质天然熊胆相差甚远，由于引流熊的生活方式和饮食构造与真正的天然熊截然不一样，引流熊的胆汁在肝肠循环不足，加之长期引流使引流口发生了生理变化，因此质量很不稳定。

广州一家医院的丁医师日前表达，活熊取胆肯定有创伤，创口长期不愈合容易发炎，而为防止发炎，多半会给熊使用抗生素，那么取胆制药的药效就因此会打折扣。亚洲动物基金会负责人则表示，在养熊场的黑熊胆汁中曾多次发现抗生素残留。

此前，亚洲动物基金中国区 Z 先生曾说，熊的取胆伤口常年不愈，且插入导管取胆时很难彻底消毒，因此熊的取胆口常常发炎溃疡，肝胆病变也十分常见，导致胆囊感染、肝脏感染甚至癌症，"也许会给消费者带来健康威胁"。

有关某医药 G 企业"活熊取胆是保护中医"的借口，目前看来难以自圆其说。

2 月 15 日，有记者报道说，国家食品药物监管局资料显示，在 G 企业目前生产的熊胆产品中，除了"熊胆粉"和"熊胆胶囊"获得批号外，其他 30 多种产品均未获得熊胆药物或含熊胆药物批号，主要为熊胆茶、清肝茶等保健产品。不过，G 企业还没有一种产品获得任何保健品同意字号。

中国保健协会表达，尽管国内目前尚未取消活熊取胆，但主线原则是"熊胆入药"，假如厂家并非把熊胆"入药"而是挪作他用，毫无疑问应予以严格限制。

亚洲动物基金中国区对外事务总监也曾表达，以 G 企业的一款产品为例，仅仅 3 克熊胆粉被包装在 50 厘米见方的盒子里，包装得很豪华，售价也高达 400 多元，"大部分的熊胆消费都是礼品消费，而不是药物消费。而这些礼品消费都是建立在黑熊的痛苦之上的"。G 企业的这种做法，在全国医药行业具有某种普遍性。

"活熊取胆汁存废"问题也引起了舆论界的热议。一种声音认为：诸多人吃牛肉、吃羊肉，这比插管取胆残忍多了，活熊有义务为人服务。而另一种声音则认为：我们应当明白，人类不过是自然界中普遍而年轻的物种，就像我们不能剥夺他人的生命一样，我们也不能随意作践自然，作践动物。对自然与生命以仁爱心看待，以敬畏心看待，这是人性规定的情操和素质，也是我们必须履行的义务。

材料 2：

某报 2 月 27 日刊登了一篇学者署名文章，内容概要如下：

放在"熊胆入药以治病救人"的前提下探讨"黑熊在被取胆汁的过程中是不是舒适"这样一种颇有小资情调的话题，仿佛迁阔得很：全球人口每天吃掉的动物难以计数，无论喂养还是屠宰，人类莫非问过动物舒不舒适？哪个动物不乐意活得自由自在且顺其自然的"终极天年"？但人不吃肉行吗？"君子远庖厨"不过是说"吃的人不杀、杀的人不吃"而已。

现代西方环境伦理主张赋予一切生命包括动物以平等的"伦理权利"，就像人类人人平等同样。这一"动物的平等伦理权利"的设想立意是崇高的，胸襟是广阔的，情怀是利他的，但其基本理论根据一直是成问题的。这一理念建立在生态平衡概念之上：每一物种都在地球的生态系统中有其地位，每一物种都是生态链中的重要一环，起着互相平衡的作用，而每个物种都是由个体构成的，因此，每一动物个体均有平等的伦理权利。

如此论证看似严谨，实际上存在着不可克服的"伦理悖论"。由于在环环相扣的生态系统中，某个特定物种所履行的生态功能恰恰是或者给其他物种做食物，或者以其他物种为食，因此物种的伦理权利应当建立在该物种的个体牺牲自己的基础上，个体的牺牲往往构成了物种生存以及繁衍下去的基本前提。

将物种与个体的这层关系放到生活场景中来认识，就是说动物的伦理权利只是物种层面的权利，而不是个体层面的权利。保护物种不等于保护该物种的每一种个体。相反，人吃鸡越多，鸡这一物种繁衍得越多。同样的道理，支持活熊取胆的人士提出："对于一部分黑熊抽取胆汁，可以防止猎杀更多的野生黑熊。自从有了活熊取胆技术之后，野外黑熊种群增长，数量增多，因此此举客观上保护了黑熊物种。"对此说法，倒也不能完全斥之为狡辩。

然而问题在于，站在环境的立场上，虽然动物个体"应当为种群作出牺牲"，也仍然享有自己的伦理权利。首先，在乱杀滥捕的状况下，个体的牺牲并不能换取种群的生存，此时，该物种中剩余的任一种体的生存都具有生态意义上的伦理地位，否则，动物伦理就变成了对生态重要性的"抽象肯定，详细否认"，保护生态也便名存实亡了。另一方面，在动物为其生态功能，例如供人食用、制作裘皮或者入药治病而牺牲的时候，个体的伦理权利体现为不应遭受无谓甚或无度的痛苦。中国老式饮食中诸如"鱼炸熟了，嘴还在动"和"活吃猴脑"之类不顾动物痛苦的"菜肴"在国人中日渐式微，阐明基本的动物伦理观念已潜移默化地影响了国人，这是民族心智进步的体现。

材料3：

有网民公布了一组虐猫视频截图：一女子用尖尖的高跟鞋鞋跟对一只小猫肆意践踏，手段极其残忍，这就是轰动一时的M县女子虐猫事件。"虐猫事件"一夜之间成为在各大网站的热帖，评论成千上万，数天内席卷了国内几乎所有的主流媒体。网友们愤慨万分，对虐猫女子声讨训斥，誓言要揪出凶手。网上掀起"缉凶"狂潮，通过网友搜集信息、搜索、排查，"疑犯"身份陆续曝光——除了虐猫女，M县有关单位工作人员也参与了虐猫拍摄过程。

虐猫视频中关键人物被披露后，引起了M县的高度重视。县政府当即派出工作人员对虐猫事件当事人展开调查，并召开了紧急专题会议，纪检、宣传、检察、法制、监察、公安、文化等部门参与了会议，对虐猫事件调查处理状况作了汇报。从调查状况看，虐猫事件拍摄现场为M县一沿江风景区，参与者中有一名已经积极承认了事实。虽然参与者参与的原因、动机以及是否被其他组织引诱、利用尚有待深入查证，但此事在M县发生并有M县人参与，县政府对此表达愤慨、训斥和遗憾。"考虑到参与者的行为已经严重违反了社会公德，其行为与其从事的职业极不相称，因此，从即日起由当事人所在单位立即停止其工作，接受调查。鉴于其中一名也许参与事件的嫌疑人不知去向，责成其所在单位和有关部门采用多方面、有力度的措施，尽快获得联络，使其积极返回本单位，就本件事做出明确的解释。"有关部门汇报道。据称，在这次会议上，M县人民政府还对也许波及的法律问题进行细致研究，并向上级主管机关和法律权威部门请求协助，为此后对参与者进行处理提供事实根据和法律根据，最后责成有关部门根据党纪、政纪和法律作出严厉公正的处理，给社会、媒体和网民一种满意的交代。

材料4：

法制报报道了某市H区爆发狂犬病疫情以及随后的处理状况。详细报道如下：

进入 3 月以来,某市 H 区爆发狂犬病疫情,截至目前,有 11 人患狂犬病死亡,6200 多人被狗咬伤,这些数字尚有继续增长的趋势。随即,当地政府部门为控制疫情,捕杀了三万多只狗,遭到众多爱狗人士的激烈批评,使 H 区一度陷入"屠狗风波"的舆论旋涡。

H 区许多群众有养犬习惯。全区拥有各类犬 37 万多只,这意味着平均每 10 人就拥有一只狗。部分群众认识局限、管理不善,随意遗弃产生大量流浪犬,犬只随意流动是导致狂犬病疫情蔓延的重要原因。

H 区持续召开狂犬病防控紧急会议,指出狂犬病已严重危害到群众的身体健康和生命安全。一场为期 30 天的集中整改犬类活动在全区紧急开展。

政府强调:所有犬只必须进行免疫并办理有关证件,一律实行拴养和圈养。严禁携犬进入商场、市场、学校、公园等公共场所,一经发现一律予以强制捕杀。记者在政府公布的通告上看到如下条文:"各乡镇组织由公安、农业、城管等部门构成的专业队伍对未免疫的犬只进行捕杀,犬主不得进行阻拦、不得要求赔偿,群众也可自行组织捕杀犬只。"

许多养狗人惶恐不安:此前 H 区对犬类试行挂牌管理实行并不完善,大部分养狗者都没有积极进行免疫、办理证件。这就意味着,禁令期间,假如不及时积极检疫或没有办理证件,这些狗将在劫难逃。

5 月 23 日,"禁犬令"实行,"打狗队"开始出现在 H 区的大街小巷、村镇市集。伴随行动成果的不停扩大,某些现场捕杀、杀狗的视频开始在网上传播。对流浪狗的围剿,引来潮水般的争议质疑声。

"H 区一直是狂犬病的老疫区,只是今年比往常要厉害些。假如及早加强管理,哪有今天这些事?" H 区街头,一位执勤的民警向记者坦承他并不赞同以"杀狗"代"防疫"。

"人的利益至高无上,狂犬病疫情严重,为了保证人的安全为何不能杀?!"也有某些支持政府行动的声音,认为人和狗的生命同样值得尊重,不过当两者发生冲突时,当然应当以人为重。

H 区当地网友认为,狗是可以养的,但一定要纳入平常管理,要建立档案,发给狗证,对应当进行免疫而不愿免疫的狗主人,可以发出警告限期免疫。

"我们换位思考一下,假如有公民患流感,肯定是采用有效的隔离并积极治疗。狂犬病的传染速度和危险性与目前的流感相比要小得多,对于没有袭击性的狗和看护好的狗,即便携带病毒,也应当是治疗,而不是将其杀死。目前,屠刀伸向了没有确定携带病毒的狗!"动物救济中心的一位女士对记者说。

伴随时间的推移,打狗行动出现扩大化。

疫情重灾区之一的 H 区 Y 乡政府发出告知,规定凡是家养犬 5 月底前一律自觉送到小区,由小区捕杀队统一进行捕杀和尸体处理,凡阻挡灭犬和藏匿犬只的将严厉处理,3 年内不得再养犬只。

"我们山里人平时出门干农活,让狗看家很放心,待它也像家里人同样。目前为了完成任务残忍地把它处死,全家人都难受得很。" Y 乡的一位村民告诉记者,村干部组织起来的打狗队,挨家搜查,见狗就杀,不少狗虽然打过了狂犬疫苗,也被强行拉去处理。

"狂犬病疫情严重假如是事实,那么根据传染病防治和动物卫生防疫法采用必要的紧急措施无可厚非。"某大学行政法学院专家表示,不过,政府平常就应当加强犬类的管理,等到状况失控才紧急处理，这就导致了许多养狗者的痛苦。政府的行政行为应当把握平衡原则，尽最大努力在社会利益与个人权利之间寻求合理界线。该专家认为："毕竟狗是个人财产，公民面对社会公共利益的需要，有时应当付出代价。不过考虑政府行政行为的必要性，是不是一定要通过大范围捕杀来实现防止疫情的目的？对那些有主人且本可以通过严格检疫、限制活动范围等方式实现管理的狗采用非常措施，其合理性就值得思索。"

某政法大学动物保护法研究中心主任认为，全国各地政府出面捕杀狗的事件一再发生，本源是我国动物保护立法的缺失和立法的不完善，此外政府和民众的动物保护意识也至关重要。"这些被捕杀的宠物是无辜的，我国虽然还没有对驯养动物进行全面保护的法律，但目前我国对家养动物检疫防疫的法律规定还是有的。之所以出现狂犬病，是饲主没有尽到对所喂养伴侣动物的防疫义务，政府动物行政主管部门监管不力，有关伴侣动物登记、年检制度、防疫制度执行不彻底导致的。""H 区屠狗事件中诸多网友称要保护的'狗权'，就指的是动物福利。并且诸多人已经感受到了动物福利层面立法的缺失给社会发展带来的压力，这是社会文明进步的体现。"

材料 5：

世界各地相继设置法律法规保护动物。

德国的《动物保护法》规定：每个与动物打交道的人必须仁慈地看待动物，必须具有一定的专业知识和对应的物质条件。德国农业部下属的有关机构有权对喂养场所和喂养者进行检查。内容包括：动物的活动和居住空间、饲料成分、饮水质量、卫生条件、光线强弱和气温条件等。

意大利都灵市议会的一部法律规定，狗主人可以骑自行车遛狗，"但其速度不能使狗太劳累"；假如狗主人持续三天不遛狗，将被处以最高达 650 美元的罚款；主人不能给自己的宠物染色，或出于"美学动机"截取身体的任何一部分，如割掉狗的尾巴等。

英国现行的《动物保护法》是 1911 年通过的，之后陆续出台了诸多专业法律，例如野生动物保护法、动物园保护法、试验动物保护法、家禽运送法案，在保证动物不受虐待方面规定得非常细致。还出台《动物福利法》，其中规定：导致动物体超重的主人也许会因"失职"而面临罚款甚至监禁。

我国在 2009 年底公开征求公众意见的《中华人民共和国动物保护法》（建设稿）试图与国际通行法律接轨，针对农业动物、试验动物、伴侣动物、工作动物、娱乐动物和野生动物等六大类别，也会作不一样的规定。按照建议稿的内容，假如伤害动物，将视情节处以不一样金额罚款，假如虐待动物致死，将负一定的刑事责任。建议稿中着重强调了"动物福利"的重要性。

材料 6：

有专家撰文指出，影响我国动物福利立法进程的原因是多方面的，其中一种重要的原因就是对动物福利法制建设的现实意义，尚有模糊的认知。文章如下：

动物福利是指为了使动物可以康乐而采用的一系列行为和给动物提供对应的外部条件，在国际上被普遍理解为五大自由：（1）享有不受饥渴的自由；（2）享有生活舒适的自由；（3）享有不受痛苦、伤害和疾病的自由；（4）享有生活无恐惧和悲伤的自由；（5）享有体现天性的自由。不难看出，倡导动物福利，并不是规定人类从此再也不能运用动物，而是规定保证动物在整个生命过程中被予以道德关怀。

现实生活中，有人认为，人的福利尚且顾不过来，还谈什么动物福利？这其实是对动物福利的误解，也是缺乏远见的认识。由于规定动物的福利，限制的只是不文明、不合理地虐待动物的行为，并没有阻碍人的基本福利。许多人从动物福利立法得到了切实的利益，整个国家和社会因动物福利立法获得了长远的、可持续的利益，包括因动物健康成长和动物产业繁华所带来的利益；因环境保护事业和动物福利产业的发展所带来的利益等等。从某种意义上讲，善待动物就是善待我们自己。

对于动物福利问题，在畜牧业有这样的反对声音：假如动物的福利提高，会导致行业成本增大，进而减少畜牧业的生产效益。实际上，人们花费一定的人力、物力、财力和时间去维护动物福利是必要的、合法的，并且因保护动物福利而获得的利益也是实在的或无价的。动物福利的提高当然使投入增长，但同步也提高了产品的产量与质量。

同步，动物福利立法也可以让我们获得看得见的、可计量的现实利益。目前，越来越多的发达国家已经开始运用动物福利条款对国际贸易施加影响。动物福利的贸易作用已经显现，极大地影响我国动物及其产品的贸易。中国正式加入WTO以来，在出口的动物产品中遭国外退货或销毁的事件时有发生，原因之一就在于动物福利立法缺失导致执行原则严重局限性。

保护动物福利，还体现了动物对于人类的精神价值，达尔文就认为：关怀动物是一种人真正有教养的标志，一个社会的文明程度越高，其道德关怀的范围就越广。倡导维护动物福利和善待动物，正是创造一种友好文明的社会的需要。在现代社会的公共评价尺度内，人们所要建立的社会主义友好社会，应当是民主法治、公平正义、诚信友爱、充斥活力、安定有序、人与自然友好相处的社会。使用法律来保障人与动物友好相处是构建友好社会的一种重要内容。

综上所述，强调动物福利是生产力发展和社会进步的必然成果，是人类寻求自身发展与维持自然界可持续发展之间的一种平衡点，它将成为一种不可回避的国际趋势。因此，中国应积极地接纳动物福利。我们只有认真理解了天空才能扎根大地。我们只有认真理解了地球才能使生命扎根于地球，我们只有认真理解了生命才能扎根生命。

作答规定：

1. 根据"资料1""活取熊胆"事件中存在某些详细争议，请归纳争议的焦点问题并作简要阐明。（20分）规定：精确、全面、简要。不超过400字。

2. 怎样理解"资料2"中"动物的平等伦理权利"的主张存在着"伦理悖论"？（15分）规定：严密、完整、简要。不超过200字。

3. 为了维护M县的声誉，挽回"虐猫事件"导致的负面影响，请以M县政府的名义就"虐猫事件"的处理状况写一份宣传稿，在县人民政府网站上公布。（25分）规定：态度诚恳，对象明确；内容全面，条理清晰；不超过500字。

4. 结合材料，自拟题目写一篇文章，谈谈你对"人与动物"关怀的体会思索。（40分）规定：自选角度，立点明确，有独立见解；可联络自己的经验和感受；语言流畅；总字数800~1000字。

参照答案一：

活熊取胆事件争议的关键焦点问题在于"活熊取胆汁存废"的问题，详细争议有四点：

一是活熊取胆汁的过程中黑熊是否疼痛，对黑熊是否有影响。某医药协会的有关负责人 F 认为熊在无管引流过程中很舒适；有网民披露熊在被取胆汁的过程中很痛苦，世界保护动物协会项目协调员也指出从对活熊开始第一次手术起，对熊的虐待就存在，且也许引起疾病和并发症。

二是熊胆是否有替代品。F 认为熊胆没有替代品，亦有专家对此做出过表达；而 J 专家指出目前已经研究出了人工熊胆，且质量保障更高于引流出的熊胆汁。

三是活熊取胆是不是保护中医。某医药 G 企业认为活熊取胆是保护中医；而目前大部分的熊胆消费都是礼品消费而不是药物消费，且部分胆汁没有用于药物。

四是活熊是否有义务为人服务。一种观点认为活熊有义务为人类服务；另一种观点认为人类有义务对自然与生命以爱心、敬畏心看待，不能随意作践自然、作践动物。

参照答案二：

"伦理悖论"是指该主张认为每一动物个体"平等"，但其理论前提却是"不平等"。这一观点首先认为，每个物种在生态系统中都是平衡的，个体作为物种的构成部分也是平等的。但为了生态平衡，每个物种中必须牺牲部分个体，作为其他物种的食物，这部分个体是没有平等权的。其实保护物种不等于保护该物种的每一种个体，但虽然动物个体应当为种群作出牺牲，也仍然享有一定的伦理权利。

参照答案三：

关爱生命，我们在行动

网民朋友，全国同胞：

近日引起网民强烈反响的虐猫事件，据初步调查，我县人员涉嫌参与了拍摄。在本县发生这种虚妄无情、儿戏生命的残虐事件，我们表达极大愤慨和强烈训斥。

对此，我们已召开了纪检、检察等部门参与的紧急会议，作出如下处理：

一、当事人由所在单位停止其工作，积极配合组织和媒体的调查工作，指证、交代其他参与者的状况和线索。对于其他参与嫌疑人，有关部门已采用多方面、有力度的措施，尽快使其积极返回本单位，就本事作出解释。

二、责成有关部门对也许波及的法律问题进行细致研究，并向上级主管机关和法律权威部门请求协助，为此后对参与者进行处理提供事实根据和法律根据。

三、这件事暴露了我县公德教育的局限性。我们会认真反省，将这次事件当作一次精神文明建设和道德建设的历史机遇，做好文化和精神文明建设工作，引领良好的社会风气。

此事件为极个别人的个人行为，不能代表本县人民的整体道德素质。M 县是一座民风淳朴、充满爱心、热情好客的好地方，请相信我们人民的道德水准经得起检验。

M 县人民政府

4 月 21 日

参照答案四：

保护动物福利刻不容缓

近几年，几则与动物有关的事件牵动着人民的心弦：虐猫视频手段之残忍引起网友训斥不停，黑熊活体取胆事件引起社会广泛同情，禁狗令的公布更是一石激起千层浪，抗议之声汹涌而来。由于动物福利保护层面有关手段的缺失，公众已明显感受到其对社会发展带来的巨大压力。保护动物福利刻不容缓。

保护动物福利是有价的。贸易与动物福利的结合形成的动物福利壁垒是一种新的贸易壁垒，这是由于乌拉圭回合谈判后关税的大幅削减和老式的非关税壁垒如配额、进口许可证的逐渐拆除，用关税和老式的非关税壁垒来限制进口的余地已经很小，于是其应运而生。发达国家动用动物福利条款对国际贸易所施加的影响，使得该壁垒极大地影响我国动物及其产品的贸易。而出口恰恰是我国拉动经济的三驾马车之一。现今必须打破贸易壁垒方可获得收益，否则遭遇退货或销毁将成为常态，因此必须从保护动物福利入手来打破贸易壁垒，我国方可获得长期的收益。

保护动物福利又是无价的。现今我国已迅速进入老龄化社会，空巢老人孤单寂寞、郁郁而终的报道屡见报端，大都市的快节奏生活让许多人的压力无处释放，诸多人选择与宠物为伴，生活才平添许多乐趣。而为了控制疫情、为了统一管理的大范围捕杀却抹杀了这一抹温情，冷漠让人不寒而栗。虐待动物、残忍地伤害动物此等野蛮行径与现代文明理念相悖。圣雄甘地说过："一个国家的伟大和道德进步程度可根据其看待动物的方式来判断。"可见保护动物权利与公民道德素质之间关系亲密。由于动物福利是文明社会进步的象征，也是衡量文明社会的基本标志，保护动物福利对于创立文明社会影响深远。

在安享动物为人类带来的收益及精神满足之时，需要善待动物保护其福利，这不仅仅体现看待生命的态度，也体现道德关怀的广度。保护动物福利可以保证人与动物之间友好共处，也与我国构建友好社会的理念不谋而合。只有保护动物福利，才能在人类发展与自然界的可持续发展之间寻找到至关重要的平衡。

6.1.3 申论的实际训练

材料1：

新型冠状病毒肺炎疫情发生后，党中央、国务院出台了一系列支持企业发展的惠企政策。N市积极落实各项惠企政策，不断优化营商环境，推动区域经济高质量跨越式发展。

"当时举步维艰，那笔钱可真是雪中送炭啊。"宏远环保科技公司石经理现在回想起来，仍然有些感慨。疫情影响下，这家公司资金严重短缺，已经上马的技改项目濒临停滞。2020年7月，该公司通过N市"政策直达直兑"绿色通道申请了两项技改专项补贴和一项专利奖励。"星期一下午申报，星期三钱款就到账了。"高效的办事机制让石经理由衷地为政府点赞。为了积极落实中央的"两直"政策（即资金直达市县基层、直接惠企利民），市政府专门开设绿色通道，提前做好项目储备、底数核查等工作，确保了资金的及时、高效、精准分配，切实为企业纾困解难。

腾飞电缆股份有限公司姚经理也对N市惠企政策的"秒兑"大加赞赏。2021年4月，这家公司意外地收到了一笔12万元的财政专项补贴款。"我们并没有提出申请，会不会是财政误拨？"姚经理专程到市财政局查询，工作人员告诉他，这是市政府新推出的"免申即享"服务，即通过各部门联动、资源整合和信息共享等方式，对符合条件的企业免于申报直接发放奖补资金，享受优惠政策，做到应享尽享、应兑尽兑，切实增强企业的获得感。"他们直接将企业经营数据和奖励政策相匹配，通过后台的数据分析和精准核查，发现我们能够享受这个奖励政策，就直接把资金拨过来，真是太振奋人心了！"姚经理说。

在一家大型数据集团，N市惠企政策兑现上门服务座谈会正在进行。市政府有关职能部门的工作人员通过"家访式"上门服务，现场解答这家民营高科技企业在人才引进、商标注册和专利申报等方面所能享受到的10多项政策红利。集团企宣孟总监深受触动："有些方面的政策我们确实不是很清楚，他们主动告诉我们有哪些惠企政策、我们符合哪些方面的条件，还提醒我们抓紧时间申报，如果说以前是'人找政策'那么现在就是'政策找人'。"为切实做好惠企利企工作，N市还成立了"帮办代办服务中心"，由行政审批局组建了一支专业的惠企政策兑现帮办代办工作队伍，让企业少跑腿、好办事、不添堵。

不久前，彗光科技有限公司狄总经理将写着"政企一家亲"的锦旗赠予"亲清家园"。N市依托5G、互联网和大数据等新一代信息技术，搭建了"亲清家园"智慧服务平台，推行惠企政策"掌上提、在线批、直达付、全程督"服务模式，让惠企政策直达"准、快、实"。目前，已有经信局、人社局、生态环境局等14个涉企部门入驻"亲清家园"并提交了相关服务清单，开展互动联建活动。一旦发现企业有困难，平台就会根据目录分析所涉及的职能部门，迅速联系相关部门协调解决。

"乌家堡乡动物防检组杨某某等人在服务市场主体时接受宴请、收受礼品……"近日，N市纪检监察机关连续通报损害营商环境案例多起，剑指以落实优惠政策之名损害企业利益、敲诈勒索、吃拿卡要等现象，对涉及的党员干部和单位集中曝光。市纪检监察机关以跟进监督、精准监督、全程监督等方式推动惠企政策真正落实，让企业真正定下心、稳住神。"通过'亲清家园'平台中植入的'智慧监督'功能，我们督促各部门梳理所有惠企政策，全部上线公开，实现全程无纸化在线申报、审批，对在规定时间内仍未处理的审批人员及时在线上提醒。"市纪检监察机关有关负责人介绍，这种"监督于问题未发之时"的方式，使惠企政策落实更加公正、透明、高效。他还说："构建亲清政商关系，要求我们的干部既当好'店小二'，做到'亲企'，又要筑牢'防火墙'，做到'清己'，有为且有畏。"

老陈是外省一家大型园林工程公司的财务负责人。去年，他们公司在N市承建了小区园林绿化工程。"跨省通办，还能一网通办，在家里点点鼠标就可以完成申报，真是省时省力，这在以前是不敢想象的！"刚办完业务的老陈感慨地说。以往，老陈要带上合同和企业证照到N市有关部门报验登记，再预缴申报增值税和附加税费，按照18个月的工程周期算，要来回跑10多次。自从N市推出涉税业务全国通办以来，只需登录本地电子税务系统，几分钟即可完成跨省涉税业务办理。目前，N市已经实现了包括发票代开在内的108项政务服务跨省通办，"异地易办"正成为越来越多纳税人、缴费人的共同感受。

材料2：

没有嘈杂的说话声，没有成群结队等候办事的群众，也没有柜台和窗口，取而代之的是一个咨询导办台和多张电脑桌，帮办员和群众两个一组，并排坐在电脑前办理业务。这是记者在Z县为民服务中心看到的场景。

市民王女士带着材料前来办理一个餐饮公司的注册登记和食品经营许可证。看到王女士走下电梯，在咨询导办台前值守的导办员小葛马上迎去，问明来意后，小葛将王女士引导至受理服务区的一台电脑前就座。紧接着，帮办员小盛来到王女士旁边与她并排坐下。小盛一边查看材料，一边和王女士就有关问题进行交流，登录行政审批系统、录入信息、拍照上传……所有的业务在愉快地交谈中快速完成。王女士把小盛的一举一动全都看在眼里。"过去我们来办事，都是工作人员在柜台里面，我们在外面，总觉得里面的人高高在上。现在没有了柜台，与工作人员肩并肩坐着，看着整个办理过程，距离拉近了，相互沟通也更方便了。"王女士连连称赞。

小丁是一家企业的员工，受公司负责人委托，来办理营业执照变更。他认为，以前隔着柜台和工作人员沟通，难免交流不畅，现在，"无柜台"的办理模式让办事群众可以在一旁观看每一步操作过程，同时，"无障碍"交流也让一件事情办下来更加轻松和高效。从"面对面"窗口受理到"肩并肩"帮办服务，看似是为民服务中心前台设置形式的一个小变化，背后却蕴含着政府服务理念的转变。"对于新的工作模式，刚开始时大家确实不是很适应，许多人有一定的心理落差，甚至有人抱怨。"为民服务中心的工作人员老冯说。习惯了前来办事人员的笑脸，要真正地转变工作观念，确实不是一蹴而就的。

目前，Z县为民服务中心在综合受理区设立25个工位，主要涉及不动产登记、税务、公积金等无差别全科受理事项。这样的变化对工作人员的业务能力有了更高要求。以往工作中，工作人员习惯了"铁路警察，各管一段"。改革初始，面对群众的多样化需求，不少受理人员茫然失措，疲于应付，不适应办理无差别全科受理事项。服务中心温主任说，他们第一时间加强了受理人员的业务培训，特别是对高频事项的答疑、材料审核、系统录入等流程进行重点培训，做到群众"进一门、取一号、找一人、办成事"，但许多事项涉及不同主管部门的职能分工，沟通协调起来确实不容易，要想真正做到位，必须和行政管理体制改革同步推进。

"我们都知道，去许多地方办事，都要首先取号，那如何能更便捷智能？我们通过对接政务服务2.0取叫号系统，完成取叫号信息、事项目录配置，办事群众可通过'这里办'App取号，通过大厅综合屏实时查看叫号信息；也可通过手机出示'云证通'中的二维码，窗口即可扫码'无感智办'，实现'码上办事'。"温主任介绍道。

服务柜台的撤销，消除了办事群众与审批受理人员之间的距离，提升了群众的获得感和满意度。温主任说："通过打造'无柜台、肩并肩'的服务新模式，我们希望有更多群众切实享受到改革带来的红利。现在撤掉的是'眼中的柜台'，但我们更要在撤掉'心中的柜台'上下功夫。"

材料3：

"没想到现在只要网上提交资料，就可以现场领票。"近日，市民小祝顺利拿到购房发票，这是J市房屋不动产交易登记集成办理平台开出的首张购房发票。

自开展党史学习教育以来，J市税务局将党史学习教育与税收工作相结合，优化服务办实事，将与群众接触频次高、办理复杂的业务列为办实事的重点项目，打通多部门之间业务壁垒，实行多部门联办，不断推进"以数治税"，构建集成服务应用平台，数据跑路代替了群众跑路，办税缴费服务向智能化、数字化、场景化转变。身在外地的小李最近就感受到了这一转变。今年年初，小李在家乡购买了一套房产，但一直没空回乡办理不动产权证。小李与税务局的"税管家"对接后，经"云税驿站"一站式办理了不动产登记，很快就通过邮政专递拿到了不动产权证。"虽然在网上操作麻烦点，但与专程返回老家相比，还是省事多了。"小李说。

"明天就是征期了，网上申报一直不成功，这可怎么办呢？"税务局工作人员小赵接到一个求助电话，新气象包装有限公司法人巩先生在网上报税时遇到了难题。了解到巩先生在外地且对网上操作不太熟悉后，小赵通过屏幕共享功能，"手把手"协助他在云端办税。"税务人员可以直接看到我的操作界面，这样的辅导方式比自己看操作图解和视频要高效得多。"在小赵的同步指导下，巩先生顺利完成了申报。今年，J市税务局结合"服务怎样我体验，发现问题我整改"专项活动，推出"线上＋线下"陪办服务新模式。线上，"云税官"通过云端实时辅导纳税人网上办税；线下，根据纳税人需求和实际状况，对"特殊业务、特殊人群、特殊事件"帮助协调各类涉税事项，让纳税人享受便利。"会不会专项活动结束后就没有这种帮助了？"巩先生有点担心，他希望这一服务模式可以长期延续下去。

J市西部是典型的山区。以往，当地群众在服务延伸点自助办税遇到困难，往往需要电话连线或者到办税服务厅处理，但是存在处理效率低、路途耗时长等问题。对此，当地税务部门依托"互联网＋政务服务"资源，为办理基础涉税业务的纳税人提供了具有清晰指引功能的二维码。简单扫一扫，跳出的页面就能将办税所需的关键信息一次性告知纳税人，让纳税人办税时间变得更短、办税渠道变得更宽。对于有些群众尤其是老年人不会扫码、误操作甚至担心上当受骗等问题，税务部门负责人表示，他们会考虑派人实地巡回指导，进乡入村帮助办理业务。

前不久，J市税务局"春雨润苗"党员服务队走进该市特色小微企业示范园工业区，为园区内新入驻的42家小微企业开展政策辅导。华荣再生资源利用有限公司办税人员小夏开心地说："国家政策给力，纳税服务到位。有清单、有详情，还有解释，税惠政策在税务干部的梳理和讲解下，让人一目了然！这样的活动如果能定时定期地开展就更好了。"此外，J市税务局还设立了"春雨润苗"便民办税服务热线，抽调党员业务骨干专门负责接听答复，确保纳税人、缴费人涉税电话咨询"打得通""答得清""办得好"。

"简明易懂的'办税指南针'特别实用，只需要按照上面的步骤来操作，很快就能办理完成。"小锦鲤海鲜烧烤大排档的蔡老板分享了他近日的办税体验，"税务部门服务越来越贴心了。很多像我们店一样的个体工商户，规模小，没有条件聘请专业的财务人员。随着'办税指南针'等有针对性服务举措的推出，我们这些非专业人员办起税来也比较高效。不过我听别人说，有些地方的税务局在大厅中引入了第三方服务，可以专门为小规模纳税人提供'一对一'辅导，我觉得本地税务局也可以借鉴借鉴。"

材料4：
S省河西地区是全国最大的蔬菜、花卉外繁制种基地。该地每年大量进口国外原种，繁育成熟后再次出口，是当地农业特色支柱产业。种子进出境检验检疫是当地L海关的重点业务工作之一。

在一片南瓜田里，L海关工作人员小潘和同事手中拿着放大镜，仔细观察一株秧苗。"苗期病虫害监测至关重要，是外来有害生物早发现、早防治的关键环节。这株秧苗叶子打卷、边缘焦黄，受虫害影响严重，需要取样送实验室检测。"两人一边说着，一边迅速取样、封样、登记，整套程序行云流水，专业而娴熟。进境种子可能携带外来有害生物，外来有害生物一旦传入，将对当地农林业生产和生态安全造成不可估量的损失。多年来，L海关不断总结监管经验，形成了科学完备的检疫监管体系，切实为外繁制种产业健康发展保驾护航。"海关人员专业负责，在加强进境原种抽样检测的同时，每年在种子育苗期、生长期分3次开展田间病虫害监测，把病虫害扼杀在初始阶段，这有效避免了病虫害的蔓延。以前就曾出现过在种子出口检疫中发现病虫害而造成重大损失的情况。"东方种子有限公司负责人说。

2021年初，欧洲某国发布了种子进口新规定，对进口种子取样、检测和植物检疫证书提出新要求。"我们公司的种子主要出口该国。新规发布后，公司上下都很紧张。"当地知名企业正红种子有限公司负责人说。L海关反应迅速，主动组织有关专家为企业详细解读新规具体内容，通过深入浅出地讲解和"一对一"指导，帮助企业积极应对，避免了重大损失。"下一步，我们将对国外技术性贸易措施进行跟踪研究和评估，及时提出针对性应对措施和建议，让企业能够有效应对国外技术性贸易措施变化。"海关有关负责人说。

L海关拥有全国唯一的外繁种子检疫国家重点实验室。经过多年的投入、完善和优化，实验室在外繁种子主要病虫害检测技术、除害处理技术和品质检验能力等方面都提供了强有力的技术支撑。L海关技术中心相关负责人表示："科技在产业发展中的引领作用会更加突出。不久前，中国检验检疫科学研究院与我们海关合作建立了'种子健康研究中心'。我们将继续加强实验室建设，探索建立外繁制种监管信息化平台，通过大数据比对，提高检测的针对性和检出率，用先进技术护航产业发展。"

去年以来，受多种因素影响，国际航空口岸进境航班大幅减少，造成国外原种"进口难"，严重影响外繁制种企业育种。L海关急企业所急，特事特办，全面分析了进口原种遇到的问题，指导企业多样化选择原种进口方式，针对性地帮助企业解决"引种难"问题。对于暂停航线国家和地区的原种，建议通过相邻国家转关进口，或办理检疫审批手续后，通过国际快递的形式进口原种。同时，积极对接相关部门，为进境种子优先配舱，强化全国"一体化"通关。L海关着力落实种子查验送检"预提离"制度，对于系统布控需进行实验室检测的种子，经收发货人或其代理人提交承诺书，可先行提离，优先保障育种工作顺利开展。今年春季，L海关共计检疫监管进境种子113票，取样送检66票，企业"预提离"65票，有效解决了企业难题。

"以前，我们企业遇到海关非正常办公时间需要办理通关手续的情况，可以向海关申请预约通关，但需要派人到海关现场递交纸本申请材料。自从海关全面推广上线'预约通关网上办理平台'后，我们足不出户就能提交申请、办结通关手续，这在以前是难以做到的。我们知道，这一切的背后是海关工作人员的辛苦和付出，他们真正做到了'7×24'预约通关和查验服务。"L海关不断创新检疫监管模式，持续提升通关效率，支持全省外繁种子扩大出口。今年上半年，S省出口种子货值超1.6亿元，有效带动了当地群众增收致富。

材料 5：

2021 年 4 月 29 日，《中华人民共和国反食品浪费法》（以下简称反食品浪费法）经第十三届全国人民代表大会常务委员会第二十八次会议通过并颁布实施。5 月 11 日，G 市市场监管局向当地一所中学发出《责令改正通知书》，并对当事人进行了约谈，其原因是执法人员发现该中学食堂存在蔬菜过度挑选问题——"蔬菜叶有虫眼或稍微泛黄，能吃却全被当垃圾扔掉"。此外，执法人员还给出建议：不太好看但还能吃的食材，可以员工内部消化，或定向捐给一些社会组织，尽量做到物尽其用、不浪费。这被认为是自反食品浪费法实施之后 G 市开出的首张"罚单"，由此引发了社会热议。

学生家长黎女士：菜叶出现泛黄等情形，实际上不单只是一个品相上"不太好看"的问题，而是食品质量已出现质变的征兆。食堂工作人员扔掉这些蔬菜，是希望学生能吃上更新鲜的蔬菜。孩子在这样的食堂吃饭才能保证食品安全，我们家长才能放心。这样的良心食堂应该表扬，怎么能罚？

该中学后勤中心主任：对于什么情况下食材可以食用、什么情况下必须丢弃，这个尺度不太好掌握。有虫眼或泛黄菜叶给孩子吃吧，传出去就是"烂菜叶"；不给孩子吃吧，扔了又是"浪费食物"，真是太难了！这是一场食品安全和食品浪费的打架！有时候看着食堂没有卖掉的饭菜被倒掉，确实也觉得可惜，可是什么能捐？捐到哪里？怎么捐？没有规范的捐赠平台和制度，我们也无从下手。

某律师：要科学准确、令人信服地判断扔掉某种食品食材的行为是否属于浪费，相关执法判断标准不宜仅简单凭借执法人员从感官上笼统地判断为"还能吃"，应当进一步拿出更确凿的、具有说服力且更具可操作性的配套执行操作标准。

法学研究会某理事：反食品浪费是全社会的责任，简单来说，做饭者、卖饭者和吃饭者，各方都有责任，也都有义务，其责任主体超过了其他法律，这是反食品浪费法的一大特点。当前，由于我国各地的经济发展水平不同，饮食结构、饮食习惯等存在差异，法律不能一刀切地制定一个统一的标准，只能做原则性规定。这就要求地方根据具体情况和实际需要，制定本地反食品浪费的具体办法，要保证立法质量，每一条规定、罚则都要有科学依据，应充分动员社会各方面发表意见，充分吸纳群众的建议。

某大学法学教授："争议性"执法并不可怕，可怕的是执法者在实际执法过程中，未能真正吃透法律精神，直接"照搬"条文或者其他情况下的执法经验。有的甚至拿法律当标枪，作为政绩宣传冲业绩的工具。这不仅远离了法律制度设置的初衷，更是远离了民意。不希望条分缕析的法律，被当作工具用来上纲上线，而应文以致用，读懂生活，读懂民心。同时，针对复杂多样的社会实际，只有深入具体的生活案例中，法律才有生命。

网民甲：我国每年浪费的食物数量十分惊人。有一项调查表明，某大学食堂倒掉的饭菜占学生购买饭菜总量的 28.3%。成由勤俭败由奢，浪费食物不但造成了巨大的经济浪费，而且处理食品垃圾所释放出的气体会产生温室效应，也严重破坏了自然环境。现在，反食品浪费既然有法可依，就应该"零容忍"，这样才能在全社会有效扼杀食品浪费的歪风邪气，形成厉行节俭之风。

网民乙：执法部门的人员给出的建议逻辑有问题。难道内部员工、其他社会组织的人员食品安全标准就可以降格？合理的建议推动执法精确化，不恰当的提议会影响执法的公信力。

网民丙：反食品浪费法的出台，是基于我国粮食的供求矛盾，意在解决生活中粮食浪费现象严重的问题。另外，食品生产不能只算经济账，还要算上违法的代价。而且学校本来就是教育人的地方，更应该率先垂范，厉行节约，杜绝浪费，食堂这种行为不利于勤俭节约校风的形成。

作答规定：

1. "资料 1"反映了 N 市积极落实惠企政策的有关情况，请简述其主要做法及成效。（15 分）要求：全面、准确、有条理。不超过 250 字。

2. 根据"资料 2"，谈谈你对"现在撤掉的是'眼中的柜台'，但我们更要在撤掉'心中的柜台'上下功夫"这句话的理解。（15 分）要求：分析全面，条理清晰。不超过 300 字。

3. J 市税务局积极优化税收服务，为群众办实事，采取了多项举措，效果良好，请根据"资料 3"，就 J 市税务局如何进一步强化举措、巩固成果，形成长效机制，撰写一份工作建议。（20 分）要求：（1）紧扣资料，内容全面；（2）建议具有针对性、可行性；（3）准确简明，条理清晰；（4）不超过 500 字。

4. 有关部门拟召开一场以"严执法，优服务，促发展"为主题的经验交流会。请根据"资料 4"，撰写一份关于 L 海关的工作经验交流材料提纲。（20 分）要求：（1）紧扣资料，内容全面；（2）准确简明，条理清晰；（3）不超过 500 字。

5. 反食品浪费法实施后，G 市市场监管局开出的首张《责令改正通知书》引发了社会热议。请根据"资料 5"，以 G 市市场监管局的名义撰写一封公开信，回应社会关切，正确引导舆论，营造良好的执法环境。（30 分）要求：（1）观点鲜明，内容全面；（2）逻辑清晰，用语恰当；（3）字数 800～1000 字。

6.2　综合应用能力

6.2.1　综合应用能力的基本知识

通过对近年来多地事业单位综合应用能力的综合对比、分析可以发现，综合应用能力的考试题型多为主观性试题，有些类似于公务员考试中的申论科目，但实际上要比申论考试的题型更为复杂，题型上主要有辨析题、论述题、案例分析题、公文改错题和材料作文题几种，当然由于每年的题型都会有所变化，有些地方还会有策划题和应用类的题目。其主要测查报考者的阅读理解能力、综合分析能力、提出和解决问题能力、文字表达能力以及对基本公文写作知识的熟悉程度。考试时限 150 分钟。

6.2.2　综合应用能力的基础题型与写作范例

1. 基础题型

（1）辨析题

辨析题经常会给出常识类的一句话，较多地涉及例如政治、经济、文化、法律、时事中的某一方面，让考生去判断出这句话正确与否，并要求说明理由。所以，考生在应对这类题目的时候，要首先根据常识给出一个观点性的表达，判断出题目中的内容是正确的、错误的，还是片面的、偏颇的、不完全正确的。然后要对这一观点给出合理的论证，论证的方法有很多，能够论证自己的观点即可，可以采用正反对比论证、举例论证和道理论证等论证方式，也可以利用多种论证方式相结合的方法来验证前面自己判断出的观点。

例题：挪用公款罪也就是贪污罪。请辨析这句话是否有误，并给出解释。

（2）论述题

论述题的题型一般比较简单，多是论述一句话、一个观点、一个事件。但其一般是围绕事业单位考试来进行命制的，主要考查考生对事业单位的了解，但考生在论述的过程中一定要注意答案的全面和完整。

例题：简要论述事业单位实行绩效考核的作用。

（3）案例分析题

案例分析题一般都是考查本年度的社会热点问题，以及一些持续性、大家普遍关注的民生热点问题。通常是给出一到两个案例，通过案例来回答下面的题目，题目可能要求分析原因，也可能要求提出对策或是概括内容。因此，这一部分的考查与申论客观题目考查的能力类似，有阅读理解能力、概括归纳能力、综合分析能力、提出和解决问题能力。对于这类题目可以通过申论题目来进行练习。

例题：公民休息权与公民娱乐权问题。武汉某居民小区住户刘某在自家举办钢琴培训班，没有规律的琴声影响其他居民的休息，在协商无果的情况下，刘某被邻居告上法庭。原告称：我们听音乐可以去音乐厅，被告昼夜弹琴干扰我们休息，影响身心健康。被告辩称：钢琴声是最美妙的音乐，怎么会是噪声？法庭测量是否达到噪声标准，结果没有达到。但法庭还是认定刘某侵犯居民休息权，要求弹琴者装隔音设备。问题1：权利冲突现象产生的成因？问题2：如何解决权利冲突问题？

（4）公文写作题（其中公文改错题是重点）

这也是很多地区事业单位考试常考的题目，有时候会让考生根据要求写一篇公文，比如让写一篇通知或者通报等。但更多的情况下是要求对给出的公文指出其存在的不当之处，即公文改错。这就要求考生对于这类题目首先要对公文写作有个全面的了解，明确公文的特点、公文的种类和公文的结构，哪里写什么内容，是什么样的格式等。在掌握这些内容的基础上，公文改错就会简单很多——哪里有错改哪里。

例题：下列公文存在四处错误不当，请分别予以更改。

关于组织中层干部赴××监狱开展警示教育

××监狱：

为了加强反腐倡廉教育，增强干部廉洁自律意识，我校组织中层干部赴贵监狱开展警示教育，并附带参观监狱附近高新科技工业园区，活动定于六月二十日，活动内容按贵监狱的有关规定执行。

（5）材料作文题

材料作文题有点类似申论中的千字文，多是基于材料的基础之上要求考生写一篇文章。这就要求考生先要对材料的内容有一个全面的了解，再根据题目要求进行文章立意，在立意的基础上进行分析论证，最后形成文章。一般的结构为：是什么—为什么—怎么办，也就是常说的"提出问题—分析问题—解决问题"三个大的部分。具体还要注意标题、开篇、正文和结尾部分的写法，这些还需要考生多阅读、多积累、多练习。根据对各地综合应用能力考试的命题特点的研究和总结，材料作文题的出题立足点基本上都是依据当年的社会热点事件、时政，这就要求考生在备考的时候，要特别密切地去关注社会的动态和一些重要的时政要闻，这样才能够做到有备无患、胸有成竹。

例题：根据这些材料所反映的主要问题，用 800～1000 字的篇幅写一篇文章，要求观点鲜明，中心明确，内容充实，论述深刻，有说服力。

（6）策划与应用题

这是经过几次演变后新加入的题型。主要考查考生策划活动与撰写策划方案的能力，需要考生考虑问题全面、完整有思想性。

例题："五四"青年节即将来临，请你以某单位团委负责人的身份，结合时代特征和本单位实际，设计一个学雷锋活动的方案。要求：目的明确，具有可操作性。

2. 写作范例

材料 1：

为全面贯彻党的教育方针、落实立德树人根本任务，促进学生身心健康发展，教育部等相关部委出台多项教育政策。2021 年 1 月至 4 月，教育部先后印发五个通知，对中小学生手机、睡眠、读物、作业、体质五个方面的管理作出规定。5 月，国务院教育督导委员会办公室印发《关于组织责任督学进行"五项管理"督导的通知》，指出加强中小学生作业、睡眠、手机、读物、体质管理（简称"五项管理"），关系学生健康成长、全面发展，是深入推进立德树人的重大举措，要求各级教育督导部门组织开展"五项管理"督导工作，确保所有中小学校全覆盖。8 月 2 日，教育部等五部门出台《关于全面加强和改进新时代学校卫生与健康教育工作的意见》，要求各地坚持"健康第一"的教育理念，把全面提升学生健康素养纳入高质量教育体系，作为学校教育的重要目标和评价标准。A 省 B 市中小学卫生保健所（简称"B 市保健所"）是市教育局下属公益一类事业单位。其职能主要包括：协助教育行政部门规划、部署学校卫生保健工作；协助教育行政部门推动"五项管理"落地落实及督查督办工作；开展学校卫生保健研究、健康教育研究；开展学生体质健康、心理健康调研、监测及干预；开展学校卫生保健从业人员与健康教育教师培训和管理；指导学校健康教育、食品安全、学生健康体检、应急救护工作；指导学校教学卫生与环境卫生改善工作等。2021 年，B 市保健所在中小学生体质健康、急救和安全避险、心理健康等方面开展了一系列工作，小王作为该所综合办公室的工作人员参与其中。

材料 2：

B 市保健所根据上级有关文件，出台了《B 市中小学近视防控工作考核方案》，把近视防控工作纳入对学校的年度考核，并鼓励学校将近视防控纳入教师评价体系。随后，市内多所中小学将近视防控工作纳入学校发展规划和年度工作计划，健全近视防控管理机制。

本学期，B 市朝阳小学将近视防控加进了"三好学生"评选标准，规定在每学期的期初和期末两次测量学生视力，期末视力下降到 5.0 以下或较学期初下降超过 0.2 者，不能参评"三好学生"，消息一出，迅速引发全网热议。

网友 121：我们家是遗传性近视，虽然特别注意视力保护，很少让孩子看电视，也不用智能手机，但我儿子刚一年级就真性近视 100 度，孩子除了视力别的都好，怎么就不配评优？

网友 122：好！学校就应该这样。有些家长即使孩子近视了也不给配眼镜，还拿看不清黑板为理由，要求老师给调坐到前排。

网友 123：把视力纳入评优，是不是太草率了？谁能保证学校检测效果的科学性和真实性？评上校级"三好"是评区级"三好"的必要条件，区级荣誉对升学还是有用的。

网友 124：学校这是把上级要求他们开展近视防控工作的压力转嫁给家长和孩子呀！

网友 125：好事儿，"三好学生"的评价标准本来就不应该太单一，成绩、体育、视力都要好。这样家长以后就不会只盯着孩子成绩了。

网友 126：难道孩子都是在家里才变近视的吗？孩子每天在校活动的时间远多于在家时间，要是学校工作不到位，教室照明、课外活动、饮食都没安排好，光家长和孩子注意也没用！

网友 127：真性近视是无法改变的，将评优和近视挂钩，这不是歧视吗？孩子再因此产生自卑心理，不是得不偿失吗？

网友 128：我支持楼上，小孩如果因为近视度数加深不能参评，会影响上学积极性。

网友 129：学校的出发点没问题，也是贯彻落实上级要求。但做法不行，可以把视力作为加分项，但不能"一刀切"。

网友 130：任何新政策，都要考虑公平，防止误伤。近视不能评"三好学生"，对那些有特殊情况的学生而言，是不是有失公平？

网友 131：我是一名医生，也是学生家长。从医学角度来说，每天日晒三小时可以有效预防近视，但实际上孩子学业压力大，我们只能选择牺牲户外活动时间了。所以以近视度数是否加深作为评选"三好学生"的标准，我觉得不可行。

网友 132：学校出台规定，肯定有其总体考虑，有时候一项制度的出台，背后自有深意，别总想争个对错，凡事总有利弊，淡定吧。

网友 133：我觉得这个做法没问题。学校都开始"双减"啦，很多家长是因自己的焦虑给孩子施压，线下辅导机构没了，就上网课，孩子的眼睛生生弄坏了。

网友 134：有多少孩子的眼睛是学习弄坏的？有些事家长不想管，把他们交给"电子保姆"！手机和电脑玩得太多，不仅眼睛近视，思维也受影响。我觉得学校做得没错。想让孩子"三好"，家长先要做好！

针对网络热议，B 市保健所准备对各中小学执行落实《B 市中小学近视防控工作考核方案》的工作加强规范性指导。

材料 3：

为进一步推进中小学应急救护知识普及和救护技能培训工作，B 市保健所邀请区县相关部门、学校卫生保健老师代表及家长代表召开了一次工作交流会。以下是部分代表的发言摘录。

B市保健所代表：2021年，教育部等部门联合印发了《关于进一步推进学校应急救护工作的通知》，指出开展应急救护培训，普及应急救护知识技能是保护青少年生命健康的重要举措。近年来，我市中小学在开展应急教育宣传和应急救护培训方面进行了一些积极探索，但大部分师生还没充分掌握应急救护的实际操作技能。另外，部分学校配备有急救箱、AED（自动体外除颤器）、应急救护一体机等急救设备，学会这些设备的使用并做好维护也是当务之急。

C区卫健委代表：中国红十字基金会公布的一项调查结果显示，59.6%的学校未设置校医室或保健室；在校医室工作的人员中，医学院校毕业人员仅占13.94%，由本校教师转岗担任校医的却占27.14%。我区的情况也差不多，有专业背景的校医很少，大部分都是其他任课教师兼任。下一步，应该积极推进校医、体育教师、班主任等重点群体在校园急救中发挥重要作用，切实提高意外伤害现场施救能力。

D区红十字会代表：校医培训是中国红十字基金会"博爱校医室"项目的重要内容之一，已累计在十余个省份举办。接下来，我们将积极推进"博爱校医室"项目在我区落地实施，也呼吁社会各界包括爱心企业、爱心人士及相关政府部门形成工作合力，共同加入对青少年儿童的健康守护中来。

E区消防救援大队代表：学校人员密集，易引发安全事故，学校要高度重视、做好预案。很多校园突发事件都是因为基础设施落后，建筑物老旧，维护不力而引起的。比如楼道狭窄、体育器材未定期维护等，这些都是高危因素。

光明小学卫生保健老师：去年我校发生一起意外事故，造成学生骨折。因随意搬动会导致更加严重的后果，本应使用担架转移受伤学生，但在场的老师缺乏急救经验，抱着学生就往楼下跑。普及急救知识和技能是一项系统工程，不能纸上谈兵。

学生家长李先生：我家孩子前两天回来说要代表班级参加学校的应急救护技能大赛，要家长配合在家里进行演练。我觉得这是一件好事，首先是让孩子在面对突发事件和意外伤害时，有自救互救的意识；其次让孩子掌握一些必要的急救处置技能。但我希望这样的教育和培训不仅仅停留在比赛中，而是学校应该配置相应的场所和设施，能让孩子们进行经常性的应急演练。

第一职业技术学校卫生保健老师：去年，我校有一名学生深夜突发心搏骤停，三位室友利用急救知识，立刻对他进行心肺复苏救治，同时拨打120求救。事后参与抢救的医生说，三位学生的正确处置，为后续救治争取了时间。我校从2010年就开始了应急救护教育，聘请专业老师对所有新生进行培训；成立了应急救护队，要求每个班至少有一名学生参加，每学期都会对队员进行救护强化训练，培训结束还要考核发证。

材料4：

为推动全市中小学全面落实"五项管理"工作要求，近日，B市教育局牵头成立了由市保健所、区县卫健委、区县体育局等单位组成的督导组，通过校园巡查、推门听课、查阅资料、问卷调查、走访座谈等形式，对各学校落实"五项管理"工作开展全方位、全覆盖、无缝隙督导检查，对工作落实不力的学校进行重点督办。

一天，督导组来到市实验小学进行检查。

画面一：一进校门就能看见宣传栏里张贴的海报，以漫画的形式，生动形象地对"五项管理"的相关规定进行解读。此外，还有近期举办的"青年爱眼宣传周""学习规划与睡眠管理""家校合作共同助力'双减'"等活动的宣传海报和照片，非常引人注目。

画面二：督导组注意到，教学楼一楼张贴着《市实验小学学生手机管理规定》和"教学区域勿带手机"的警示语，但按规定应安装的供学生使用的公共电话，一路走来却没有看见。

督导组随机访谈了几位学生，大家都表示知道学校有规定不让带手机进校园，但不知道学校有公共电话可以使用。

画面三：大课间在操场上活动的学生很少，不少教室里有孩子趴在课桌上写作业，有的班级还有老师在讲解习题。

督导组入班走访，低年级的学生普遍反映每天都有固定时间到操场上进行体育活动，但六年级的同学表示，别说课间体育活动了，连体育课都很少能上，经常就变成了"语数英"。

画面四：督导组打开学生视力监测台账，发现五年级2班本学期两次检查的记录，除了日期外，其他数据完全一样，明显是在应付检查。

画面五：督导组随堂听课时，发现有学生上课打瞌睡。督导组在问及情况时，个别高年级学生表示作业量大，晚上经常写到很晚，睡不够8小时。

画面六：督导组看到，每个班级都设有图书角，图书和报刊丰富，并贴有课外读物推荐表。从随机翻阅的情况来看，读物导向积极向上。同学们表示，每天会有固定的读书时间，除自主阅读外，班里还会定期组织阅读分享交流活动。

随后，督导组召开了现场座谈会，学校相关负责人、教师代表和家长代表参加。

座谈会上，校方介绍了在推动"五项管理"工作中的经验做法，但同时也提出了一些困难和问题，家长们也表达了自己的疑虑。

副校长甲：现在经常有家长担忧，学校的家庭作业减少了，可升学竞争还在，怎么保证学习效果和竞争力？还有一些家长说举双手赞成"五项管理"，但他们又怕自己孩子所在的学校减负了，别的学校还在偷偷加码，学习差距会越拉越大。其实家长们不必担心，现在上面有明确规定，哪个学校落实"五项管理"不到位，校领导都会被约谈，严重的还会被问责。

副校长乙："五项管理"是件好事，但学校执行起来难度也不小，尤其是一些老教师，总习惯争先进、提前跑。我们学校有位班主任，是连续多年的市级优秀班主任，他们班学期刚过半时课程就讲完了，开始学下学期内容了。校领导也跟她谈过，可她觉得他们班的孩子们有能力，家长们也认可，这种做法没问题。这个班整体表现确实不错，在各类比赛中都能拿奖，这样的班主任，我们要是真处罚吧，又担心挫伤老师的工作积极性。

班主任丙：虽然我们每学期都呼吁家长配合学校做好睡眠管理，但是现在家长们大都是年轻人，习惯熬夜，孩子也就跟着熬夜。要是家长不配合，睡眠这个事我们可真的管不住。

班主任丁：一个班有那么多孩子，有学生偷偷带手机进课堂，老师们根本看不过来。

卫生保健老师戊：体质管理真是个难题，我们学校"小胖墩"特别多，有的孩子学习挺好，一到体能测试就不过关，家长们会认为孩子将来又不当运动员，没必要太注重体育锻炼，有时间不如多学学文化课。

家长己：我们也知道孩子累，也不愿意花那么多钱让孩子上辅导班，但架不住其他家长们太卷啊，我们也很无奈。

家长庚：我听说有个学校搞两套课程表，一套用于实际教学，一套用来应付检查。我看减负这事儿要想真正做好，管理部门得常抓不懈才行。

检查结束后，督导组要向市实验小学进行现场反馈，通报检查总体情况，要求对问题进行整改并明确问责机制，对推进落实"五项管理"进行再宣传、再动员。

材料5：

2021年初，B市教育局启动了"B市中小学心理健康教育特色学校"创建工作，希望通过树立一批先进典型，推动全市中小学认真落实国家心理健康教育指导纲要的各项要求。

2021年11月底，B市教育局组成了评估验收组，对首批申报创建"市级心理健康教育特色学校"的10所中小学开展了评估验收工作。小王作为评估组成员，代表B市保健所参与了对育英中学的评估验收。评估验收工作分为四个环节：一是由育英中学校长汇报情况，二是召开师生座谈会，三是现场考察，四是反馈评估结果。

在第一环节，育英中学董校长代表学校以教育从"心"开始打造"四心'特色"为主题，详细介绍了育英中学创建工作的基本情况。董校长介绍，育英中学在实践中升华提炼出"让每一颗心灵闪光，让每一个孩子出彩"的心理健康教育理念，从学校整体工作顶层设计引领学科协同发展，构筑心理健康教育的"德心"管理特色、"悦心"活动特色、"澄心"课程特色和"正心"环境特色。

学校组建了以校长为组长、德育副校长具体分管、3位外聘心理健康教育专家和12位学校心理健康教育教师组成的团队，形成了以心理健康教育中心为依托的完整工作体系。育英中学心理健康教育中心又被师生们称为"开心小岛"，是师生的心灵港湾，定期为学生、家长、老师开展专题讲座和活动。董校长还特别介绍了学校的"网格化"管理模式，在育英中学，每名学生都在网格化管理之中，学生的任何状态都能通过一层层的关注做到早发现、早识别、早干预。在"网格化"管理的基础上，学校还通过"5＋2"的形式将心理健康教育融入教育教学实践中，通过加强心理健康教育教师、其他教职员工、各班心理委员、家长委员会成员、社会人士这"5"支主力工作队伍，落实全员育人、全过程育人、全方位育人。"2"是通过成立两支护航队作为补充，落实个性心理辅导：第一支是以离退休党员教师组成的"老党员关爱护航队"；第二支是由德育课教师组成的"德育导师成长护航队"。"5＋2"的形式形成了既能全覆盖、全方位落实心理健康教育工作，又有个性心理辅导的学生心理健康保障工作机制。

此外，育英中学还大力推动积极心理学在学校教育教学中的应用，通过开设特色课程，助力学生成为最好的自己，注重活力校园的营造和校园文化建设，举办了心理节、体育节、戏剧节、合唱节等各种活动，让校园生活缤纷多彩。学校还开设了管乐、攀岩、舞龙等20个精品社团和近50门校本课程。学校师生排演的话剧节目获得了B市心理剧大赛一等奖，并代表B市参加全省中小学心理剧会演。

学校积极开展课题研究，对个案学生进行深入的跟踪调查分析，以科研带动专业发展，近年来，学校心理健康教育有多项课题立项、结题、获奖，多篇论文发表或荣获市级以上奖励，指导学生参加各类竞赛获得市级以上奖项十余个。学校坚持开设"正面管教家长工作坊"，让家长学习如何识别孩子情绪、怎么与孩子有效沟通，指导家长了解和掌握心理健康教育的方法，坚持正面管教，营造家庭教育的良好环境。工作坊至今已举办了24期，近3000名学生家长参与过活动。

在第二环节，八年级3班班主任林老师重点介绍了育英中学的家访活动。"育英中学一直坚持'无准备，不家访'的原则，把家访工作列入工作日程，每学期制订家访计划，安排好集中家访和日常家访、全面家访和重点家访的工作"。林老师说，家访形式多样，有实地家访、电话家访、信息家访等。家访中，老师会鼓励表扬学生在校的优秀表现，针对不足之处与家长共同分析查找原因，并了解学生在家的情况。

学校专职心理教师张老师重点介绍了她策划的"送你一朵小红花"主题活动，这也是学校的"悦心"活动之一。"这朵小红花是送给孩子自己，让他们在刚到学校的第一年，就看看自己哪些地方做得比较好，哪些地方需要努力。到了九年级我们会跟踪他们这些目标是否达成。"评估组在张老师展示的卡片上看到有学生写的是"相信自己，阳光、自信。勇敢、好奇心……这些美好的词汇希望我都能拥有"。这位学生在所画的每片花瓣里都写下了希望自己能拥有的特质。

七年级学生小霞坦率地说："我父母的关系一直不好，前几个月，我的脑海里总是在想：如果父母分开了，都不要我，该怎么办？这个想法一直折磨着我，没有精力学习，直到我来到学校心理辅导室，经过心理老师连续辅导，慢慢找到了产生焦虑、恐惧的原因，心情好多了，学习成绩也提高了。在我的带动下，父母的关系好像也缓和了不少。"

在第三环节，评估组来到现场考察点——育英中学高标准打造的心理辅导室"心悦之家"。手绘的蓝天沙滩墙面、五颜六色的涂鸦墙、贴满"告白"的心忆墙、舒适的"悦"读区，搭配的多种盆栽绿植、彩色桌椅等，都让这间辅导室与众不同。同时，辅导室还有音乐放松椅、减压"太空舱"、VR情绪宣泄系统、认知评估平台等多种先进设备，总投入近百万元。

评估组还看到了一排排摆放整齐、填写完整规范的学生心理健康档案。据介绍，这些档案内容包括学生基本情况、咨询问题、对咨询结果的评价、对咨询工作的意见、跟踪回访情况等，由专人保管并严格落实保密责任，保护学生隐私。

在第四环节，评估组根据评价体系逐项进行核查及评分，认为育英中学开展心理健康教育工作特色鲜明、效果显著，可以通过"市级心理健康特色学校"创建验收。

近期，A省教育厅拟召开心理健康教育特色学校成果展示会，进一步总结和推广全省中小学心理健康教育特色学校典型经验和优秀成果，发挥示范引领作用，带动全省学校积极参与中小学心理健康教育特色学校创建活动。B市教育局准备推荐育英中学作为B市先进典型参会。

作答规定：

假如你是B市中小学卫生保健所综合办公室的工作人员小王，请根据背景材料完成下列任务。

1. 朝阳小学将近视防控与"三好学生"评选挂钩的做法，引发社会热议，请根据

"材料2",分类整理网友们的各种意见。(35分)要求:分类恰当,准确全面,简明扼要,不超过350字。

2. 工作交流会结束后,B市保健所拟针对进一步推进学校应急救护工作出台相关文件,请根据"材料3"提出建议,为文件的制定提供参考。(30分)要求:建议具体可行,有针对性,不超过300字。

3. 你将代表督导组向市实验小学作现场反馈发言。请根据"材料4",列出发言的内容要点。(40分)要求:定位准确,内容全面,条理清晰。不超过350字。

4. 作为评估组成员,请根据"材料5",为B市教育局代拟一份推荐材料,报送省教育厅。(45分)要求:紧扣材料,内容全面,结构完整,层次清楚。不超过600字。

参考答案一:

反对:1. 对于特殊情况学生不公平,如遗传性近视。2. 将视力纳入评优太过草率,不能保证学校检测效果的科学性和真实性。3. 学校将开展近视防控工作压力转嫁给家长和孩子。4. 在校时间长,学校教室照明、课外活动、饮食等工作不到位,家长和孩子注意也无用。5. 歧视真性近视,产生自卑心理,影响上学积极性。6. 学业压力大,选择牺牲户外活动时间预防近视。

支持:1. 避免家长不为孩子配眼镜,并以看不清黑板为理由,要求老师调换座位。2. 评价标准丰富,避免只重视成绩。3. 有其总体考虑,背后自有深意。4. 避免网课影响视力。5. 促使家长落实责任,少让孩子使用电子产品,影响思维和视力。

辩证:学校的出发点没问题,贯彻落实上级要求。但做法存在问题,可以把视力作为加分项,但不能"一刀切"。

参考答案二:

1. 开展讲座,培训师生应急救护的知识和实际操作技能,学会使用和维护急救箱、AED(自动体外除颤器)、应急救护一体机等急救设备。2. 学校设置校医室或保健室,充实校医室工作人员力量,招聘医学院校毕业生或有专业背景社会人士,积极推进校医、体育教师、班主任等重点群体在校医急救中的作用,提高意外伤害现场抢救能力。加强校医培训,实施"博爱校医室"项目,呼吁社会各界形成工作合力,共同加入。3. 学校高度重视、做好预案。完善基础设施,加强维护。掌握急救处置技能,配置相应场所和设施,进行经常性应急演练。开展应急救护教育,聘请专业老师进行培训,成立应急救护队,每班至少一名学生参加,进行救护强化训练,培训结束考核发证。

参考答案三:

1. 生动形象解读相关规定,但在执行过程中存在一些问题。2. 严格落实"五项管理"规定,完善约谈问责制度。加大执行力度,校领导开展谈话活动,督促老师保持平和心态,按照规定执行教学任务。3. 缺少按规定应安装的供学生使用的公共电话。落实学校不让手机进校园规定,设置可供学生使用的公共电话。4. 低年级学生在固定时间到操场进行体育活动,六年级同学缺少体育活动,体育课被占用。加强体质管理,保证全体学生体育活动时间,体育课成绩纳入升学总成绩。5. 学生视力监测台账,两次数据完全一样,应付检查。加强监督管理,对学校落实情况进行常态化检查。6. 学生上课打瞌睡。作业量大，睡眠不足。呼吁家长配合学校做好睡眠管理，各科老师合理布置作业，保证正常睡眠时间。7. 共同落实"五项管理"相关规定，使孩子拥有健康学习生活，德智体美劳全面发展。

参考答案四：

A 省教育厅：

B 市教育局启动"B 市中小学心理健康教育特色学校"创建工作，希望通过树立一批先进典型，推动全市中小学认真落实国家心理健康教育指导纲要的各项要求。特组成评估验收组，评估验收工作如下：

一、校长汇报情况。详细介绍创建工作的基本情况。提炼心理健康教育理念，从学校整体工作顶层设计引领学科协同发展，构筑心理健康教育四心特色。形成完整工作体系。定期开展专题讲座和活动。介绍管理模式，将心理健康教育融入教育教学实践中。开设特色课程、精品社团、校本课程。举办各种活动，开展课题研究，坚持开设"正面管教家长工作坊"。

二、召开师生座谈会。重点介绍家访活动，坚持原则，家访形式多样，策划主题活动。

三、现场考察。心理辅导室"心悦之家"与众不同。加大投入，设置多种先进设备。专人保管学生心理健康档案，严格落实保密责任，保护学生隐私。

四、反馈评估结果。开展心理健康教育工作特色鲜明、效果显著，可以通过"市级心理健康特色学校"创建验收。

A 省教育厅拟召开心理健康教育特色学校成果展示会。B 市教育局准备推荐育英中学作为 B 市先进典型参会。

B 市教育局

××年×月×日

6.2.3　综合应用能力的实际训练

材料 1：

S 市停车管理中心（以下简称"中心"）是 S 市城管局直属事业单位，主要承担全市停车资源的统计调查与规划，智慧停车管理平台的建设运行维护，停车设施建设和使用的指导协调、考核监督等工作。中心在市内各城区设立了分中心。

中心实行主任负责制，根据工作职责下设综合科、计财科、规划科、运营科等。按照市委、市政府推进"放管服"改革的要求，该中心向社会公布了各科室工作职责的业务清单，其中综合科的业务清单如下：

部门名称	综合科	部门负责人	方圆	联系电话	65432100
工作职责与业务事项					
序号	工作职责	业务事项			
1	日常事务	日常行政事务；文件起草、发布与管理；印信档案管理；接待来信来访；处理咨询投诉			

（续表）

序号	工作职责	业务事项
2	业务督导	指导各分中心业务工作；对分中心工作开展督导检查
3	宣传策划	重要活动的策划、组织与推广；信息的收集报送
4	合作交流	代表中心与相关部门沟通、协调、开展业务合作
5	其他事项	承办上级主管部门交办的其他事项；承办中心领导交办的其他事项

小赵是综合科副科长，协助方科长开展工作。

材料2：

据统计，目前S市全市机动车保有量达268万辆，主城区机动车保有量达14.7万辆。全市停车泊位总量约152.5万个，主城区停车泊位总量约103.2万个，主城区停车泊位缺口约41.5万个，且泊位缺口还在不断扩大。

S市高度重视停车问题，早在2008年就印发了《关于破解机动车"停车难"问题的实施意见》（以下简称《意见》），提出了"城市停车是一种公共服务"的理念，并成立了停车办公室，作为管理机动车停车问题的专门机构。针对停车设施规划建设，《意见》提出了"配建停车为主、公共停车为辅、路内停车为补充"的工作思路。2016年，为适应机构改革的要求，市里成立了S市停车管理中心，并针对新情况陆续出台了《S市停车场建设管理办法（试行）》《S市机动车停放服务收费管理办法》等一系列文件。

作为市停车管理中心的工作人员，小赵养成了随时关注停车问题的习惯。他每天上下班都要驾车经过学苑路，这是老城区的一条主干道，周边有幼儿园、小学等多家单位，每到早晚高峰期都被接送孩子的车堵得水泄不通，但附近的停车场使用率却不高。原来，S市各停车场普遍实行15分钟内免费政策，超出15分钟，则按6至8元每小时的标准收费。一些学生家长认为，在学苑路这样的地方，15分钟接送孩子是远远不够的，如果每天都要花钱停车，负担实在太重。了解到这一情况，中心会同学苑路街道办事处、交管局等单位召开了现场办公会，研究解决该路段的停车问题。大家一致认为，停车管理必须强调公共服务属性，收费只是利用价格杠杆调节停车资源的手段之一，应该根据实际情况确定标准。中心经过充分论证，经有关部门批准，决定对全市学校周边的收费停车场实行特殊时段1小时内免费政策，引导大家把车停入停车场内，有效缓解了学校周边道路的拥堵情况。中心还定期开展路内泊位"回头看"整改工作，及时评估路内泊位施划合理性，对影响非机动车、行人、公交等车辆通行的泊位进行动态调整。

前几天，小赵对近期市长热线转来的涉及停车问题的投诉进行了整理，发现其中超过60％的内容都是对路内泊位收费问题的投诉。有的反映停车收费标价牌不明显，收费优惠免费政策执行不到位；有的反映不清楚服务监督、价格举报电话；还有的反映收费员工作态度差。此外，群众对老旧小区停车难问题意见也较大。小赵第一时间把情况汇报给领导，领导要求由小赵牵头，尽快调查摸排情况，提出方案，妥善处理。

一周后，全市主要路内停车泊位的显著位置陆续出现了规范的停车服务收费标价牌，上面清晰地公示了泊位名称地点、泊位总数、收费（免费）时段收费标准、优惠政策、监督举报电话等内容，同时，在收费员制服的背部统一印上了咨询投诉电话，若市民有停车咨询投诉类需求，可以直接拨打电话，中心将在第一时间给予解决。

针对东风社区居民反映老旧小区停车位少、满足不了停车需求的情况，中心第一时间联合相关部门实地勘察、梳理摸排，在不影响道路安全及车辆通行的情况下，在社区周边施划了路边停车泊位 200 余个。中心还在全市选取了 14 个小区作为"融合管理示范小区"。在小区内部，联合街道、社区、物业，清除杂物、地锁，移除"僵尸车"，施划停车泊位线及停车标识。在小区外部，整合周边道路停车泊位资源，协调周边单位停车场提供给小区居民使用。"以前，小区内车停得乱七八糟，回来晚了，车都进不来。现在好了，有了固定停车位，而且价格不高，完全能接受。"居民李女士拍手叫好。

材料 3：

智慧停车是将智慧化手段综合应用于城市停车位的数据采集、管理、查询、预订等服务，实现停车位资源的利用率最大化。近期，S 市召开了"智慧停车建设工作推进会"。会议指出，智慧停车项目是一项惠民工程，对于缓解城市停车难、促进城市高质量发展有重要意义。会议要求，要定期研判工作推进过程中遇到的困难和问题，确保把这项惠民工作办实办好。根据会议部署，S 市停车管理中心负责对全市范围内智慧停车建设工作开展调研，并形成关于 S 市智慧停车建设情况的调研报告。

会后，中心立即成立专项调研组开展工作，以下是部分调研记录。

第一部分：相关部门反映情况

市城建集团：由我们集团承建的 S 市智慧停车管理平台于 2020 年 11 月 28 日在主城五区全面上线，接入道路临时泊位和部分停车场的实时数据，通过停车出行热力图大数据分析、停车场备案等功能模块，掌握停车数据的实时动态，全市停车管理"路内路外一张网"总体格局初步实现。与此同时，基于智慧停车平台数据打造的"S 停车"手机 App 和公众号，可实现预约车位、搜索共享停车、反向寻车、停车诱导、充电共享、停车缴费及查账等服务功能。"S 停车"用户已突破 73 万，真正跑出了"加速度"。

某智慧停车有限责任公司：我们是市城建集团下属子公司，承担智慧停车管理平台投资、建设和运营工作。S 市智慧停车建设工作取得了很大的成绩，但问题和困难也很突出。智慧停车管理平台运行中的监测功能需要设备支持，现在有超声波、红外线、摄像头等，但精准度不高，容易出现识别错误，影响数据准确性。还有就是我们智慧平台的"共享停车"服务功能可以激活城市的闲置停车位，提升车位的周转率，现在大部分机关事业单位数据已经归入这个平台，但绝大多数小区停车数据纳入不进来，封闭管理的小区一旦允许社会车辆进入，可能会增加安全风险，很多业主参与共享的热情都不高。

某国企停车管理公司：我们以旗下 44 个停车场资源为载体，依托"S 停车"App，对外发布共享车位信息，推广"错时共享"停车，共同打造共享停车场，但还存在很多困难。比如，共享停车的费用收取、资金监管、车辆剐蹭等方面的责任划分，停车场配合义务等问题都没有明确的政策制定，配套的标准并不完善，这也是我们的顾虑所在。

某停车场运营企业：市里要求现有经营性停车场都要逐步接入智慧停车平台，接入这个平台对我们企业有什么好处我还不太明白，是不是技术门槛挺高，还需要改造现有车道吗？谁能来给我们讲讲？

第二部分：网民意见

网友@我爱提意见：我手机上已经安装了8款停车App啦，但还是涵盖不了全市的停车场，据说咱们市停车场有超过30款停车App在同时使用，这些App里，有的能快捷支付，有的不能；有的天天推送无聊广告，还关闭不了，我和身边很多朋友都更愿意使用扫码支付。再说，App里有的功能也实现不了，比如实时监测车位数，不同App上显示的都不一样，还有那个预约车位服务，简直就是个摆设。

网友@陈先生：我一直在"S停车"上缴费，可前几天在人民路停车时，我都开车走了，系统仍在计时，客服说是由于停车位采用高位视频监控泊车信息，如果前后两辆车停车过近，会有可能产生离场时信息采集不上导致客户端持续计费的情况。智慧系统这么"高大上"，不能把硬件设备搞好吗！

网友@哆啦A：我曾经让朋友在"S停车"上试着绑定我的车牌号，结果我们都能查到车辆行踪，细想起来有点后怕，这不等于随时都在跟踪我吗！我问App客服，答复是车牌号在公众场所本来就是人人都能看到的，系统这样设定也是为了方便操作，如果有需要，可以申请单一绑定。我认为这不是方不方便的问题，这是在泄露隐私。

网友@社会对我很友好：我是一名残疾人，按照咱们市的规定，在路内停车位和公共停车场能享受2小时的免费停车。有些地方做得很好，但有些却不行。比如说有的停车App上能够进行残疾车认证，将身份证、行驶证、残疾证和车牌号上传后，就能够直接绑定，享受优惠政策。有些停车场的App却没有这项认证服务，有人工值守的还行，检查完我的证件就给我免了，要是找不到人，只能缴费。

第三部分：专家观点

交通大学范教授：现在各平台之间的竞争关系使数据共享遭遇瓶颈。不同的停车场使用不同的App和公众号，功能都相差无几，但需要多次重新输入车牌号，非常麻烦。解决停车难问题不仅是政府的责任，也是企业的社会责任。邻省A市的智慧车联盟，打通了4个平台上的泊位数据资源，让市民只需要下载一个App，就可以获得4个平台上的泊位信息。这样的做法值得学习和借鉴。

材料4：

针对市长热线反映的关于停车收费问题的市民投诉，2021年12月24日，S市停车管理中心专门邀请了各区分中心工作人员、收费员代表、停车管理公司代表等20余人，召开了关于收费员队伍建设的座谈会，会议由综合科组织。

方科长首先对与会代表表示欢迎和感谢，接着介绍了本市一年来停车管理工作的基本情况和明年的工作打算，肯定了各区在收费员管理工作中取得的成绩和收费员的工作贡献，希望大家就加强收费员队伍建设提出意见建议。之后代表们发表了各自的看法。

收费员张师傅：我今年快60岁了，干收费员5年多了。现在收费员的工作越来越难干，工资低，还受气。这两年开始用智慧停车管理系统，我这年纪，学点新东西太难了，一遇到车主缴费上的技术问题，我也是不懂啊。

收费员张师傅：要我说现在这个停车收费系统挺好的，以前收费都是人工的，而且离开时才交费，车主的随意性大，还有人恶意逃费，我们经常为了追要停车费拦车，甚至横穿马路到对面收费，特别危险。现在这种情况少多了，车主只要停车不付费，都有记录。

但也有一些人不讲理，上次有个车主非说他只停了 28 分钟，应该享受半小时以内免费停车政策，可系统显示 31 分钟，要交 8 块钱，这都是自动的，也不是我给计的时，他非得跟我吵，甚至还要动手打人，感觉我们的人身安全和尊严都得不到保障。

城北区分中心廖主任：收费员流动性大，管理一直很有难度。你要是真的严格起来，他说不来就不来，反而让你很被动，上次有市民投诉某收费员态度恶劣，我们对他进行了处罚，结果第二天人家就"撂挑子"了，我们还临时找不到人代替。所以我觉得收费员队伍建设问题需要上级部门拿出办法来。

城中区分中心杜科长：我们中心每年有业务培训计划，可深入开展的没有几次。大家都觉得收费员工作简单，没啥可培训的，可你看现在智能设备这么多，还有消防、抗灾的要求，不培训哪行！我听说市里有许多社会组织可以提供公益性急救知识培训和一些专业基本技能培训，我还看到过别的城市组织消防员给路面收费员演示如何正确使用灭火毯等消防工具。

收费员马师傅：我当收费员半年了，待遇虽说不高吧，也总能补贴点家用。要说有啥不满意的地方，就是有时心情不太好。车主不讲理咱没办法，可为啥公司也不讲情面呢？今年夏天，有次中午气温将近 40 度，我有点难受，刚把工作服脱了想凉快一下，就碰上查岗，批评我不按要求着装，我也挺委屈。公司管理规定里全是对我们的要求，为什么就不说保障和奖励呢？上次有个车主忘关车窗，皮包还在车里放着，我打电话联系不上人，就一直在旁边看了两个小时，人家为了感谢我，硬要给我钱，车主的钱我肯定不能要，可公司连个表扬都没有。

甲公司钱经理：我们对收费员是依法依规进行管理的。公司根据区里规定，制定了《停车场收费员管理制度》。刚才大家反映的问题，咱们管理制度当中都有明确规定。比如说，停车收费人员在岗时，应统一穿工装，佩戴上岗证、工号牌、臂章，并在规定时间内穿戴反光背心。还有，员工如果擅自离岗，一经发现将予以罚款或开除处理。这也是落实区里关于规范收费员管理工作的要求。

城东区分中心严科长：依法依规管理是个大前提，但是管理上还是可以人性化一点嘛。我一直在想，为什么收费员对自己工作认同度这么低？我觉得一个重要问题是我们忽视了对他们职业道德的培养和职业荣誉感的提升。

城西区分中心刘科长：前几天新闻提到 B 市举办了一个"道路停车收费管理行业技能比武"活动。比赛内容不仅有对行业规范的掌握，还考验收费员的车牌录入速度、通过现场模拟方式考察对无理车主的应对能力等，我觉得这样的活动能激发收费员的工作热情和职业认同感。

城北区分中心廖主任：对于一些恶意逃费的车主，我觉得也不能一味要求收费员"受受委屈"，该曝光曝光，该处理处理。收费员每天面对着来来往往、形形色色的车主，确实承受了很大的心理压力，现在有很多关于沟通和心理疏导的培训课程，咱们是不是也引进一些，办一些活动，做一些小游戏什么的，引导他们做好自我解压和情绪管理。

……　……

大家你一言我一语，讨论非常热烈。方科长表示，会将大家的意见建议及时向中心领导汇报。

材料5：

2021年5月，国务院办公厅转发了国家发改委等部门《关于推动城市停车设施发展的意见》，强调要坚持"谁投资，谁受益"原则，激发各类市场主体投资运营城市停车设施的动力。鼓励社会资本以市场化投资为主开发运营，或者通过合理确定收费标准、政府适当让渡项目收益权等方式，吸引社会资本参与。积极拓展配套服务功能，在不减少车位的前提下，可允许停车设施配建一定比例的洗车点、便利店等便民设施，提升项目综合收益能力。此外，还提出创新金融支持方式、加大金融支持力度、完善停车设施用地政策、加强用地保障等意见。

省里转发了《关于推动城市停车设施发展的意见》后，S市召开专题讨论会。会上，有专家指出，我市新能源汽车数量不断增长，但充电设施建设远远落后于需求，特别是公共停车场充电设施的建设尤为薄弱。建议相关部门充分用好用活国家政策，加大招商引资工作力度，积极引入一批"理念先进、资金雄厚、技术可靠"的市场主体参与公共停车场充电基础设施建设运营，点面结合推进全市公共停车场充电设施建设，在这个具有广阔投资创业前景的"蓝海"上，创造"合作多赢"的局面。这一建议得到众多与会人员的支持。

会后，S市研究出台了《加快推动公共停车场新能源汽车充电基础设施建设三年行动计划》，明确未来新建公共停车场按不低于停车位总数30%的比例建设快速充电桩；现有公共停车场按照不低于停车位总数10%的比例建设以快充为主、慢充为辅的公用充电设施。要求国土规划、发展改革、市场监督等部门落实"放管服"改革要求，实行"一站式""保姆式"服务，开通"绿色通道"，简化审批流程，在融资担保、财税优惠、特许经营、定价机制等方面给予支持。在现有每年投入300万元的基础上，未来5年继续安排5000万元专项基金，用于新建公共停车场充电设施的补助，引导高校、科研院所、企业开展产学研用的紧密合作，加强新能源汽车和充电设备专门人才培养，支持新型移动充电设施建设和技术开发。

为吸引更多的社会资本投资公共停车场充电设施建设，S市成立了由发改委、城管局等部门组成的招商工作组，对部分重点企业进行了走访。小赵作为其中一个工作组的负责人，带领工作组来到了K公司。K公司是S市的一家龙头企业，近年来也投资了S市一些其他的智能化新项目。K公司负责人高总对工作组的到来表示欢迎，直言有进入这一领域的意愿，但也提出了几点顾虑：一是如果自建停车场，获取土地难、审批程序繁杂、投资大、建设周期长；要是与其他停车场合作，盈利模式就比较单一，主要收取的就是充电电费和服务费，利润率较低，回报周期长。二是存在市场、政策等不确定因素，有些政策明确标明了有效期，不知道到期之后会有什么变化。三是从总体上看，商业模式和充电技术需要持续创新，公司在这方面的技术和人才储备不足。对于高总的疑虑，工作组将进行回应和解释。

作答规定：

假如你是S市停车管理中心综合科副科长小赵，请完成下列任务。

1. 根据"材料2"，归纳S市停车管理工作的成功经验，供中心领导参阅。（30分）要求：归纳恰当，概括全面、准确，语言简洁。不超过250字。

2. 根据"材料 3",列出调研报告中"进一步推进我市智慧停车建设工作的意见建议"这一部分的内容要点。(35 分)要求:内容具体,针对性和操作性强。不超过 300 字。

3. 座谈会结束后,综合科要向中心领导汇报会议召开的基本情况及与会代表的发言内容。根据"材料 4",撰写一份会议简报。(45 分)要求:内容全面,结构完整,语言流畅。不超过 600 字。

4. 请代表工作组与 K 公司高总进行沟通,以打消他的疑虑、增强企业投资公共停车场充电设施建设的信心。根据"材料 5",列出沟通的具体内容。(40 分)要求:角色定位准确,沟通内容完整,有说服力。不超过 450 字。

附　　录

附录1　党政机关公文处理工作条例

第一章　总　则

第一条　为了适应中国共产党机关和国家行政机关（以下简称党政机关）工作需要，推进党政机关公文处理工作科学化、制度化、规范化，制定本条例。

第二条　本条例适用于各级党政机关公文处理工作。

第三条　党政机关公文是党政机关实施领导、履行职能、处理公务的具有特定效力和规范体式的文书，是传达贯彻党和国家的方针政策，公布法规和规章，指导、布置和商洽工作，请示和答复问题，报告、通报和交流情况等的重要工具。

第四条　公文处理工作是指公文拟制、办理、管理等一系列相互关联、衔接有序的工作。

第五条　公文处理工作应当坚持实事求是、准确规范、精简高效、安全保密的原则。

第六条　各级党政机关应当高度重视公文处理工作，加强组织领导，强化队伍建设，设立文秘部门或者由专人负责公文处理工作。

第七条　各级党政机关办公厅（室）主管本机关的公文处理工作，并对下级机关的公文处理工作进行业务指导和督促检查。

第二章　公文种类

第八条　公文种类主要有：

（一）决议。适用于会议讨论通过的重大决策事项。

（二）决定。适用于对重要事项作出决策和部署、奖惩有关单位和人员、变更或者撤销下级机关不适当的决定事项。

（三）命令（令）。适用于公布行政法规和规章、宣布施行重大强制性措施、批准授予和晋升衔级、嘉奖有关单位和人员。

（四）公报。适用于公布重要决定或者重大事项。

（五）公告。适用于向国内外宣布重要事项或者法定事项。

（六）通告。适用于在一定范围内公布应当遵守或者周知的事项。

（七）意见。适用于对重要问题提出见解和处理办法。

（八）通知。适用于发布、传达要求下级机关执行和有关单位周知或者执行的事项，批转、转发公文。

（九）通报。适用于表彰先进、批评错误、传达重要精神和告知重要情况。

（十）报告。适用于向上级机关汇报工作、反映情况，回复上级机关的询问。

（十一）请示。适用于向上级机关请求指示、批准。

（十二）批复。适用于答复下级机关请示事项。

（十三）议案。适用于各级人民政府按照法律程序向同级人民代表大会或者人民代表大会常务委员会提请审议事项。

（十四）函。适用于不相隶属机关之间商洽工作、询问和答复问题、请求批准和答复审批事项。

（十五）纪要。适用于记载会议主要情况和议定事项。

第三章　公文格式

第九条　公文一般由份号、密级和保密期限、紧急程度、发文机关标志、发文字号、签发人、标题、主送机关、正文、附件说明、发文机关署名、成文日期、印章、附注、附件、抄送机关、印发机关和印发日期、页码等组成。

（一）份号。公文印制份数的顺序号。涉密公文应当标注份号。

（二）密级和保密期限。公文的秘密等级和保密的期限。涉密公文应当根据涉密程度分别标注"绝密""机密""秘密"和保密期限。

（三）紧急程度。公文送达和办理的时限要求。根据紧急程度，紧急公文应当分别标注"特急""加急"，电报应当分别标注"特提""特急""加急""平急"。

（四）发文机关标志。由发文机关全称或者规范化简称加"文件"二字组成，也可以使用发文机关全称或者规范化简称。联合行文时，发文机关标志可以并用联合发文机关名称，也可以单独用主办机关名称。

（五）发文字号。由发文机关代字、年份、发文顺序号组成。联合行文时，使用主办机关的发文字号。

（六）签发人。上行文应当标注签发人姓名。

（七）标题。由发文机关名称、事由和文种组成。

（八）主送机关。公文的主要受理机关，应当使用机关全称、规范化简称或者同类型机关统称。

（九）正文。公文的主体，用来表述公文的内容。

（十）附件说明。公文附件的顺序号和名称。

（十一）发文机关署名。署发文机关全称或者规范化简称。

（十二）成文日期。署会议通过或者发文机关负责人签发的日期。联合行文时，署最后签发机关负责人签发的日期。

（十三）印章。公文中有发文机关署名的，应当加盖发文机关印章，并与署名机关相符。有特定发文机关标志的普发性公文和电报可以不加盖印章。

（十四）附注。公文印发传达范围等需要说明的事项。

（十五）附件。公文正文的说明、补充或者参考资料。

（十六）抄送机关。除主送机关外需要执行或者知晓公文内容的其他机关，应当使用机关全称、规范化简称或者同类型机关统称。

（十七）印发机关和印发日期。公文的送印机关和送印日期。

（十八）页码。公文页数顺序号。

第十条　公文的版式按照《党政机关公文格式》国家标准执行。

第十一条　公文使用的汉字、数字、外文字符、计量单位和标点符号等，按照有关国家标准和规定执行。民族自治地方的公文，可以并用汉字和当地通用的少数民族文字。

第十二条　公文用纸幅面采用国际标准 A4 型。特殊形式的公文用纸幅面，根据实际需要确定。

第四章　行文规则

第十三条　行文应当确有必要，讲求实效，注重针对性和可操作性。

第十四条　行文关系根据隶属关系和职权范围确定。一般不得越级行文，特殊情况需要越级行文的，应当同时抄送被越过的机关。

第十五条　向上级机关行文，应当遵循以下规则：

（一）原则上主送一个上级机关，根据需要同时抄送相关上级机关和同级机关，不抄送下级机关。

（二）党委、政府的部门向上级主管部门请示、报告重大事项，应当经本级党委、政府同意或者授权；属于部门职权范围内的事项应当直接报送上级主管部门。

（三）下级机关的请示事项，如需以本机关名义向上级机关请示，应当提出倾向性意见后上报，不得原文转报上级机关。

（四）请示应当一文一事。不得在报告等非请示性公文中夹带请示事项。

（五）除上级机关负责人直接交办事项外，不得以本机关名义向上级机关负责人报送公文，不得以本机关负责人名义向上级机关报送公文。

（六）受双重领导的机关向一个上级机关行文，必要时抄送另一个上级机关。

第十六条　向下级机关行文，应当遵循以下规则：

（一）主送受理机关，根据需要抄送相关机关。重要行文应当同时抄送发文机关的直接上级机关。

（二）党委、政府的办公厅（室）根据本级党委、政府授权，可以向下级党委、政府行文，其他部门和单位不得向下级党委、政府发布指令性公文或者在公文中向下级党委、政府提出指令性要求。需经政府审批的具体事项，经政府同意后可以由政府职能部门行文，文中须注明已经政府同意。

（三）党委、政府的部门在各自职权范围内可以向下级党委、政府的相关部门行文。

（四）涉及多个部门职权范围内的事务，部门之间未协商一致的，不得向下行文；擅自行文的，上级机关应当责令其纠正或者撤销。

（五）上级机关向受双重领导的下级机关行文，必要时抄送该下级机关的另一个上级机关。

第十七条　同级党政机关、党政机关与其他同级机关必要时可以联合行文。属于党委、政府各自职权范围内的工作，不得联合行文。

党委、政府的部门依据职权可以相互行文。

部门内设机构除办公厅（室）外不得对外正式行文。

第五章　公文拟制

第十八条　公文拟制包括公文的起草、审核、签发等程序。

第十九条　公文起草应当做到：

（一）符合党的理论路线方针政策和国家法律法规，完整准确体现发文机关意图，并同现行有关公文相衔接。

（二）一切从实际出发，分析问题实事求是，所提政策措施和办法切实可行。

（三）内容简洁，主题突出，观点鲜明，结构严谨，表述准确，文字精练。

（四）文种正确，格式规范。

（五）深入调查研究，充分进行论证，广泛听取意见。

（六）公文涉及其他地区或者部门职权范围内的事项，起草单位必须征求相关地区或者部门意见，力求达成一致。

（七）机关负责人应当主持、指导重要公文起草工作。

第二十条　公文文稿签发前，应当由发文机关办公厅（室）进行审核。审核的重点是：

（一）行文理由是否充分，行文依据是否准确。

（二）内容是否符合党的理论路线方针政策和国家法律法规；是否完整准确体现发文机关意图；是否同现行有关公文相衔接；所提政策措施和办法是否切实可行。

（三）涉及有关地区或者部门职权范围内的事项是否经过充分协商并达成一致意见。

（四）文种是否正确，格式是否规范；人名、地名、时间、数字、段落顺序、引文等是否准确；文字、数字、计量单位和标点符号等用法是否规范。

（五）其他内容是否符合公文起草的有关要求。

需要发文机关审议的重要公文文稿，审议前由发文机关办公厅（室）进行初核。

第二十一条　经审核不宜发文的公文文稿，应当退回起草单位并说明理由；符合发文条件但内容需做进一步研究和修改的，由起草单位修改后重新报送。

第二十二条　公文应当经本机关负责人审批签发。重要公文和上行文由机关主要负责人签发。党委、政府的办公厅（室）根据党委、政府授权制发的公文，由受权机关主要负责人签发或者按照有关规定签发。签发人签发公文，应当签署意见、姓名和完整日期；圈阅或者签名的，视为同意。联合发文由所有联署机关的负责人会签。

第六章　公文办理

第二十三条　公文办理包括收文办理、发文办理和整理归档。

第二十四条 收文办理主要程序是：

（一）签收。对收到的公文应当逐件清点，核对无误后签字或者盖章，并注明签收时间。

（二）登记。对公文的主要信息和办理情况应当详细记载。

（三）初审。对收到的公文应当进行初审。初审的重点是：是否应当由本机关办理，是否符合行文规则，文种、格式是否符合要求，涉及其他地区或者部门职权范围内的事项是否已经协商、会签，是否符合公文起草的其他要求。经初审不符合规定的公文，应当及时退回来文单位并说明理由。

（四）承办。阅知性公文应当根据公文内容、要求和工作需要确定范围后分送。批办性公文应当提出拟办意见报本机关负责人批示或者转有关部门办理；需要两个以上部门办理的，应当明确主办部门。紧急公文应当明确办理时限。承办部门对交办的公文应当及时办理，有明确办理时限要求的应当在规定时限内办理完毕。

（五）传阅。根据领导批示和工作需要将公文及时送传阅对象阅知或者批示。办理公文传阅应当随时掌握公文去向，不得漏传、误传、延误。

（六）催办。及时了解掌握公文的办理进展情况，督促承办部门按期办结。紧急公文或者重要公文应当由专人负责催办。

（七）答复。公文的办理结果应当及时答复来文单位，并根据需要告知相关单位。

第二十五条 发文办理主要程序是：

（一）复核。已经发文机关负责人签批的公文，印发前应当对公文的审批手续、内容、文种、格式等进行复核；需作实质性修改的，应当报原签批人复审。

（二）登记。对复核后的公文，应当确定发文字号、分送范围和印制份数并详细记载。

（三）印制。公文印制必须确保质量和时效。涉密公文应当在符合保密要求的场所印制。

（四）核发。公文印制完毕，应当对公文的文字、格式和印刷质量进行检查后分发。

第二十六条 涉密公文应当通过机要交通、邮政机要通信、城市机要文件交换站或者收发件机关机要收发人员进行传递，通过密码电报或者符合国家保密规定的计算机信息系统进行传输。

第二十七条 需要归档的公文及有关材料，应当根据有关档案法律法规以及机关档案管理规定，及时收集齐全、整理归档。两个以上机关联合办理的公文，原件由主办机关归档，相关机关保存复制件。机关负责人兼任其他机关职务的，在履行所兼职务过程中形成的公文，由其兼职机关归档。

第七章 公文管理

第二十八条 各级党政机关应当建立健全本机关公文管理制度，确保管理严格规范，充分发挥公文效用。

第二十九条 党政机关公文由文秘部门或者专人统一管理。设立党委（党组）的县级以上单位应当建立机要保密室和机要阅文室，并按照有关保密规定配备工作人员和必要的安全保密设施设备。

第三十条　公文确定密级前，应当按照拟定的密级先行采取保密措施。确定密级后，应当按照所定密级严格管理。绝密级公文应当由专人管理。

公文的密级需要变更或者解除的，由原确定密级的机关或者其上级机关决定。

第三十一条　公文的印发传达范围应当按照发文机关的要求执行；需要变更的，应当经发文机关批准。

涉密公文公开发布前应当履行解密程序。公开发布的时间、形式和渠道，由发文机关确定。

经批准公开发布的公文，同发文机关正式印发的公文具有同等效力。

第三十二条　复制、汇编机密级、秘密级公文，应当符合有关规定并经本机关负责人批准。绝密级公文一般不得复制、汇编，确有工作需要的，应当经发文机关或者其上级机关批准。复制、汇编的公文视同原件管理。

复制件应当加盖复制机关戳记。翻印件应当注明翻印的机关名称、日期。汇编本的密级按照编入公文的最高密级标注。

第三十三条　公文的撤销和废止，由发文机关、上级机关或者权力机关根据职权范围和有关法律法规决定。公文被撤销的，视为自始无效；公文被废止的，视为自废止之日起失效。

第三十四条　涉密公文应当按照发文机关的要求和有关规定进行清退或者销毁。

第三十五条　不具备归档和保存价值的公文，经批准后可以销毁。销毁涉密公文必须严格按照有关规定履行审批登记手续，确保不丢失、不漏销。个人不得私自销毁、留存涉密公文。

第三十六条　机关合并时，全部公文应当随之合并管理；机关撤销时，需要归档的公文经整理后按照有关规定移交档案管理部门。

工作人员离岗离职时，所在机关应当督促其将暂存、借用的公文按照有关规定移交、清退。

第三十七条　新设立的机关应当向本级党委、政府的办公厅（室）提出发文立户申请。经审查符合条件的，列为发文单位，机关合并或者撤销时，相应进行调整。

第八章　附　则

第三十八条　党政机关公文含电子公文。电子公文处理工作的具体办法另行制定。

第三十九条　法规、规章方面的公文，依照有关规定处理。外事方面的公文，依照外事主管部门的有关规定处理。

第四十条　其他机关和单位的公文处理工作，可以参照本条例执行。

第四十一条　本条例由中共中央办公厅、国务院办公厅负责解释。

第四十二条　本条例自 2012 年 7 月 1 日起施行。1996 年 5 月 3 日中共中央办公厅发布的《中国共产党机关公文处理条例》和 2000 年 8 月 24 日国务院发布的《国家行政机关公文处理办法》停止执行。

附录2　党政机关公文格式

1　范围

本标准规定了党政机关公文通用的纸张要求、排版和印制装订要求、公文格式各要素的编排规则，并给出了公文的式样。

本标准适用于各级党政机关制发的公文。其他机关和单位的公文可以参照执行。

使用少数民族文字印制的公文，其用纸、幅面尺寸及版面、印制等要求按照本标准执行，其余可以参照本标准并按照有关规定执行。

2　规范性引用文件

下列文件对于本标准的应用是必不可少的。凡是注日期的引用文件，仅所注日期的版本适用于本标准。凡是不注日期的引用文件，其最新版本（包括所有的修改单）适用于本标准。

GB/T 148　印刷、书写和绘图纸幅面尺寸

GB 3100　国际单位制及其应用

GB 3101　有关量、单位和符号的一般原则

GB 3102（所有部分）　量和单位

GB/T 15834　标点符号用法

GB/T 15835　出版物上数字用法

3　术语和定义

下列术语和定义适用于本标准。

3.1

字　word

标示公文中横向距离的长度单位。在本标准中，一字指一个汉字宽度的距离。

3.2

行　line

标示公文中纵向距离的长度单位。在本标准中，一行指一个汉字的高度加3号汉字高度的7/8的距离。

4　公文用纸主要技术指标

公文用纸一般使用纸张定量为 $60 \text{ g/m}^2 \sim 80 \text{ g/m}^2$ 的胶版印刷纸或复印纸。纸张白度 $80\% \sim 90\%$，横向耐折度≥15次，不透明度≥85%，pH值为 $7.5 \sim 9.5$。

5　公文用纸幅面尺寸及版面要求

5.1　幅面尺寸

公文用纸采用 GB/T 148 中规定的 A4 型纸，其成品幅面尺寸为：210 mm×297 mm。

5.2　版面

5.2.1　页边与版心尺寸

公文用纸天头（上白边）为 37 mm±1 mm，公文用纸订口（左白边）为 28mm±1mm，版心尺寸为 156 mm×225 mm。

5.2.2　字体和字号

如无特殊说明，公文格式各要素一般用 3 号仿宋体字。特定情况可以作适当调整。

5.2.3　行数和字数

一般每面排 22 行，每行排 28 个字，并撑满版心。特定情况可以作适当调整。

5.2.4　文字的颜色

如无特殊说明，公文中文字的颜色均为黑色。

6　印制装订要求

6.1　制版要求

版面干净无底灰，字迹清楚无断划，尺寸标准，版心不斜，误差不超过 1 mm。

6.2　印刷要求

双面印刷；页码套正，两面误差不超过 2 mm。黑色油墨应当达到色谱所标 BL100%，红色油墨应当达到色谱所标 Y80%、M80%。印品着墨实、均匀；字面不花、不白、无断划。

6.3　装订要求

公文应当左侧装订，不掉页，两页页码之间误差不超过 4 mm，裁切后的成品尺寸允许误差±2mm，四角成 90°，无毛茬或缺损。

骑马订或平订的公文应当：

a）订位为两钉外订眼距版面上下边缘各 70 mm 处，允许误差±4mm；

b）无坏钉、漏钉、重钉，钉脚平伏牢固；

c）骑马订钉锯均订在折缝线上，平订钉锯与书脊间的距离为 3mm—5mm。

包本装订公文的封皮（封面、书脊、封底）与书芯应吻合、包紧、包平、不脱落。

7　公文格式各要素编排规则

7.1　公文格式各要素的划分

本标准将版心内的公文格式各要素划分为版头、主体、版记三部分。公文首页红色分隔线以上的部分称为版头；公文首页红色分隔线（不含）以下、公文末页首条分隔线（不含）以上的部分称为主体；公文末页首条分隔线以下、末条分隔线以上的部分称为版记。

页码位于版心外。

7.2 版头

7.2.1 份号

如需标注份号，一般用 6 位 3 号阿拉伯数字，顶格编排在版心左上角第一行。

7.2.2 密级和保密期限

如需标注密级和保密期限，一般用 3 号黑体字，顶格编排在版心左上角第二行；保密期限中的数字用阿拉伯数字标注。

7.2.3 紧急程度

如需标注紧急程度，一般用 3 号黑体字，顶格编排在版心左上角；如需同时标注份号、密级和保密期限、紧急程度，按照份号、密级和保密期限、紧急程度的顺序自上而下分行排列。

7.2.4 发文机关标志

由发文机关全称或者规范化简称加"文件"二字组成，也可以使用发文机关全称或者规范化简称。

发文机关标志居中排布，上边缘至版心上边缘为 35mm，推荐使用小标宋体字，颜色为红色，以醒目、美观、庄重为原则。

联合行文时，如需同时标注联署发文机关名称，一般应当将主办机关名称排列在前；如有"文件"二字，应当置于发文机关名称右侧，以联署发文机关名称为准上下居中排布。

7.2.5 发文字号

编排在发文机关标志下空二行位置，居中排布。年份、发文顺序号用阿拉伯数字标注；年份应标全称，用六角括号"〔〕"括入；发文顺序号不加"第"字，不编虚位（即 1 不编为 01），在阿拉伯数字后加"号"字。

上行文的发文字号居左空一字编排，与最后一个签发人姓名处在同一行。

7.2.6 签发人

由"签发人"三字加全角冒号和签发人姓名组成，居右空一字，编排在发文机关标志下空二行位置。"签发人"三字用 3 号仿宋体字，签发人姓名用 3 号楷体字。

如有多个签发人，签发人姓名按照发文机关的排列顺序从左到右、自上而下依次均匀编排，一般每行排两个姓名，回行时与上一行第一个签发人姓名对齐。

7.2.7 版头中的分隔线

发文字号之下 4 mm 处居中印一条与版心等宽的红色分隔线。

7.3 主体

7.3.1 标题

一般用 2 号小标宋体字，编排于红色分隔线下空二行位置，分一行或多行居中排布；回行时，要做到词意完整，排列对称，长短适宜，间距恰当，标题排列应当使用梯形或菱形。

7.3.2 主送机关

编排于标题下空一行位置，居左顶格，回行时仍顶格，最后一个机关名称后标全角冒号。如主送机关名称过多导致公文首页不能显示正文时，应当将主送机关名称移至版记，标注方法见7.4.2。

7.3.3 正文

公文首页必须显示正文。一般用3号仿宋体字，编排于主送机关名称下一行，每个自然段左空二字，回行顶格。文中结构层次序数依次可以用"一、""（一）""1.""（1）"标注；一般第一层用黑体字、第二层用楷体字、第三层和第四层用仿宋体字标注。

7.3.4 附件说明

如有附件，在正文下空一行左空二字编排"附件"二字，后标全角冒号和附件名称。如有多个附件，使用阿拉伯数字标注附件顺序号（如"附件：1.×××××"）；附件名称后不加标点符号。附件名称较长需回行时，应当与上一行附件名称的首字对齐。

7.3.5 发文机关署名、成文日期和印章

7.3.5.1 加盖印章的公文

成文日期一般右空四字编排，印章用红色，不得出现空白印章。

单一机关行文时，一般在成文日期之上、以成文日期为准居中编排发文机关署名，印章端正、居中下压发文机关署名和成文日期，使发文机关署名和成文日期居印章中心偏下位置，印章顶端应当上距正文（或附件说明）一行之内。

联合行文时，一般将各发文机关署名按照发文机关顺序整齐排列在相应位置，并将印章一一对应、端正、居中下压发文机关署名，最后一个印章端正、居中下压发文机关署名和成文日期，印章之间排列整齐、互不相交或相切，每排印章两端不得超出版心，首排印章顶端应当上距正文（或附件说明）一行之内。

7.3.5.2 不加盖印章的公文

单一机关行文时，在正文（或附件说明）下空一行右空二字编排发文机关署名，在发文机关署名下一行编排成文日期，首字比发文机关署名首字右移二字，如成文日期长于发文机关署名，应当使成文日期右空二字编排，并相应增加发文机关署名右空字数。

联合行文时，应当先编排主办机关署名，其余发文机关署名依次向下编排。

7.3.5.3 加盖签发人签名章的公文

单一机关制发的公文加盖签发人签名章时，在正文（或附件说明）下空二行右空四字加盖签发人签名章，签名章左空二字标注签发人职务，以签名章为准上下居中排布。在签发人签名章下空一行右空四字编排成文日期。

联合行文时，应当先编排主办机关签发人职务、签名章，其余机关签发人职务、签名章依次向下编排，与主办机关签发人职务、签名章上下对齐；每行只编排一个机关的签发人职务、签名章；签发人职务应当标注全称。签名章一般用红色。

7.3.5.4 成文日期中的数字

用阿拉伯数字将年、月、日标全，年份应标全称，月、日不编虚位（即1不编为01）。

7.3.5.5 特殊情况说明

当公文排版后所剩空白处不能容下印章或签发人签名章、成文日期时，可以采取调整行距、字距的措施解决。

7.3.6 附注

如有附注，居左空二字加圆括号编排在成文日期下一行。

7.3.7 附件

附件应当另面编排，并在版记之前，与公文正文一起装订。"附件"二字及附件顺序号用 3 号黑体字顶格编排在版心左上角第一行。附件标题居中编排在版心第三行。附件顺序号和附件标题应当与附件说明的表述一致。附件格式要求同正文。

如附件与正文不能一起装订，应当在附件左上角第一行顶格编排公文的发文字号并在其后标注"附件"二字及附件顺序号。

7.4 版记

7.4.1 版记中的分隔线

版记中的分隔线与版心等宽，首条分隔线和末条分隔线用粗线（推荐高度为 0.35 mm），中间的分隔线用细线（推荐高度为 0.25 mm）。首条分隔线位于版记中第一个要素之上，末条分隔线与公文最后一面的版心下边缘重合。

7.4.2 抄送机关

如有抄送机关，一般用 4 号仿宋体字，在印发机关和印发日期之上一行、左右各空一字编排。"抄送"二字后加全角冒号和抄送机关名称，回行时与冒号后的首字对齐，最后一个抄送机关名称后标句号。

如需把主送机关移至版记，除将"抄送"二字改为"主送"外，编排方法同抄送机关。既有主送机关又有抄送机关时，应当将主送机关置于抄送机关之上一行，之间不加分隔线。

7.4.3 印发机关和印发日期

印发机关和印发日期一般用 4 号仿宋体字，编排在末条分隔线之上，印发机关左空一字，印发日期右空一字，用阿拉伯数字将年、月、日标全，年份应标全称，月、日不编虚位（即 1 不编为 01），后加"印发"二字。

版记中如有其他要素，应当将其与印发机关和印发日期用一条细分隔线隔开。

7.5 页码

一般用 4 号半角宋体阿拉伯数字，编排在公文版心下边缘之下，数字左右各放一条一字线；一字线上距版心下边缘 7 mm。单页码居右空一字，双页码居左空一字。公文的版记页前有空白页的，空白页和版记页均不编排页码。公文的附件与正文一起装订时，页码应当连续编排。

8 公文中的横排表格

A4 纸型的表格横排时，页码位置与公文其他页码保持一致，单页码表头在订口一边，双页码表头在切口一边。

9 公文中计量单位、标点符号和数字的用法

公文中计量单位的用法应当符合 GB 3100、GB 3101 和 GB 3102（所有部分），标点符号的用法应当符合 GB/T 15834，数字用法应当符合 GB/T 15835。

10　公文的特定格式

10.1　信函格式

发文机关标志使用发文机关全称或者规范化简称，居中排布，上边缘至上页边为 30mm，推荐使用红色小标宋体字。联合行文时，使用主办机关标志。

发文机关标志下 4 mm 处印一条红色双线（上粗下细），距下页边 20 mm 处印一条红色双线（上细下粗），线长均为 170 mm，居中排布。

如需标注份号、密级和保密期限、紧急程度，应当顶格居版心左边缘编排在第一条红色双线下，按照份号、密级和保密期限、紧急程度的顺序自上而下分行排列，第一个要素与该线的距离为 3 号汉字高度的 7/8。

发文字号顶格居版心右边缘编排在第一条红色双线下，与该线的距离为 3 号汉字高度的 7/8。

标题居中编排，与其上最后一个要素相距二行。

第二条红色双线上一行如有文字，与该线的距离为 3 号汉字高度的 7/8。

首页不显示页码。

版记不加印发机关和印发日期、分隔线，位于公文最后一面版心内最下方。

10.2　命令（令）格式

发文机关标志由发文机关全称加"命令"或"令"字组成，居中排布，上边缘至版心上边缘为 20 mm，推荐使用红色小标宋体字。

发文机关标志下空二行居中编排令号，令号下空二行编排正文。

签发人职务、签名章和成文日期的编排见 7.3.5.3。

10.3　纪要格式

纪要标志由"××××纪要"组成，居中排布，上边缘至版心上边缘为 35 mm，推荐使用红色小标宋体字。

标注出席人员名单，一般用 3 号黑体字，在正文或附件说明下空一行左空二字编排"出席"二字，后标全角冒号，冒号后用 3 号仿宋体字标注出席人单位、姓名，回行时与冒号后的首字对齐。

标注请假和列席人员名单，除依次另起一行并将"出席"二字改为"请假"或"列席"外，编排方法同出席人员名单。

纪要格式可以根据实际制定。

11　式样

A4 型公文用纸页边及版心尺寸见图 1；公文首页版式见图 2；联合行文公文首页版式 1 见图 3；联合行文公文首页版式 2 见图 4；公文末页版式 1 见图 5；公文末页版式 2 见图 6；联合行文公文末页版式 1 见图 7；联合行文公文末页版式 2 见图 8；附件说明页版式见图 9；带附件公文末页版式见图 10；信函格式首页版式见图 11；命令（令）格式首页版式见图 12。

37 mm ± 1 mm 天头

28 mm ± 1 mm 订口

225 mm

297 mm

7 mm

— 2 —

— 1 —

156 mm

210 mm

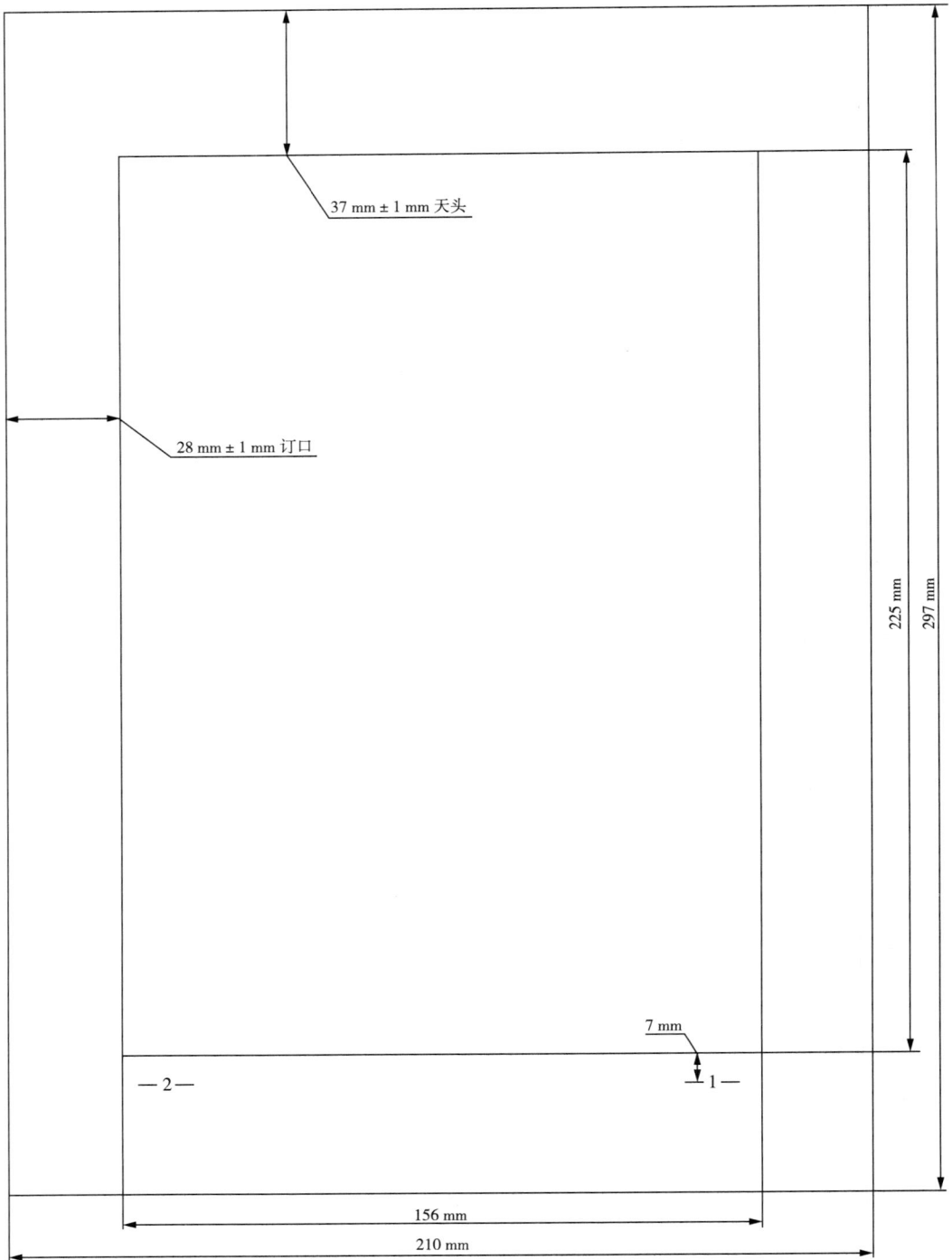

图 1　A4 型公文用纸页边及版心尺寸

000001

机密★1年

特急

×××××文件

××× 〔2012〕 10 号

×××××关于××××××的通知

×××××××:

　　×××。

　　×××。

　　××××××××××××。

　　×××××××。××

— 1 —

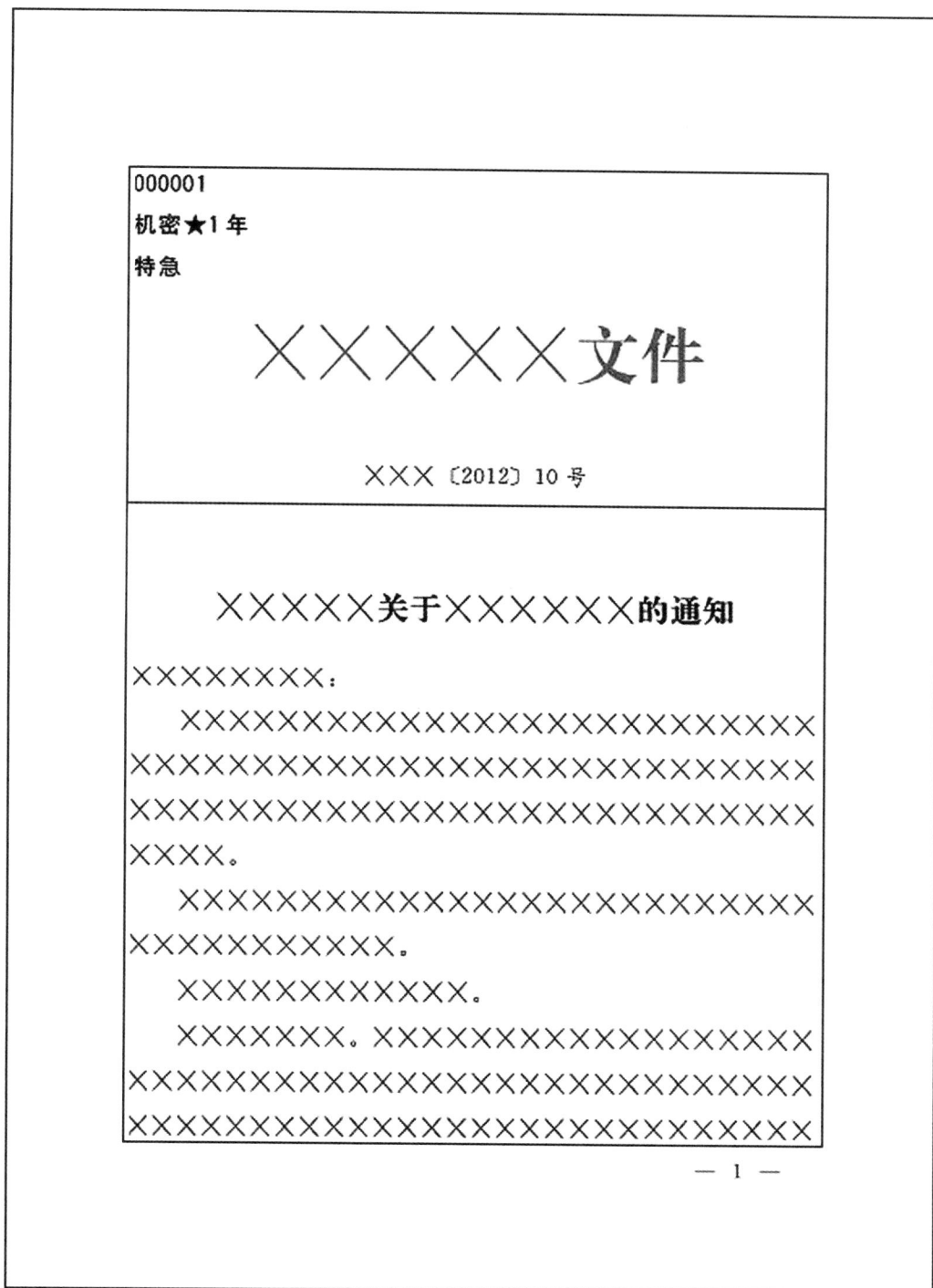

图 2　公文首页版式

注：版心实线框仅为示意，在印制公文时并不印出。

```
000001
机密★1年
特急

           ╳╳╳╳╳╳
     ╳    ╳    ╳   文件
           ╳╳╳╳╳╳

              ╳╳╳〔2012〕10 号
─────────────────────────────
        ╳╳╳╳╳╳关于╳╳╳╳╳╳╳的通知

╳╳╳╳╳╳╳╳:
      ╳╳╳╳╳╳╳╳╳╳╳╳╳╳╳╳╳╳╳╳╳。
      ╳╳╳╳╳╳╳╳╳╳╳╳╳╳╳╳╳╳╳╳╳
╳╳╳╳╳╳╳╳╳╳╳╳╳╳╳╳╳╳╳╳╳╳╳
╳╳╳╳╳╳╳╳╳╳╳╳╳╳╳╳╳╳╳╳╳╳╳
╳╳╳╳。
      ╳╳╳╳╳╳╳╳╳╳╳╳╳╳╳╳╳╳╳╳╳╳

                                    — 1 —
```

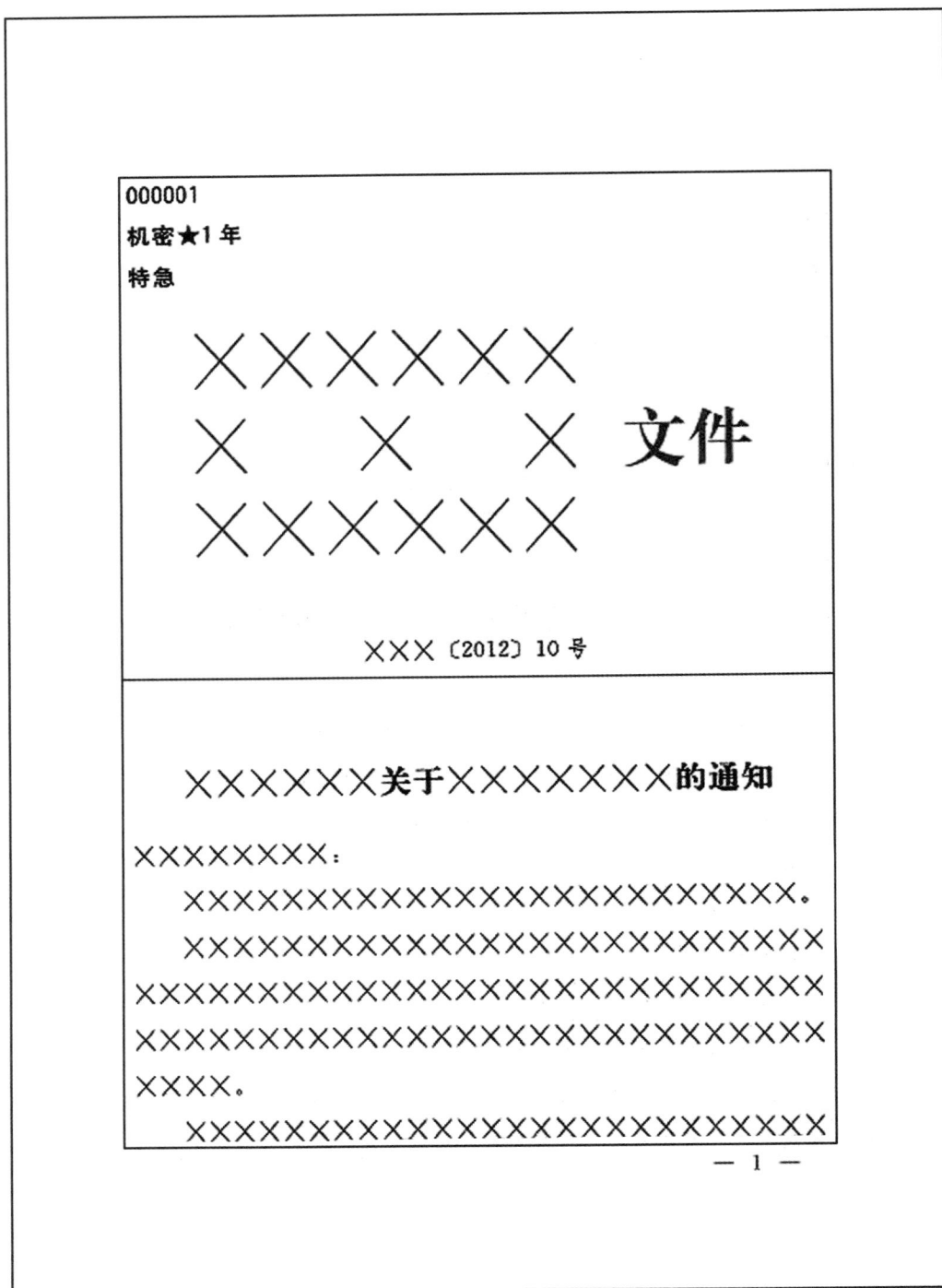

图 3　联合行文公文首页版式 1

注：版心实线框仅为示意，在印制公文时并不印出。

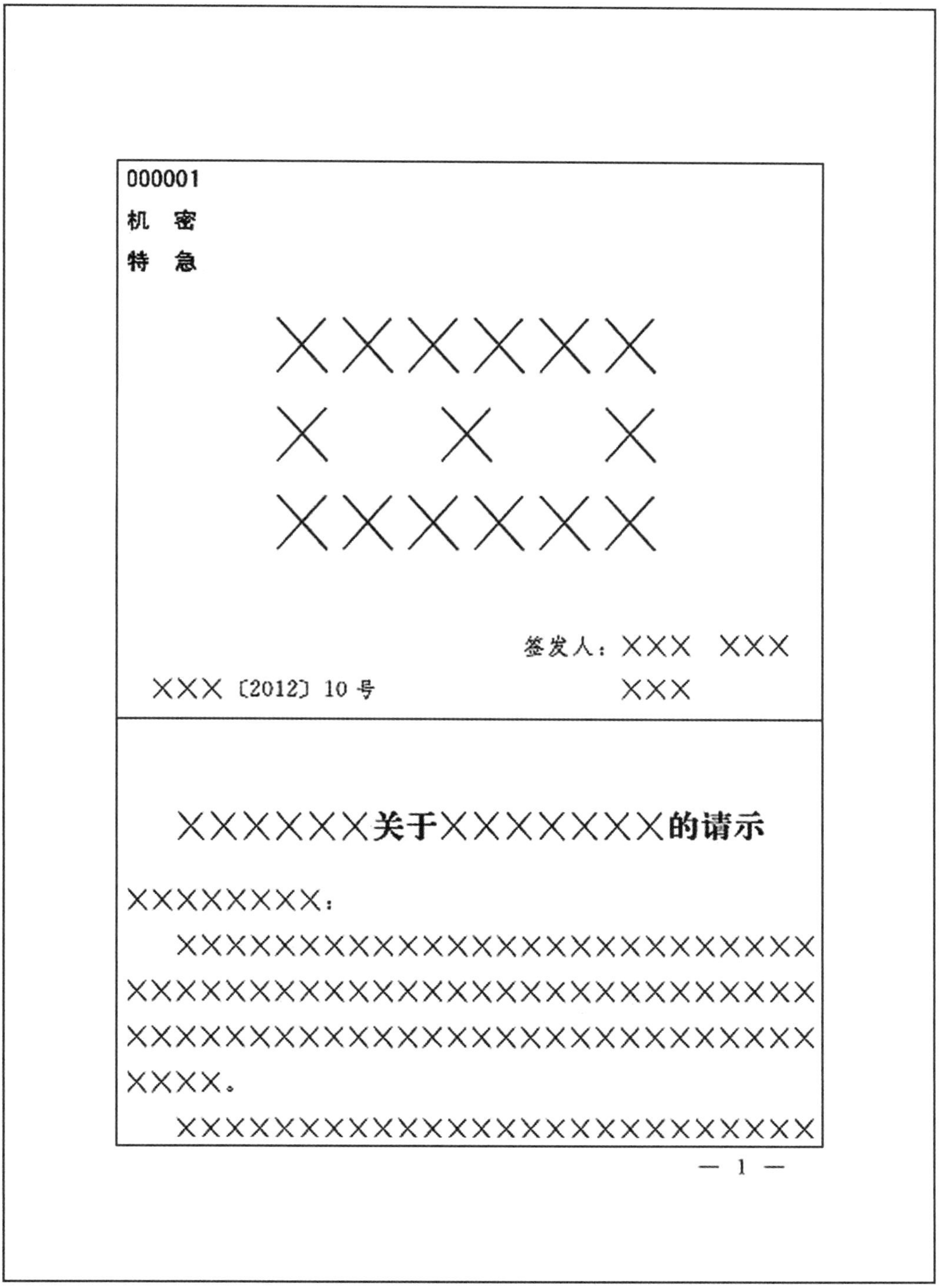

000001

机　密

特　急

××××× × × × ××××× 签发人：×××　××× ××× ［2012］10 号 ×××

××××××关于×××××××的请示

×××××××： 　　××××××××××××××××××××× ××××××××××××××××××××××× ××××××××××××××××××××××× ××××。 　　×××××××××××××××××××××××

— 1 —

图 4　联合行文公文首页版式 2

注：版心实线框仅为示意，在印制公文时并不印出。

XXXXXXXXXXXXXXX。

　　XXXXXXXXXXXXXXXXXXXXXX
XXXXXXXXXXXXXXXXXXXXXXX
XXXXXXXXXX。

中华人民共和国XXX

XX部印

2012 年 7 月 1 日

　　（XXXXX）

抄送：XXXXXXX，XXXXXX，XXXXX，XXXXX，
　　XXXXX。

XXXXXXXX　　　　　　　　　　2012 年 7 月 1 日印发

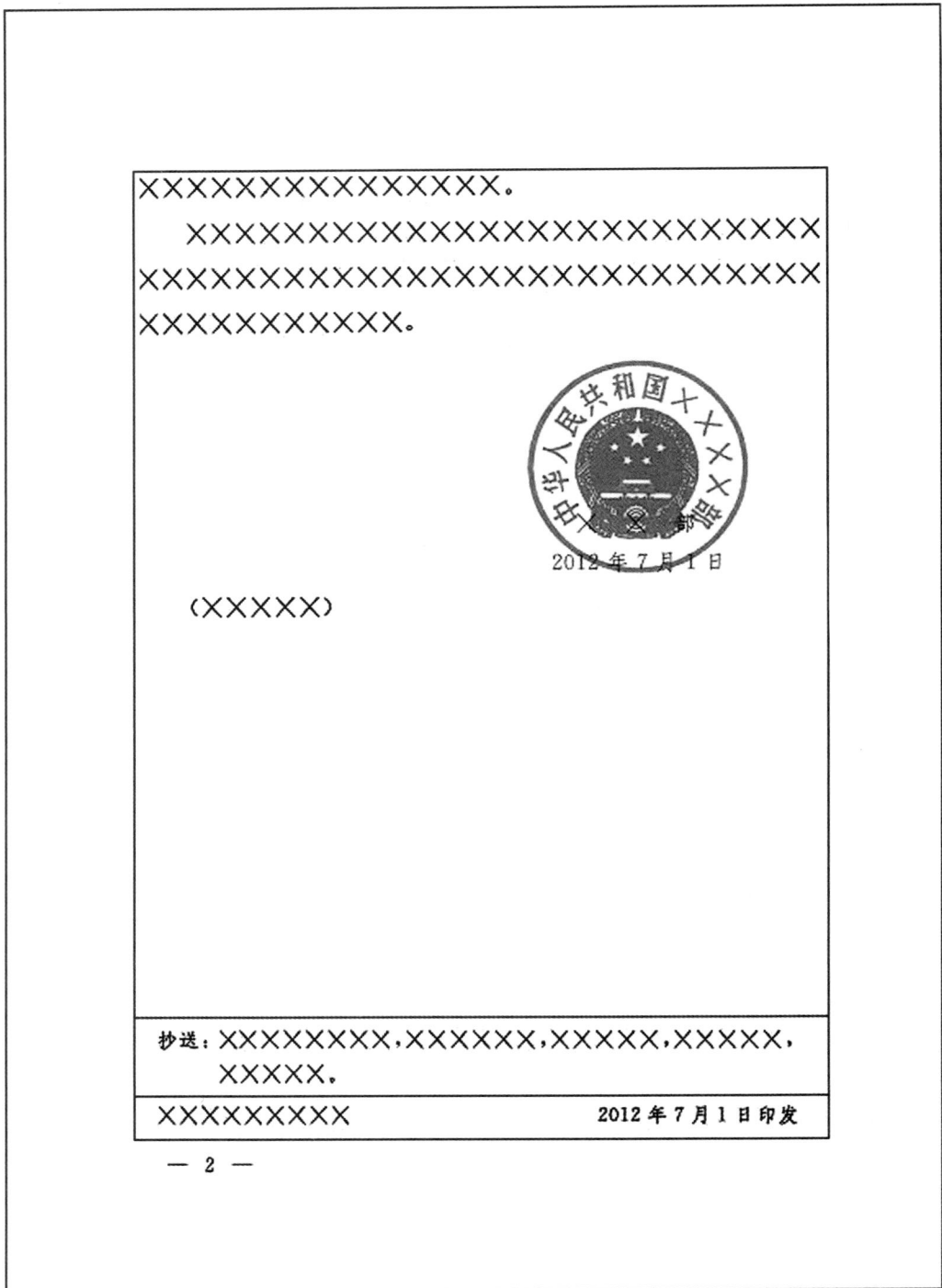

图 5　公文末页版式 1

注：版心实线框仅为示意，在印制公文时并不印出。

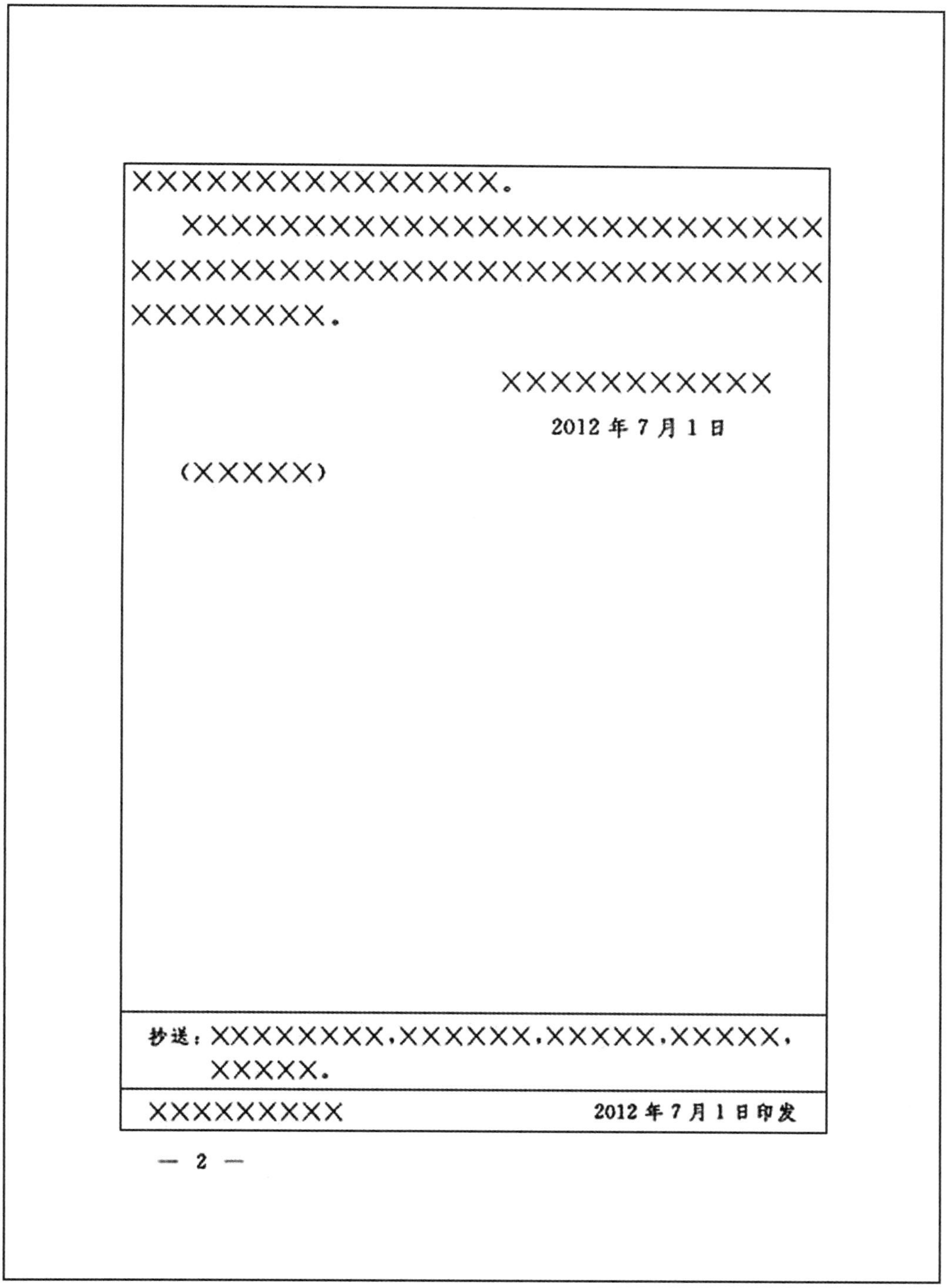

XXXXXXXXXXXXXXX。

XXXXXXXXXXXXXXXXXXXXXXXXXXXXXXXXXXXXXXXXXXXXXXXXXXXXXXXXXXX。

XXXXXXXXXXX

2012年7月1日

（XXXXX）

抄送：XXXXXXXX，XXXXXX，XXXXX，XXXXX，XXXXX。

XXXXXXXXX　　2012年7月1日印发

— 2 —

图6　公文末页版式2

注：版心实线框仅为示意，在印制公文时并不印出。

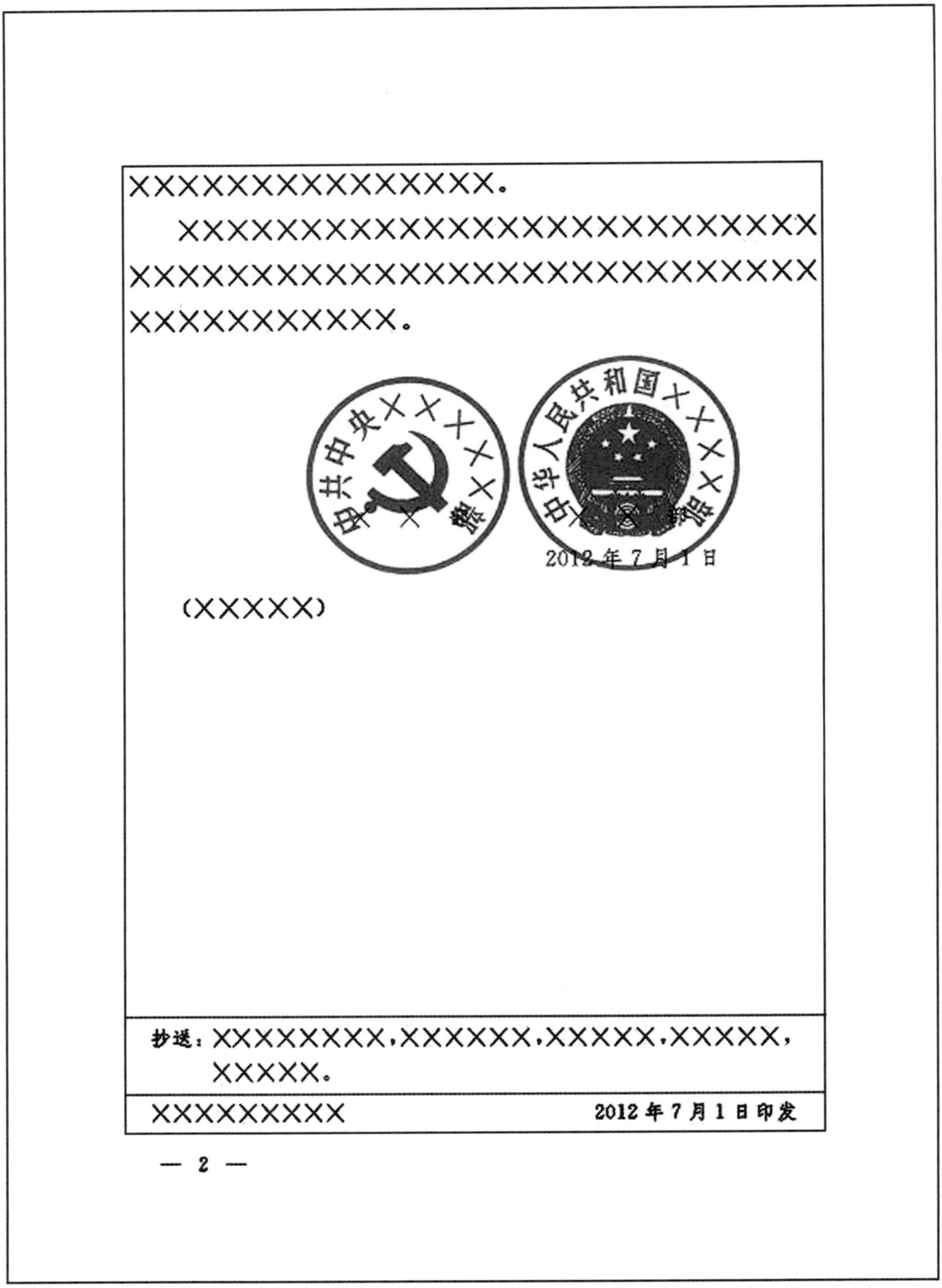

XXXXXXXXXXXXXXX。

XXXXXXXXXXXXXXXXXXXXXXXXXXXXXXXXXXXXXXXXXXXXXXXXXXXXXXXXXXXXXXXXXXXXX。

2012年7月1日

(XXXXX)

抄送：XXXXXXXX，XXXXXX，XXXXX，XXXXX，XXXXX。

XXXXXXXXXX 2012年7月1日印发

— 2 —

图 7　联合行文公文末页版式 1

注：版心实线框仅为示意，在印制公文时并不印出。

XXXXXXXXXXXXXXX。
　　XXXXXXXXXXXXXXXXXXXX
XXXXXXXXXXXXXXXXXXXX
XXXXXXXXX。

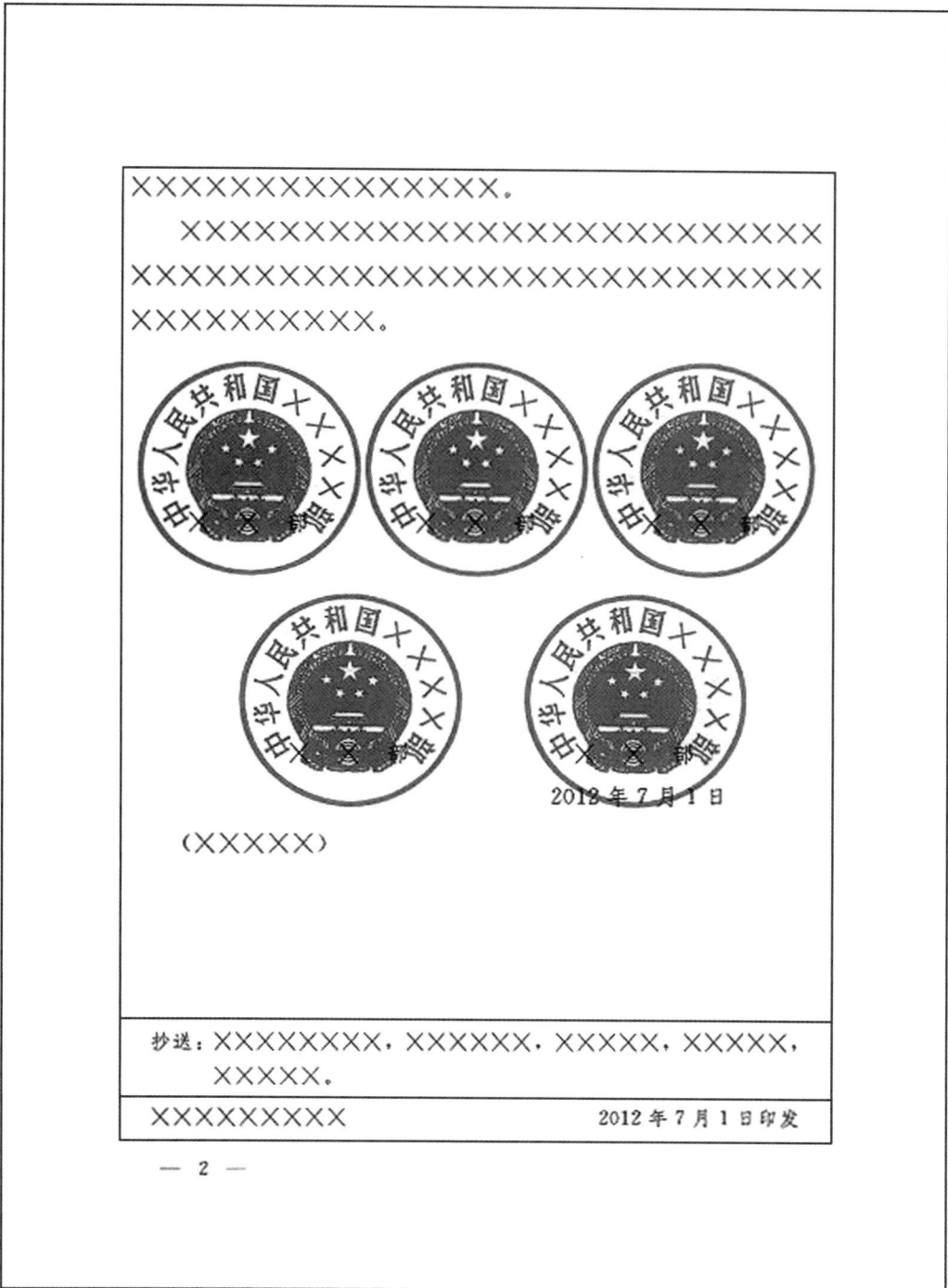

2012 年 7 月 1 日

（XXXXX）

抄送：XXXXXXXX，XXXXXX．XXXXX，XXXXX，
　　　XXXXX。

XXXXXXXX　　　　　　　　　2012 年 7 月 1 日印发

— 2 —

图 8　联合行文公文末页版式 2

注：版心实线框仅为示意，在印制公文时并不印出。

XXXXXXXXXXXXXXX。
　　XXXXXXXXXXXXXXXXXXXX
XXXXXXXXXXXXXXXXXXXX
XXXXXXXXXXXX。

　　附件：1. XXXXXXXXXXXXXXXXXX
　　　　　　XXXXX
　　　　　2. XXXXXXXXXXX

　　　　　　　　　　　XXXXXXX
　　　　　　　　　　　X　X　X　X
　　　　　　　　　　　2012 年 7 月 1 日

（XXXXX）

— 2 —

图 9　附件说明末页版式

注：版心实线框仅为示意，在印制公文时并不印出。

附件2

××××××××××××

　××××××××××××××××××××
×××××××××××××××××××××××
×××。
　××××××××××××××××××××
×××××××××××××××××××××××
××××××××××××××××××××××
×××××××××××××××××××××××
××××××××××××××。

抄送：××××××××，××××××，×××××，×××××，
　　　×××××。

××××××××　　　　　　　2012 年 7 月 1 日印发

—— 4 ——

图 10　带附件公文末页版式

注：版心实线框仅为示意，在印制公文时并不印出。

中华人民共和国×××××部

000001   ××× 〔2012〕10 号

机　密

特　急

×××××关于×××××××的通知

×××××××：

　　×××××××××××××××××××××××
×××××××××××××××××××××××
×××××××××××××××××××××××
××××××××××××××××××××××。
　　×××××××××××××××××××××××
×××××××××××××××××××××××
×××××××××××××××××××××××
×××××××××××××××××××。
　　×××××××××××××××××××××××
×××××××××××××××××××××××
×××××××××××××××××××××××
×××××××××××××××××××××××
×××××××××××××××××××××××
××××××××××××××××××××××。

图 11　信函格式首页版式

注：版心实线框仅为示意，在印制公文时并不印出。

×××××××令

第×××号

××××××××××××××××××××
×××××××××××××××××××。
××××××××××××××××××××
××××××××××××××××××××。

部　长　×××

2012 年 7 月 1 日

— 1 —

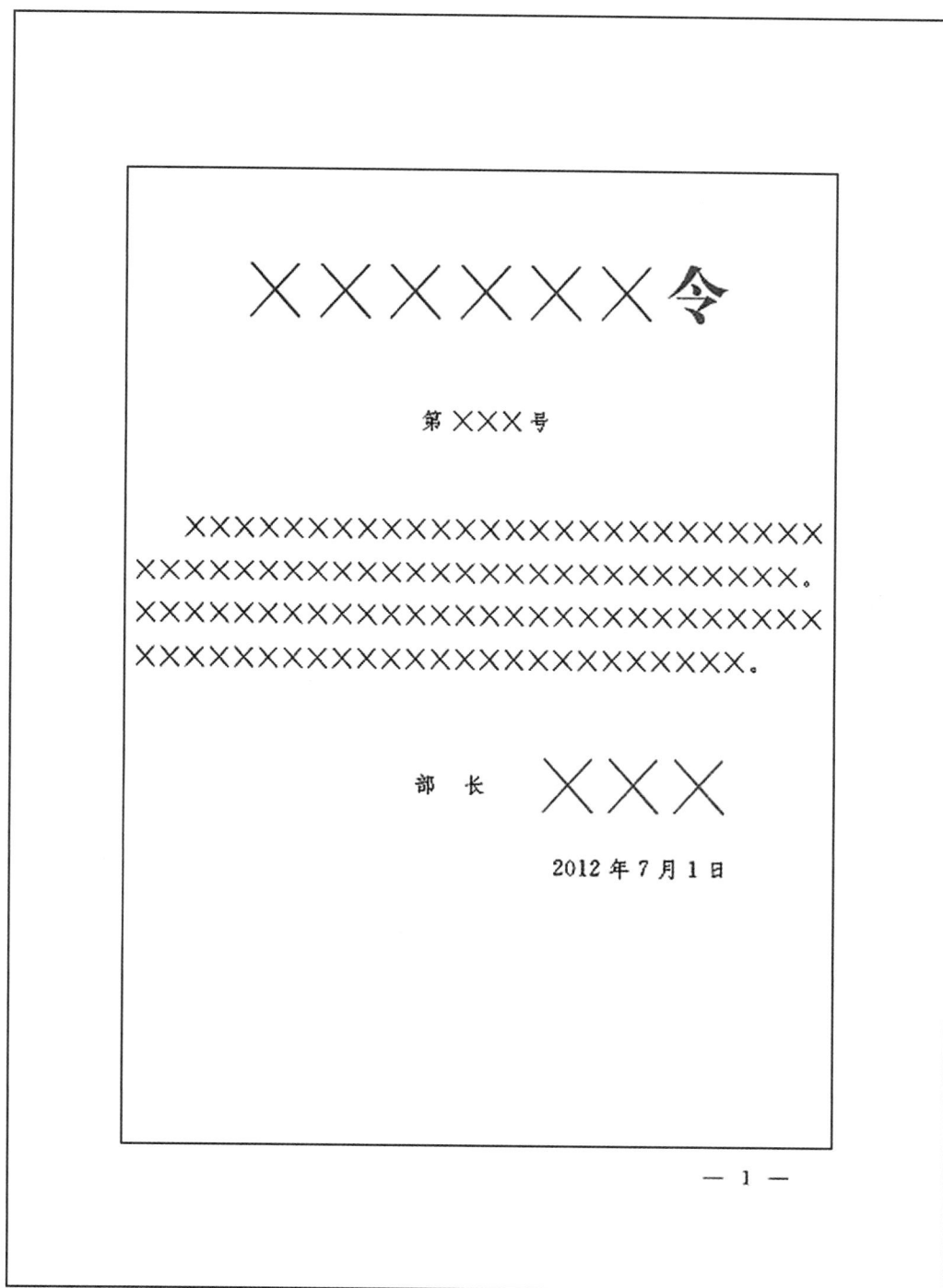

图 11　命令（令）格式首页版式
注：版心实线框仅为示意，在印制公文时并不印出。

参 考 文 献

[1] 淳于淼泠，冯春，祝伟．公文写作［M］．3 版．北京：北京大学出版社．2019.

[2] 郭沁荣．高职应用文写作教程［M］．北京：清华大学出版社，2020.

[3] 朱淑萍，邹旗辉．应用文写作［M］．北京：北京理工大学出版社，2019.

[4] 袁智忠，邓翠菊．应用写作［M］．重庆：西南师范大学出版社，2020.

[5] 崔晓文，李连璧．广告文案［M］．北京：清华大学出版社，2011.

[6] 任仲田，刘腊梅．应用文写作［M］．昆明：云南大学出版社，2016.

[7] 孙秀秋．应用写作［M］．北京：中国人民大学出版社，2018.

[8] 杨文丰．高职应用写作［M］．4 版．北京：高等教育出版社，2018.

[9] 陈建生．应用文写作［M］．成都：电子科技大学出版社，2019.

[10] 谭靖仪．应用文写作［M］．北京：北京理工大学出版社，2019.

[11] 杨莉，王春艳．新编应用文写作［M］．哈尔滨：哈尔滨工程大学出版社，2018.

[12] 白文勇．新编应用文写作［M］．上海：上海交通大学出版社，2015.

[13] 桂维民，岳海翔，新编公文写作［M］．西安：陕西人民出版社，2017.

[14] 姜本红，朱俊霞，向谆．应用文写作［M］．2 版．南京：南京大学出版社，2018.

[15] 唐坚．党政机关公文写作［M］．北京：电子工业出版社，2020.

[16] 李莉．新编法律文书写作教程［M］．杭州：浙江大学出版社，2018.